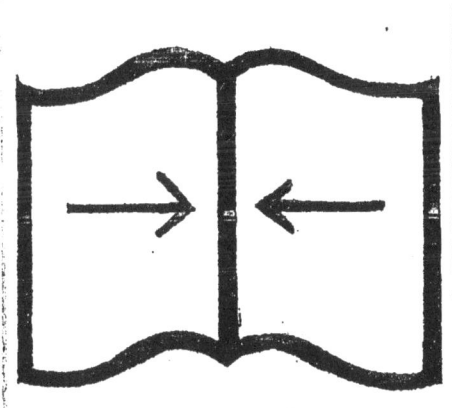

RELIURE SERREE
Absence de marges
intérieures

VALABLE POUR TOUT OU PARTIE DU
DOCUMENT REPRODUIT

Couvertures supérieure et inférieure
manquantes

LES BANDITS
DE L'ARIZONA

## A LA MÊME LIBRAIRIE

## BIBLIOTHÈQUE
### DE VOYAGES, DE CHASSES ET D'AVENTURES
PUBLIÉE SOUS LA DIRECTION DE
### M. VICTOR TISSOT

Chaque volume cartonné, avec couverture illustrée en couleurs et nombreuses illustrations. Prix : 2 fr.

VOLUMES EN VENTE :

| | |
|---|---|
| **Mayne Reid.** Les Enfants des Bois. 1 vol...... | 2 » |
| — Le Chef blanc. 1 vol........ | 2 » |
| — Les Chasseurs de Chevelures. 1 vol...... | 2 » |
| — Les Chasseurs de la baie d'Hudson. 1 vol.... | 2 » |
| **Victor Tissot.** De Paris à Berlin. 1 vol............ | 2 » |
| **Fenimore Cooper.** A toutes Voiles. 1 vol......... | 2 » |
| — Le Tueur de Daims. 1 vol........... | 2 » |
| **Louis Garneray.** Voyages, Aventures et Combats. 2 vol.... | 4 » |
| — Mes Pontons. 1 vol............ | 2 » |
| **Ch. Rowcroft.** A la Recherche d'une Colonie. 1 vol...... | 2 » |
| — Prisonniers des Noirs. 1 vol........ | 2 » |
| **Gustave Aimard.** Le Robinson des Alpes. 1 vol...... | 2 » |
| **Maynard** (D$^r$ Félix). Les Drames de l'Inde. 1 vol...... | 2 » |

Paris. — Imprimerie F. Levé, rue Cassette, 17

# LES BANDITS
# DE L'ARIZONA

SCÈNES DE LA VIE SAUVAGE

PAR

## GUSTAVE AIMARD

TROISIÈME ÉDITION

PARIS
LIBRAIRIE BLÉRIOT, H. GAUTIER, SUCCESSEUR
55, QUAI DES GRANDS-AUGUSTINS, 55

1889

# LES
# BANDITS DE L'ARIZONA

## I

### Comment un démon tomba du ciel et comment il fut accueilli sur la terre.

Le nouveau récit que nous entreprenons aujourd'hui de faire à nos lecteurs se déroule tout entier dans l'*Arizona*, ancienne province du Mexique, annexée par les États-Unis, après tant d'autres, à leur colossale confédération, sans autre droit que celui de la force.

Toutes les tentatives des Anglo-Saxons pour faire pénétrer la civilisation moderne dans cette terre rebelle furent faites en pure perte ; le gouvernement de Washington fut contraint d'y renoncer.

Aussi aujourd'hui l'Arizona est-elle restée ce qu'elle était lorsqu'elle se nommait *Cibola* et que *Cabeza de Vacca* la découvrit au prix de fatigues et de périls terribles ; c'est-à-dire une contrée mystérieuse, pleine de légendes sinistres, de prodiges effrayants et inexpliqués ; peuplée d'animaux inconnus et féroces, ne ressemblant à aucuns autres ; dont le sol bouleversé est rempli de ruines de toutes sortes laissées par des peuples inconnus et qui depuis des siècles ont disparu. Aussi les plus braves coureurs des bois ne se risquent qu'en hésitant et avec une terreur secrète, à s'enfoncer dans ces forêts presque impénétrables, vieilles comme le monde, au fond desquelles on retrouve d'autres ruines qui servent de repaires aux fauves les plus redoutables et semblent avoir abrité des géants dans les anciens jours de la création.

Ces déserts inexplorés, qui s'étendent à l'infini, renferment une nombreuse population nomade, composée des éléments les plus hétérogènes, hostiles les uns aux autres et se faisant une guerre sans merci, où le sang coule comme de l'eau sous les prétextes les plus futiles.

Voici quelle est la population de l'Arizona :

Les Indiens *bravos*, c'est-à-dire indomptés, les Comanches, les Apaches, les Paiwnes et d'autres encore, qui prétendent avec raison être les maîtres du sol ; puis les coureurs des bois, les chasseurs et les trappeurs, les seuls honnêtes ; viennent ensuite les pirates des savanes, sang-mêlés pour la plupart, féroces, voleurs et assassins, sans foi ni loi ; et enfin les déclassés et les naufragés de toutes les civilisations du vieux et du nouveau monde ; population anonyme sans nom dont les mauvais instincts n'ont aucun frein et ne connaissent que la force et la loi du talion, œil pour œil, dent pour dent, et ne s'inclinent que devant le juge lynch.

Et cependant cette contrée est la plus riche et la plus belle de l'univers, son climat est admirable, sa flore et sa faune sont incomparables et ses mines d'or, d'argent et de cuivre sont inépuisables ; aussi, espérons-nous que dans un avenir prochain l'Arizona entrera malgré elle dans la grande famille des peuples, tout le fait prévoir : la civilisation marche en avant quand même, et le désert se rétrécit tous les jours.

Un vendredi de la fin du mois de juin 187... entre quatre et cinq heures du soir, ainsi que l'indiquait l'ombre allongée des arbres sur le sol, un homme, qui semblait être un chasseur ou un coureur des bois, après avoir traversé à gué le *rio Gila* à son confluent avec le *rio Puerco*, fit halte sur la berge de la rivière, laissa tomber la crosse de son fusil sur le sable et, croisant ses mains sur l'extrémité des doubles canons de son arme, il examina attentivement d'un regard circulaire l'immense vallée qui s'étendait à perte de vue autour de lui.

Satisfait sans doute de sa rapide observation, un sourire releva légèrement les commissures de ses lèvres, il murmura entre ses dents, en français avec un fort accent normand :

— Allons ! je suis content de moi ; je ne me suis pas trompé d'une ligne, bien que cette fois soit la première que je vienne dans cette contrée ; et il y a loin d'ici à Montréal ; voici la vallée jonchée de poteries brisées ; voici sur ma droite la *casa* de Moctecuzoma, là-bas les ruines d'une ville qui a dû être riche et bien fortifiée ; et, ce qui est plus important, à l'orée de ce bois de châtaigniers, l'immense mahoghani's — acajou — entouré de quatre cèdres qui lui servent de gardes du corps ; donc, tout est bien et je n'ai plus qu'à attendre.

Tout en causant ainsi avec lui-même le chasseur avait remis son fusil sur l'épaule ; il alla s'asseoir au pied de l'acajou, bourra son calumet, l'alluma, posa son fusil en travers sur ses genoux et se mit philosophiquement à fumer.

Nous ferons en quelques mots connaître au physique et au moral ce personnage qui doit jouer un rôle important dans cette histoire.

C'était un homme de vingt-huit à trente ans au plus ; sa taille était haute, presque gigantesque ; il avait six pieds deux pouces ; cette stature n'ôtait rien à l'élégance et à la grâce de ses moindres gestes ; il était admirablement fait ; il devait être d'une vigueur athlétique, d'une adresse et une légèreté remarquables.

Son teint, couleur de brique cuite, le faisait reconnaître pour un Canadien *bois brûlé*.

Ses traits énergiques, ses pommettes saillantes, ses yeux gris bien fendus, un peu enfoncés sous l'orbite, mais pleins d'éclairs et regardant droit; son front large, son nez un peu camard, aux narines mobiles, sa bouche bien faite garnie de dents magnifiques et ourlée de lèvres charnues d'un rouge de sang; ses longs cheveux blonds tombant en épaisses boucles sur ses épaules et se mêlant parfois avec sa barbe fauve, fine et molle; tous ses traits réunis lui composaient une physionomie des plus sympathiques et lui donnaient une ressemblance extraordinaire avec le mufle d'un lion, à la fois énergique, bon, paisible et ayant la conscience de sa force; en somme c'était une nature d'élite.

Ce chasseur se nommait Jean Berger, mais il n'était connu dans les prairies que sous le surnom de *Sans-Traces*, à cause de la légèreté de sa marche qui ne laissait aucune trace de son passage à travers le désert.

Bien que très jeune encore, il avait une immense réputation comme chasseur et batteur d'estrade dans toutes les savanes depuis le Canada jusqu'au Mexique.

Du reste, il avait de qui tenir : il appartenait à une vieille famille de chasseurs tous renommés depuis plus d'un siècle et dont quelques uns jouent des rôles importants dans plusieurs de nos précédents récits.

Nous ne dirons rien de son costume, Sans-Traces portait celui adopté depuis longtemps par les chasseurs canadiens et trappeurs blancs dans le désert.

Nous constaterons seulement que le chasseur avait des armes magnifiques, cadeau d'un officier supérieur français, auquel Sans-Traces avait sauvé la vie lors de l'expédition française au Mexique ; il avait un fusil à double canon tournant se chargeant par la culasse, quatre revolvers à six coups, un sabre-baïonnette qu'il portait au côté, mais qui en cas de besoin s'adaptait au fusil.

Ces armes, toutes de choix, sortaient des ateliers de

Lepage, l'arm. irier dont la réputation est universelle et que, jusqu'à présent, personne n'a égalé ni pour la justesse des armes qu'il fabrique ni pour leur élégance.

L'armement de Sans-Traces était donc formidable, puisqu'il avait vingt-six coups de feu à tirer sans être obligé de recharger.

Le chasseur, sans y songer, avait laissé son calumet s'éteindre.

Il admirait le paysage grandiose qui se déroulait sous ses yeux et devenait plus saisissant au fur et à mesure que les ténèbres remplaçaient la lumière du jour.

Partout où il reposait son regard, l'horizon n'était qu'un vaste cercle de verdure dont il était le centre; le lit jaunâtre du rio Gila accidentait la perspective, par les replis tortueux de son cours tourmenté, qui se perdait enfin dans les derniers plans de la perspective; çà et là, certains escarpements rocheux, blancs, bleuâtres et rouges, laissaient deviner des ravines profondes ou des ruisseaux fuyant en bavardant sous les glaïeuls; comme chaque soir dans ces contrées au coucher du soleil, la brise se levait, agitant les feuilles des arbres, causant ces plaintes suaves de la harpe éolienne qui rappellent par leur harmonie mélancolique les gémissements des âmes souffrantes et meurent emportées à travers l'immensité sur l'aile de la brise nocturne.

La lune apparaissait comme un globe d'albâtre noyé dans des brouillards azurés: sa lumière froide blanchissait les bords du crépuscule et la cime feuillue des hauts mahoghany's, et fondait toutes les teintes dans le bleu du ciel qu'elle glaçait d'argent.

La nuit était faite.

Alors tout se tut, sauf ces bruits indistincts, sans causes appréciables, qui semblent être la respiration puissante de la nature endormie.

Le chasseur était une organisation primitive, forte et

sensible à tout ce qui est grand et beau. Sans essayer d'expliquer ses sensations devant ce spectacle imposant, il se sentait, pour ainsi dire, fasciné; la puissante mélancolie du silence et des ténèbres lui inspirait une respectueuse crainte; son cœur se serrait douloureusement, sa pensée se plongeait dans une méditation étrange qui l'étreignait, l'élevait au-dessus de lui-même pour le transporter dans des régions lumineuses où tout un monde inconnu se révélait à son âme qui semblait avoir pris des ailes et planer au-dessus de la terre en se rapprochant du ciel.

— Oh! murmura-t-il comme dans un rêve, je comprends maintenant la vénération des Peaux-Rouges pour cette vallée mystérieuse qui, disent-ils, est peuplée par les guerriers fameux des temps passés et la nomment la *Vallée des ombres.*

Ce fut le réveil : il se secoua comme s'il s'éveillait; il fronça les sourcils, jeta un regard inquiet autour de lui et il reprit :

— J'ai failli m'oublier.

Alors il se leva, alla ramasser du bois sec, creusa un trou avec son sabre, se fit un foyer avec trois pierres placées en triangle sur les bords du trou, ouvrit sa gibecière, en retira une petite chaudière en fer, la remplit d'eau à une source voisine, la plaça sur son foyer improvisé, entassa du bois dessous et alluma le feu.

Ces préparatifs terminés, le chasseur émietta deux biscuits de mer dans l'eau, y ajouta du pennekann — chair sèche et pulvérisée — du sel, du poivre et du piment; puis il fit un lit de braise ardente sur laquelle il plaça un cuissot d'antilope, et, sous les cendres chaudes, il cacha une douzaine de patates.

— Là, dit-il d'un air satisfait, dans une heure le souper sera prêt, sans que j'aie besoin de m'en occuper davantage.

Il était près de huit heures du soir. Le vent s'était

apaisé, la lune nageait dans l'éther au milieu d'un semis d'étoiles qui brillaient comme des pointes de diamant; on entendait dans les profondeurs des forêts le glapissement des coyottes en chasse d'une proie et les rauques miaulements des jaguars se rendant à l'abreuvoir.

Le chasseur se leva, étendit une couverture sur le sol, versa dessus plusieurs mesures de maïs, puis, à deux reprises, il siffla d'une façon particulière.

Presque aussitôt un galop rapide se fit entendre et un magnifique mustang des prairies, noir comme la nuit, aux jambes fines, au large poitrail, à la tête petite éclairée par deux grands yeux pleins d'éclairs, apparut repoussant les buissons du poitrail et vint s'arrêter à toucher le chasseur, sur l'épaule duquel il posa sa tête, en le léchant avec des petits cris de plaisir et d'affection.

Pendant quelques minutes il y eut un échange de caresses entre l'homme et l'animal, qui semblaient parfaitement se comprendre.

Le cheval était complètement harnaché, seulement ses étriers étaient relevés, et le mors était retiré et attaché sur le pommeau de la selle, afin qu'il pût brouter en toute liberté.

– D'où venez-vous, Negro? lui dit son maître en le flattant doucement; pourquoi n'êtes-vous pas venu plus tôt? le désert n'est pas bon à cette heure de nuit, les fauves sont en chasse; mangez votre provende, demain la journée sera rude; je me sens envie de dormir, je suis fatigué; faites bonne garde et surtout ne quittez pas le feu de veille.

Le cheval fit une dernière caresse à son maître et alla docilement manger sa provende.

Le chasseur regagna sa place en bâillant, il s'adossa au mahoghani's, étendit les jambes devant le feu, et après s'être assuré que tout était en ordre, il ferma les yeux en murmurant :

— J'ai deux heures à dormir, il ne viendra pas avant.
Presque aussitôt il s'endormit.

Son fusil était entre ses jambes et, par hasard sans doute, son sabre-baïonnette se trouvait sous sa main gauche, sur l'herbe.

Près d'une demi-heure s'écoula ainsi.

Il n'y avait plus un souffle de vent.

Un silence de plomb planait sur le désert.

Tout à coup Negro cessa de manger et coucha les oreilles.

Sans-Traces ouvrit les yeux, mais sans bouger.

Le cheval avait recommencé à broyer sa provende.

Le chasseur referma les yeux.

Presque aussitôt et sans qu'on entendît le plus léger bruit, une *reata* en cuir tressé se déroula lentement à l'extrémité de l'une des branches maîtresses du mahoghani's et descendit avec une précaution extrême.

Si le chasseur n'avait pas été endormi, il aurait vu, à deux mètres, au plus, de son feu de veille, cette reata pendant précisément en face de lui.

Après un instant, la noire silhouette d'un homme apparut à califourchon sur la branche à laquelle la reata était fixée.

Cet homme sembla hésiter pendant quelques secondes, mais tout à coup il se décida, il se mit un long poignard entre les dents, puis il saisit la reata à deux mains et se laissa glisser avec une rapidité vertigineuse.

Sans-Traces dormait toujours.

Aussitôt qu'il toucha la terre, l'inconnu prit son poignard de la main droite et, d'un bond de tigre, il s'élança sur le chasseur.

Mais celui-ci était debout devant son ennemi; il saisit au vol le poignard que l'assassin brandissait sur sa tête; il le lui arracha, le renversa sur le sol et lui posa lourdement son genou sur la poitrine en même temps qu'il lui appliqua son propre poignard sur la gorge en lui disant d'une voix railleuse :

— Quel diable de métier faites-vous donc, maître Petermann? quel singulier chemin prenez-vous pour faire visite à vos amis, et quels compliments leur offrez-vous?

Cet individu auquel Sans-Traces avait donné le nom de Petermann, et qui avait apparu subitement d'une façon si originale, était quelque chose d'impossible, d'illogique, un fantoche, un polichinelle, un casse-noisettes de Nuremberg; il avait une toute petite tête ronde comme une pomme, des yeux gris et vairons, pas de front, des pommettes saillantes, un nez recourbé sur une bouche fendue d'une oreille à l'autre, un menton pointu et relevé vers le nez; pas de barbe, à peine quelques cheveux d'un jaune sale venant jusqu'aux sourcils; son buste était court, ses jambes et ses bras, d'une longueur hors de toutes proportions, lui donnaient, quand il marchait, l'apparence d'un énorme faucheux dressé sur ses pattes de derrière; ce fantoche construit à coups de hache était d'une maigreur si invraisemblable que de quel côté qu'on le regardât on ne le voyait jamais que de profil; sa physionomie souriante avait une expression de bonhomie narquoise; cependant quand il était en proie à une vive émotion, ce masque qu'il s'était fait tombait subitement, et alors ses traits prenaient une expression de scélératesse effrayante.

Les plus terribles bandits des savanes redoutaient cet homme à cause de sa méchanceté innée, sa cruauté, sa perfidie, ses mœurs infâmes et la force herculéenne qu'il possédait et qu'il mettait au service de ses mauvaises passions; c'était un misérable sans foi ni loi, devant lequel chacun tremblait.

On le disait natif de Stettin, chef-lieu de la Poméranie en Prusse, où il avait commis des crimes si horribles qu'il avait été condamné à une reclusion perpétuelle dans son pays.

Comment avait-il réussi à s'échapper et à passer en Amérique, on l'ignorait! mais, ce qui était certain, c'est que, après un séjour de quelques mois à peine à Washington, il avait été contraint de se réfugier au désert pour ne pas être lynché ; peine à laquelle il avait été condamné par la population exaspérée, pour avoir assassiné froidement et sans autre motif que sa férocité innée, toute une famille allemande, le père, la mère et trois enfants tout jeunes, qui avait eu pitié de sa misère et lui avait donné une généreuse hospitalité qui l'avait empêché de mourir de faim.

On l'avait surnommé le *Coyotte*; jamais nom n'avait été aussi bien appliqué, car c'était une hyène, un monstre.

Tout en parlant et le tenant sous son genou, Sans-Traces l'avait en un tour de main débarrassé de ses armes, et avait retourné ses poches dont il avait jeté le contenu au loin ; par une espèce d'intuition, il ne conserva qu'un portefeuille crasseux gonflé de papiers.

Le Coyotte, d'abord tout interloqué de la rude réception qui lui avait été faite sur le sein de notre mère commune, avait presque aussitôt repris son sang-froid :

— Eh! dit-il en ricanant, vous êtes donc un pirate, compagnon? il fallait me le dire tout de suite, nous nous serions facilement entendus.

— J'en doute, reprit le chasseur avec ironie ; je suis coureur des bois, mon maître, je chasse indistinctement tous les fauves qu'ils soient à quatre pattes ou à deux pieds ; vous en avez la preuve par vous-même.

— Vous êtes très spirituel, c'est plaisir de causer avec vous.

— Vous êtes bien bon, merci, fit-il d'une voix railleuse.

— Ah çà, vous saviez donc que j'étais ici?

— Parfaitement, maître Coyotte.

Le bandit fronça les sourcils.

— Tu sais que ceux qui me nomment ainsi risquent leur peau.

Sans-Traces haussa dédaigneusement les épaules sans répondre.

— Que me veux-tu enfin? reprit l'Allemand en essayant sournoisement de se relever.

— Moi? fit le chasseur, je ne te veux rien du tout.

— Alors, pourquoi m'as tu appuyé le genou sur la poitrine et le poignard sur la gorge?

— Tu le sais mieux que moi: crois-moi, reste tranquille, ou sinon, je te tue comme un chien enragé; c'est à Tubac que nous nous sommes rencontrés hier soir, n'est-ce pas?

— Je ne sais pas ce que tu veux dire; je ne te connais pas, dit le bandit.

— Tu crois? dit le chasseur avec ironie, tu étais avec d'autres *tunantes* — coquins de ton espèce, — assis à une table dans la *pulqueria* — buvette — où je suis entré pour me renseigner, car je ne connais pas ce pays où je viens pour la première fois; vous jouiez au *monte*, et vous buviez du refino de cataluña à pleins verres.

— Tu rêves; je ne comprends rien aux sottises que tu me débites depuis une heure.

— Pauvre agneau! dit le chasseur d'une voix railleuse.

— Ah çà, est-ce que vous allez m'étouffer ainsi longtemps encore? s'écria l'autre avec rage.

— Qu'à cela ne tienne, mon maître, cette position vous fatigue? dit le chasseur avec une feinte pitié.

— Je ne puis plus y tenir, tout simplement.

— Alors soyez satisfait.

Et Sans-Traces, avec une adresse, une vigueur et une rapidité qui déconcertèrent le bandit, attira à lui la reata, la fit tomber sur le sol et s'en servit pour garrotter le pirate que, malgré ses efforts pour lui échapper, il réduisit en un tour de main à une complète immobilité.

— Là, voilà qui est fait! dit le chasseur en riant.

— Maudit!... s'écria le bandit avec une colère impuissante, ah! si tu ne m'avais pas pris en traître!...

— Allons donc! dit Sans-Traces en réparant paisiblement le désordre de ses vêtements, vous n'êtes pas aussi terrible que vous voulez le faire croire!

— Ah! si je puis jamais prendre ma revanche, fit le pirate en grinçant des dents.

— Ah! pardieu, je vous trouve charmant, dit Sans-Traces, vous tombez du ciel, vous vous ruez sur moi comme un loup pour m'assassiner, et vous prétendez vous venger de la mauvaise réussite du guet-apens que vous m'aviez tendu? vous êtes idiot, mon cher, ajouta-t-il en riant.

— Hum! qu'est-ce que cela encore?

— Cela, dit le chasseur toujours railleur, un bâillon pour vous empêcher de bavarder comme une vieille femme; vrai, vous parlez trop, cela m'ennuie.

— Un bâillon, à moi? mais...

Sans-Traces lui appliqua le bâillon et coupa ainsi brusquement sa phrase par la moitié.

— Maintenant, écoutez-moi et ne me menacez pas du regard, cela ne vous avancerait à rien, je vous en avertis.

En effet, le bandit n'avait que les yeux de libres et il profitait de cette dernière ressource pour protester contre la violence qui lui était faite.

— Vous avez voulu m'assassiner sans me connaître; vous m'avez tendu un guet-apens horrible; j'étais en droit de vous tuer comme un coyote immonde, je ne l'ai pas voulu; je suis un honnête coureur des bois; je n'assassine pas, j'attaque mon ennemi en face, homme ou fauve, et je le combats bravement; vous êtes un bandit sans foi ni loi, vicié jusqu'aux moelles; je vous appliquerai la loi de lynch, œil pour œil, dent pour dent; je ne vous tuerai pas, le meurtre de sang-froid me répugne; je vous abandonnerai sans armes, sans vivres et sans feu dans le désert; je vous laisserai mourir, c'est une dernière chance que je vous donne ; si Dieu, dont la bonté est inépuisable, vous prend en pitié et vous sauve, cette rude leçon, peut-être, vous fera rentrer en vous-même, ce que je vous souhaite sans l'espérer ; vous avez toujours abusé de votre force, je vous réduis à être plus faible qu'un enfant en vous garrottant et vous bâillonnant.

Tout à coup un cri de hibou rompit le silence en se faisant entendre à trois reprises.

Le chasseur tressaillit, ce cri était évidemment un signal.

— J'avais oublié, murmura le Canadien, cela vaudra mieux ; il me dira ce qu'il convient de faire.

Il rejeta brusquement à terre le bandit que déjà il avait placé en travers sur le dos de Negro, il enveloppa dans une épaisse couverture de laine la tête de son prisonnier afin de l'empêcher de voir et d'entendre.

Puis il répondit au signal qui lui avait été fait en poussant à son tour le cri du hibou.

Presque aussitôt on entendit le galop rapide de plusieurs chevaux lancés à fond de train, trois cavaliers apparurent dessinant leurs sombres silhouettes dans la nuit et firent halte devant le campement du chasseur qui s'était empressé de donner un dernier coup d'œil au souper.

Le repas était à point, Sans-Traces se frotta joyeusement les mains.

II

Où le Coyotte tombe de fièvre en chaud mal.

Le premier soin des arrivants fut de desseller leurs chevaux, et de les bouchonner vigoureusement pendant près de dix minutes ; les pauvres bêtes fumaient et haletaient ; lorsqu'ils commencèrent à respirer et à s'ébrouer en tendant le cou et en dressant les oreilles, les voyageurs leur donnèrent la provende qu'ils attaquèrent aussitôt joyeusement.

Les cavaliers vinrent alors s'asseoir autour du feu sur les crânes de bison que Sans-Traces avait préparés tout exprès à leur intention, pour leur servir de sièges.

Le froid était piquant, les voyageurs se chauffaient avec un véritable plaisir.

— Vous êtes en retard de plus d'une heure, mon colonel, dit le chasseur à celui des trois étrangers qui semblait être, non pas le chef des autres, mais le plus élevé dans la hiérarchie des castes de la société. Vous serait-il arrivé quelque chose de désagréable en route ?

— Oui, nous avons été brusquement attaqués par sept ou huit malandrins, qui nous ont barré le passage à l'improviste ; mais notre ami le Nuage-Bleu nous a débarrassés de ces drôles sans effusion de sang.

— Les sangs mêlés sont des chiens, dit le chef indien avec mépris, le Nuage-Bleu est un sachem dans sa nation.

— Oui, oui, en vous voyant, dit en riant le chasseur, ils ont dû être désagréablement surpris.

— Les Comanches sont les maîtres du désert, dit le chef avec emphase. Qui oserait leur résister ?

— Ce que vous dites est vrai, chef, mais il se fait tard et vous devez avoir grand besoin de manger ; n'attendons pas davantage, dit Sans-Traces.

Et s'adressant au troisième voyageur qui, dès que les chevaux avaient été bouchonnés, s'était aussitôt mis à construire un jacal.

— Eh ! Sidi-Muley, est-ce que tu n'as pas encore terminé ta construction, lui dit le chasseur en riant.

— C'est fini, s'écria celui auquel on avait donné le nom de Sidi-Muley.

Et remettant au fourreau le long sabre qui lui avait servi pour couper les branches employées à la confection du jacal,

— Mon colonel, dit-il à l'officier, votre chambre à coucher est prête à vous recevoir quand il vous plaira de vous retirer.

— Merci, mon vieux camarade ; répondit l'officier, et lui indiquant une place : Assois-toi là près de moi, ce ne sera pas la première fois que nous serons côte à côte ; tu n'as pas oublié nos campagnes d'Afrique, hein ?

— Dieu m'en garde, mon colonel, vous avez monté en grade depuis ce temps-là, mais ce n'est pas encore assez, vous devriez...

— Bon ! tout est bien ainsi, mange ta soupe, vieux grognon.

Le soldat éclata de rire, s'installa sur un crâne de bison et ne souffla plus mot.

Le souper commença aussitôt avec cet entrain et cet appétit, que l'on ne rencontre malheureusement dans les villes qu'au foyer de quelques ménages d'ouvriers honnêtes travailleurs ; car la préoccupation du lendemain leur rend trop souvent le pain amer.

Nous profiterons de l'ardeur avec laquelle nos personnages attaquent le cuissot d'antilope, pour les faire connaître aux lecteurs.

Le Nuage-Bleu était le premier *sagamore* de la tribu du Bison-Rouge, l'une des plus importantes et des plus guerrières de la célèbre nation des Comanches.

Le Nuage-Bleu était de haute taille, vigoureusement constitué ; il avait les attaches fines et élégantes, tous ses gestes étaient gracieux et imposants ; ses traits étaient beaux, ses yeux d'un noir de jais pétillaient d'intelligence et de finesse, sa physionomie avait une expression énergique et un peu froide, tempérée cependant par une indicible bonté.

Ce chef, très célèbre dans les Prairies, devait être âgé, au dire de gens qui le connaissaient bien, d'au moins soixante-quinze ans ; il avait des dents éblouissantes, des cheveux touffus noirs, comme l'aile du gipaëte, le corbeau américain ; il était aussi vigoureux, aussi alerte et aussi léger à la course que s'il n'avait eu que trente ans ; aucune apparence de sénilité n'apparaissait dans sa personne.

Hâtons-nous de constater que ce fait n'a rien d'extraordinaire ; en général les Indiens vivent très vieux, les centenaires sont nombreux parmi eux ; beaucoup dépassent cent vingt ans et plus.

Nous parlons ici, bien entendu, des Indiens indépendants, qui ont su se préserver des liqueurs des blancs et ne boivent que de l'eau, comme les Comanches ; les ivrognes ne sont plus que des Indiens dégénérés, méprisés et chassés des *atepetls* à grands coups de bâton par les femmes et les enfants.

Le second personnage, celui que l'on traitait de colonel, était un jeune homme de trente-cinq ans au plus : il était grand, bien fait, élégant, très vigoureux, avec des mains et des pieds de femme ; sous une apparence un peu efféminée, il cachait une énergie et une volonté implacables ; il accomplissait les plus longues traites à pied ou à cheval, sans jamais se plaindre de la fatigue ; ses traits étaient d'une grande beauté ; il était blond fauve avec des yeux et des sourcils noirs, ce qui donnait à sa physionomie ouverte et bienveillante quelque chose d'étrange qui saisissait et qu'on ne pouvait expliquer.

M. le comte Louis Coulon de Villiers appartenait à une vieille famille originaire du Rouergue, dont les chroniques de cette province, citent avec honneur plusieurs membres ; l'histoire du Canada mentionne les noms de deux officiers de cette noble famille :

Le capitaine de Villiers de Jumonville fut assassiné de sang-froid, dans un horrible guet-apens, malgré sa qualité de parlementaire, par Washington, alors colonel des milices coloniales de Virginie, le 29 mai 1754, à quelques lieues du port Duquesne sur l'Ohio.

Son frère Louis Coulon de Villiers obtint le commandement du détachement chargé de venger le meurtre de son frère. Washington, réfugié dans le fort *Nécessité*, fut attaqué à l'improviste par les Français ; après une lutte acharnée de quelques heures, il fut contraint de signer une capitulation honteuse et de reconnaître qu'il avait assassiné Jumonville, malgré sa qualité de parlementaire qui le rendait inviolable.

Ces deux exemples suffisent pour prouver que les Coulon de Villiers étaient une race guerrière.

Le troisième des voyageurs, Sidi-Muley a joué un rôle important dans un de nos précédents ouvrages.

Au physique, il avait une certaine ressemblance avec le Coyotte : comme lui, il était construit à coups de hache, était long et maigre comme un échalas, de sorte que, de même que l'Allemand, de n'importe quel côté on le regardât on ne le voyait toujours que de profil.

Mais là s'arrêtait la ressemblance entre les deux hommes.

Sidi-Muley, on ne le connaissait que sous ce nom fantaisiste, était un Parisien pur sang, né en plein faubourg Saint-Antoine; il avait été enfant de troupes, n'avait jamais connu ni père ni mère, et s'était engagé aussitôt qu'il avait eu l'âge d'être soldat; le régiment était devenu sa seule famille.

Il était tout muscles et tout nerfs, très vigoureux et surtout très leste et très adroit à tout ce qu'il faisait; il pouvait avoir, au moment où nous le mettons en scène, quarante-cinq ans peu ou prou.

Il avait le front haut et large, le nez long et bourgeonné, les yeux gris, ronds, vifs et pétillants de malice; les pommettes saillantes, les narines ouvertes et mobiles, la bouche largement fendue, garnie d'une double rangée de dents un peu séparées les unes des autres, blanches et pointues, les lèvres épaisses et sensuelles; le menton fortement accusé et avançant en avant; les cheveux blonds et rares, une longue moustache et une impériale fauves et touffues; le teint d'un rouge de brique, la physionomie railleuse et goguenarde, mais toujours gaie et empreinte de bonhomie; c'était le véritable type de la *pratique*, qu'on nous passe cette expression, des soldats très braves, mais indisciplinables, des compagnies de discipline, de notre colonie africaine.

Son costume essentiellement débraillé, qu'il portait avec une désinvolture particulière, tenait de tous les costumes en usage dans ces régions : en partie chasseur indien, ranchero et même soldat mexicain, le tout complété par des bottes molles en assez bon état et un fez rouge outrageusement penché sur l'oreille droite; ce fez était tout ce qui lui restait de son uniforme de spahis.

En somme Sidi-Muley était un drôle de corps, ancien

spahis, bon à pendre et à dépendre ; malin comme un singe ; mauvais comme un âne rouge, brave comme un lion, voleur comme un Allemand ; dévoué à ses heures, ivrogne à lécher la tonne de Neldelberg, toujours riant et chantant ; prenant le temps comme il vient sans autre souci que de bien vivre, il était venu s'échouer dans ces parages lors de l'expédition néfaste du Mexique, à la suite de je ne sais quelle scabreuse affaire ; en réalité, c'était un véritable type, très curieux à étudier.

A son débarquement à la Véra-Cruz, le colonel avait rencontré par hasard Sidi-Muley, qu'il avait eu sous ses ordres et qu'il connaissait de longue date ; le pauvre diable mourait à peu près de faim. Le colonel, sachant ce qu'il valait, lui avait offert de l'accompagner, offre que l'ancien spahis avait acceptée avec empressement ; depuis lors ils ne s'étaient plus quittés ; M. de Villiers se félicitait de cette singulière recrue dont le dévouement à toute épreuve était précieux pour lui.

Nous nous sommes peut-être un peu trop étendu sur le portrait de ces personnages, mais comme ils sont appelés à jouer un grand rôle dans cette histoire, il était très important qu'ils fussent bien connus du lecteur.

Le repas tirait sur sa fin ; on avait allumé calumets, pipes et cigares en buvant d'excellent café aromatisé par quelques gouttes d'eau-de-vie de France, et qu'on savourait à petites gorgées.

— Avez-vous appris quelque chose, ami Sans-Traces ? demanda le colonel en allumant un cigare.

— Depuis notre séparation, mon colonel, répondit le chasseur, je me suis donné beaucoup de mouvement, mais jusqu'à présent, je n'ai rien terminé ; et vous, avez-vous été plus heureux que moi ?

— Pour le premier point je crois avoir ville gagnée.

— Comment cela ?

— Je me suis d'abord rendu à Mexico et, malgré l'anagonisme que je craignais de rencontrer près des autorités mexicaines, je n'ai eu qu'à me louer de mes rapports avec le président de la République ; mes droits ont été reconnus complètement, sans la plus légère difficulté ; l'on m'a donné tous les papiers nécessaires pour les faire valoir et agir comme bon me semblera pour sauvegarder mes intérêts ; on m'a donné carte blanche sur les moyens que je jugerai nécessaire d'employer pour rentrer dans la propriété de ma concession.

— Mais c'est une véritable victoire que vous avez remportée, mon colonel, dit joyeusement le chasseur ; à quoi attribuez-vous ce bon vouloir du gouvernement mexicain ?

— A plusieurs causes, dit en riant l'officier, d'abord à l'absence de toute diplomatie et de tout agent français, et surtout à ceci que, aujourd'hui, ma concession se trouve sur le territoire des États-Unis, et que par conséquent, le Mexique est à présent complètement désintéressé dans la question ; que le gouvernement de ce pays n'est pas fâché d'être agréable à un officier supérieur français, sans qu'il lui en coûte rien, et en même temps de jouer un mauvais tour à la grande république des États-Unis, qu'il déteste.

— C'est juste, dit Sans-Traces, aussi je crains que vous ne trouviez pas le gouvernement de Washington aussi facile que celui de Mexico.

Le colonel sourit, et après avoir aspiré deux ou trois goulées de fumée pour raviver son cigare qui s'éteignait :

— Vous vous trompez, dit-il.

— Comment cela ?

— Vous allez le comprendre.

— Pardon, mon colonel, si je vous interromps, dit Sidi-Muley.

— Qu'y a-t-il ? demanda l'officier.

— Depuis quelques minutes je suis très intrigué par une espèce de paquet que je vois grouiller là-bas au pied du mahogoni's, et je me demande ce que cela peut être.

— C'est vrai, dit le chasseur en se frappant le front, je l'avais oublié.

— Qu'est-ce donc? interrogea l'officier.

— C'est toute une histoire, mon colonel, je remercie Sidi-Muley de rappeler mes souvenirs; heureusement que nous avons parlé à voix basse.

— Est-ce donc un homme?

— Oui, mon colonel, et un ennemi redoutable qui plus est.

— Oh! oh! un ennemi?

— Ce paquet, ainsi que le nomme Sidi-Muley, n'est autre que le plus féroce bandit du désert dont, sans doute, vous devez avoir entendu parler.

— Son nom?

— Le Coyotte.

— Le pirate allemand? s'écria le spahis.

— Lui-même, reprit le chasseur.

— J'ai, en effet, entendu parler de ce drôle comme d'un misérable sans foi ni loi.

— Ajoutez, mon colonel, reprit Sidi-Muley, que les plus féroces bandits tremblent devant lui, et qu'il est exécré.

— Quand je suis arrivé ce soir, à l'endroit où vous m'aviez donné rendez-vous, mon colonel, reprit le chasseur, cet homme, qui s'était embusqué au milieu des branches du mahoghani's, s'est rué sur moi à l'improviste et a failli m'assassiner, sans que je sache pour quel motif.

— Je le sais, moi, dit le colonel en hochant la tête d'un air pensif, ou du moins je le devine; continuez Sans-Traces.

— Grâce à ma vigueur peu commune, que le bandit ne soupçonnait pas, reprit le chasseur, je réussis non seulement à déjouer son attaque, mais je m'emparai de lui, je le garrottai comme vous le voyez, et j'allais le transporter bâillonné et aveuglé par une couverture dans une de ces maisons en ruine, où je l'aurais laissé mourir, car je ne voulais pas le tuer de sang-froid; si scélérat que soit cet homme, il me répugnait de lui ôter la vie; en entendant votre signal, je m'arrêtai, pensant que, mieux que moi, vous sauriez ce qu'il convient de faire de ce drôle; je ne sais comment je l'ai oublié.

— Bon! fit Sidi-Muley en bourrant sa pipe, votre idée était excellente Sans-Traces, vous avez eu tort de ne pas la mettre à exécution; mais il n'y a pas de temps perdu, avec autorisation du colonel, je vais lui mettre un couple de balles dans la tête, et ce sera fini.

Et il fit un mouvement pour se lever.

— Ne bouge pas, dit le colonel en l'obligeant à se rasseoir; cet homme ne doit pas mourir ainsi; la première idée de Sans-Traces était excellente, ce misérable mérite un châtiment exemplaire, mais nous n'avons pas le droit de le tuer; en somme, le guet-apens qu'il avait tendu à notre ami a avorté, abandonnons-le dans le désert sans armes et sans vivres, je l'admets, garrottons-le, très bien, mais laissons-lui une chance de se sauver; qu'il puisse appeler au secours. Qui sait si Dieu ne le prendra pas en pitié ! Appliquons-lui la loi du désert : elle est assez cruelle sans que nous l'aggravions encore; les angoisses qui le tortureront, le feront peut-être rentrer en lui-même. Vous l'attacherez solidement sur la branche où il s'était embusqué, afin qu'il ne soit pas dévoré vivant par les fauves; enlevez-lui le baillon et la couverture qui le rend sourd et aveugle et abandonnez-le à la volonté de Dieu, qui seul a le droit de disposer à sa guise de son existence.

— *Minno* — bon — dit le sachem comanche, le grand chef blanc a bien parlé, le Wacondah — Dieu — est le seul maître de la vie des faces pâles et des hommes rouges; lui seul condamne ou absout.

— Attachez ce misérable sur l'arbre; au lever du soleil, quand nous aurons quitté notre campement de nuit. Sans-Traces restera en arrière pour le débarrasser du bâillon et de la couverture; il est inutile qu'il nous voie et nous connaisse.

— Soit, dit Sidi-Muley en haussant les épaules, mais c'est reculer pour mieux sauter, car un jour ou l'autre, il nous faudra le tuer comme un chien enragé; vous ne connaissez pas ce misérable, vous vous repentirez de lui avoir fait grâce, mon colonel.

— Peut-être, dit l'officier en souriant, mais, quant à présent, nous aurons laissé cet être dégradé entre les mains de Dieu, et nous ne serons pas des meurtriers; si plus tard nous sommes contraints de le tuer, ce sera les armes à la main, en face et en combattant.

— Comme il vous plaira, mon colonel.

— Patience, dit l'officier, j'ai certaines raisons pour l'épargner.

— J'ai trouvé dans ses poches un portefeuille bourré de papiers, dit Sans-Traces.

— Vous lui avez enlevé ces papiers.

— Oui, mon colonel.

— Vous avez bien fait, c'est de bonne guerre; peut-être trouverons-nous de précieux renseignements dans ces papiers.

— C'est ce que j'ai pensé, mon colonel, voici le portefeuille.

Et il le remit à l'officier qui le serra dans une poche de côté de sa redingote de chasse.

— La nuit s'avance, installez cet homme sur la branche où il s'était embusqué, et attachez-le solidement sans cependant le torturer.

Sans-Traces et Sidi-Muley se levèrent aussitôt et se mirent en mesure d'exécuter l'ordre qu'ils avaient reçu.

L'opération n'était pas commode, cependant, après bien des tâtonnements ils réussirent à assujettir solidement le pirate, assis entre trois branches qui formaient un siège naturel, où il était commodément installé.

Le Coyotte était complètement passif pendant cette opération à laquelle il ne comprenait rien, mais les deux hommes l'entendaient souffler avec force.

— C'est fait, dit Sidi-Muley en sautant à terre ; nous l'avons installé comme une petite maîtresse ; s'il se plaint c'est qu'il aura un bien mauvais caractère, ajouta le spahis en riant.

— Le fait est, ajouta Sans-Traces qu'il lui serait impossible d'être plus commodément installé ; il dormira comme un opossum, sans craindre de tomber.

— Avant de nous livrer au sommeil j'achèverai ce que je vous disais quand Sidi-Muley nous interrompit si à propos.

— Ah ! vous le reconnaissez, mon colonel, dit le spahis en riant.

— Certes, et même plus à propos que tu ne peux t'en douter ; tu le reconnaîtras bientôt.

— Je ne demande pas mieux, mon colonel.

— Je vous disais que le gouvernement de Washington...

— Oui, colonel, et je vous faisais observer que vous ne le trouvereriez pas aussi coulant que celui de Mexico.

— C'est ce qui vous trompe, Sans-Traces, reprit le colonel, je suis allé à Washington.

— Déjà ! fit le chasseur avec surprise.

— Oui, dit en riant l'officier, j'ai vu le président des États-Unis, j'ai été admirablement reçu par lui, je lui ai présenté ma requête en lui montrant les pièces qui prouvent mon droit. Le président me dit en substance ceci :

« Votre réclamation est juste, monsieur, votre droit est positif ; malheureusement, votre concession est située dans l'Arizona, c'est-à-dire dans une contrée où nous n'avons qu'une possession nominale. C'est en vain que nous avons essayé de civiliser et de coloniser cette riche contrée, elle est rebelle à toute colonisation : les émigrants eux-mêmes, ont été contraints de se retirer ; nous avons, à grand'peine, construit quelques forts isolés qui affirment notre possession, et c'est tout. Je ne puis donc pas vous aider comme je le voudrais, les Indiens bravos et les pirates font la loi sur toute cette contrée et en restent les maîtres. Il vous faut agir vous-même à vos risques et périls ; tout ce que je puis faire, c'est de vous autoriser à enrôler des partisans aussi nombreux que vous le jugerez convenable, pour vous assurer la possession de votre concession par les armes ; les garnisons des forts vous aideront autant que cela leur sera possible. Acceptez-vous cette protection presque négative ? car notre aide ne vous servira que très peu, je le crains.

« — Dans ces conditions, ai-je répondu, si je ne réussis pas, du moins pourrai-je tenter l'aventure.

« — Vous êtes bien résolu ? reprit le président.

« — Oui, répondis-je.

« — C'est bien, reprit le président, je n'ai plus qu'une condition à vous poser.

« — Laquelle ? demandai-je.

« — La voici, reprit le président : Aussitôt établi sur votre concession, si vous réussissez à vous maintenir, vous commencerez aussitôt l'œuvre de civilisation que, jusqu'à présent, nous n'avons fait qu'ébaucher.

« — Je vous le jure, » répondis-je.

Quatre jours plus tard, je fus appelé à la Maison-Blanche ; le président de la grande république me remit les pouvoirs les plus étendus et me souhaita de réussir ; je pris aussitôt congé et, le jour même, je quittai Washington. Que pensez-vous de cela, Sans-Traces ?

— Hum ! fit le chasseur, vous entreprenez une rude tâche, je crains bien que vous ne réussissiez pas.

— Peut-être, dit Sidi-Muley d'un air pensif.

— J'ai foi dans mon étoile, dit le colonel en riant, je ne sais pourquoi, mais je crois que je réussirai.

— Peut-être, reprit encore Sidi-Muley.

— Ah çà! tu parles par énigmes, mon garçon, dit le colonel avec bonne humeur.

— La nuit porte conseil, mon colonel, reprit le spahis ; demain nous causerons.

— Parbleu, dit le colonel, tu as raison, allons dormir.

Le colonel prit congé de ses compagnons et entra dans le jacal que Sidi-Muley lui avait construit.

Les trois hommes se partagèrent la garde de nuit.

Dix minutes plus tard, le spahis et Sans-Traces dormaient à poings fermés, enveloppés dans leurs couvertures et les pieds au feu.

Le sachem veillait seul.

La nuit fut paisible.

Un peu avant le lever du soleil, Sans-Traces éveilla ses compagnons, les chevaux furent sellés; les trois chasseurs se mirent en selle et s'éloignèrent à toute bride après être convenus avec Sans-Traces d'un rendez-vous à deux lieues plus loin sur un *brûlis* bien connu du chef comanche.

Lorsque les cavaliers eurent disparu dans les méandres des hautes herbes, le chasseur grimpa sur l'arbre et, ainsi que cela avait été convenu, il débarrassa le bandit de la couverture et lui ôta le bâillon.

— Vas-tu donc me tuer? dit-il d'une voix sourde au chasseur.

— Non, répondit celui-ci, avant de partir j'ai voulu te laisser une chance de salut.

— Tu m'abandonnes ici, sur cet arbre?

— Oui, tu pourras appeler à ton secours ceux qui passeront près de toi.

— J'ai la gorge en feu.

— Bois, dit le chasseur en lui mettant sa gourde aux lèvres.

Le pirate but à grands traits.

— Merci, dit-il, tu as donc pitié de moi?

— Pourquoi te ferais-je souffrir?

— Et tu me laisses ainsi?

— Il le faut, si tu te souviens d'une prière, crois-moi, adresse-la à Dieu, car lui seul peut te sauver.

— Oh! si... s'écria-t-il avec rage.

— Ne blasphème pas, tu as cent fois mérité la mort; adieu, que Dieu te sauve!

— Ah! je suis maudit! s'écria le misérable avec désespoir.

Il laissa sa tête tomber en arrière et ferma les yeux, il avait perdu connaissance.

— Pauvre diable! murmura le chasseur, Sidi-Muley avait raison, mieux valait le tuer; que Dieu ait pitié de lui.

Il jeta un dernier regard de pitié au condamné, et il descendit de l'arbre.

Cinq minutes plus tard, le chasseur galopait à toute bride, sans qu'il fût possible au pirate de savoir quelle direction il avait prise.

En moins d'une heure il rejoignit ses compagnons.

— Eh bien? demanda le colonel.

— Il ne rêve que de vengeance.

— J'en étais sûr, dit le spahis.

— Dans quelques heures ses idées changeront.

— Je ne crois pas, dit le chasseur, en hochant la tête, c'est un démon, mieux valait le tuer.

## III

Comment la Grande-Panthère délivra le Coyotte, et de quelle façon excentrique le bandit essaya de prouver sa reconnaissance à son sauveur.

Il était un peu plus de midi.

Les rayons du soleil comme des flèches d'or tombaient d'aplomb sur la terre pamée de chaleur.

Les fauves étaient flatrés dans leurs repaires ignorés, les oiseaux blottis sous la feuillée avaient la tête sous l'aile, un silence de plomb pesait sur le désert

Le colonel et ses compagnons, leur repas du matin terminé, s'étaient réfugiés sous le couvert pour laisser passer la plus grande chaleur du jour avant de se hasarder à continuer leur voyage.

Chacun s'était installé le plus confortablement possible pour faire une sieste de deux ou trois heures, afin de laisser à l'air le temps de redevenir respirable, car, à cette heure, on était dans une véritable étuve.

Tous les yeux étaient clos; faute de mieux nos personnages voyageaient à toute bride dans le pays des songes, quand, soudain, ils bondirent sur leurs pieds, saisirent leurs armes et s'embusquèrent derrière les troncs énormes des chênes-lièges de la forêt.

Plusieurs coups de feu avaient éclaté avec fracas à une distance assez rapprochée de leur campement

Presque aussitôt trois cavaliers émergèrent d'une sente de fauves et apparurent sur le brûlis galopant à bride avalée, se retournant sur leur selle pour faire feu en arrière.

Ces cavaliers portaient le costume élégant et pittoresque des riches rancheros mexicains, ils étaient quatre et se serraient autour d'une femme qu'ils conduisaient au milieu d'eux, pour la protéger sans doute.

Bientôt on aperçut à portée de pistolet, au plus, une trentaine de bandits hideux, accourant de toute la rapidité de leurs chevaux qu'ils excitaient par des cris féroces en même temps qu'ils faisaient feu, à demi couchés sur leurs montures.

Sauf le Nuage-Bleu qui, en fait d'armes à feu, n'avait que son fusil, le colonel et ses compagnons avaient chacun vingt-six coups à tirer sans recharger.

Lorsque les bandits passèrent devant les voyageurs, sur un signe du colonel, quatre détonations se firent entendre, quatre hommes tombèrent sur le sol et presque aussitôt, quatre autres roulèrent sur l'herbe, et le feu continua sans interruption.

Les bandits hésitèrent; les fugitifs se voyant soutenus avaient tourné bride, une décharge générale acheva de jeter le désordre dans les rangs des bandits et, sans s'obstiner à continuer une lutte inégale, ils s'enfuirent dans toutes les directions, sans se soucier le moins du monde de leurs blessés qu'ils abandonnèrent sans remords.

L'escarmouche avait à peine duré un quart d'heure.

Tués ou blessés, les bandits avaient perdu seize hommes et cinq chevaux; c'était un grave échec pour eux.

Quelques coups de feu se faisaient encore entendre sous le couvert.

Quelques minutes plus tard, une douzaine de cavaliers arrivèrent au galop brandissant leurs armes et poussant de joyeux hourras.

Ces nouveaux venus étaient évidemment les amis ou

les serviteurs des rancheros, que le colonel avait si vigoureusement protégés.

— A hora, dit un des rancheros qui semblait être le chef des autres, avec un geste significatif.

— *A hora a deguello esos maleditos*, ce qui voulait dire : A présent égorgez ces bandits.

Cet ordre féroce fut aussitôt exécuté sans pitié, et les poches des bandits égorgés retournées avec une prestesse admirable.

Tous les Mexicains mirent pied à terre.

Les quatre rancheros, qui étaient les maîtres des autres, s'avancèrent au-devant du colonel et de ses compagnons.

Celui des rancheros qui avait donné l'ordre implacable, si rapidement exécuté, salua avec une gracieuse courtoisie l'officier français.

— Monsieur, dit-il en excellent français, en s'inclinant, je vous dois la vie ainsi que celle de mes amis et parents, et une autre bien plus précieuse encore, celle de ma sœur doña Luisa que j'ai l'honneur de vous présenter. Maintenant, monsieur, c'est entre nous à la vie et à la mort, faites-moi l'honneur, je vous en supplie, d'accepter mon amitié et de m'accorder la vôtre; l'homme qui a sauvé ma sœur chérie, ne peut être que mon frère.

— Je n'ai fait que ce que vous auriez fait vous-même, monsieur, en semblable circonstance, dit le colonel en souriant, voici ma main, j'accepte de grand cœur la précieuse amitié que vous m'offrez si courtoisement : je suis le comte Louis Coulon de Villiers, colonel de l'armée française.

— Et moi, monsieur, répondit aussitôt le ranchero, je suis don Jose Perez de Sandoval, ancien chargé d'affaires du Mexique en France. Depuis longtemps j'ai l'honneur de vous connaître, colonel, comme un des plus brillants officiers de l'armée française.

Le colonel serra cordialement la main aux parents de

don José, et il s'inclina respectueusement devant doña Luisa Perez de Sandoval.

La jeune fille s'inclina et baissa les yeux en rougissant. Il y eut un silence.

Malgré lui, l'officier se sentait ému et embarrassé devant cette chaste et charmante jeune fille.

Don José Perez de Sandoval sourit en regardant sa sœur et reprit, sans doute dans le but de donner au colonel le temps de reprendre son sang-froid :

— Je désirerais, monsieur, remercier les braves gens, qui, sous vos ordres, nous ont rendu un si grand service.

— Vous les voyez autour de moi, monsieur, répondit le colonel en désignant d'un geste de la main, le Sachem, Sans-Traces et Sidi-Muley.

— Comment, s'écria le jeune homme en souriant avec surprise, est-ce là toute votre armée!

— Mon Dieu oui, répondit l'officier en riant.

— Caraï! s'écria don José, à la façon dont ils se sont multipliés je les supposais au moins une vingtaine; c'est affaire à vous, Français, de faire de telles surprises.

Sur l'invitation du colonel on s'était assis sur l'herbe, excepté doña Luisa qui s'était excusée et s'était retirée dans un jacal, que, en un tour de main, Sidi-Muley lui avait construit sur l'ordre du colonel.

Nous devons mentionner un fait qui était passé inaperçu et qui cependant avait une certaine gravité; lorsque don José Perez Sandoval s'était trouvé en face de Sidi-Muley, il avait posé un doigt sur ses lèvres en fronçant légèrement les sourcils; cet ordre, — évidemment c'en était un — avait été compris du spahis, car il avait appuyé la main droite sur son cœur en s'inclinant.

— Je ne comprends pas comment vous avez pu faire un feu si infernal et si bien dirigé, reprit don José.

— Oh! bien simplement, monsieur, excepté le sachem qui préfère son rifle américain, mes deux compagnons et moi, nous avons des armes de choix, d'abord, puis chacun de nous a quatre revolvers à six coups et un fusil double à canons tournants et portant la baïonnette ; nous avons donc, entre nous trois, soixante-dix-huit coups sans être obligés de recharger, ce qui nous donne un grand avantage comme du reste vous vous en êtes aperçu.

— Certes, moi qui avais une escorte de vingt-cinq hommes, qu'aurais-je fait si j'avais eu maille à partir avec vous ? Il me serait arrivé comme aux pirates, nous aurions été contraints de nous sauver au plus vite, ajouta-t-il en riant.

— A propos de ces bandits, comment ont-ils osé vous attaquer ainsi en plein jour ?

— C'est une vieille haine ; chaque fois que nous nous rencontrons, nous échangeons quelques coups de fusil.

— Alors, vous les connaissez.

— Oh ! parfaitement, les gens qui m'ont attaqué appartiennent à la cuadrilla du Coyotte.

— Le Coyotte !

— Oui ; le connaîtriez-vous, par hasard ?

— Continuez, je vous répondrai quand vous aurez tout dit.

— Soit, le Coyotte savait probablement que je prendrais cette direction, il avait embusqué une soixantaine de pirates sous le couvert ; je ne soupçonnais pas cette embuscade, je croyais n'avoir rien à redouter ; les bandits profitèrent de notre sécurité pour nous attaquer à l'improviste ; ils nous séparèrent de notre escorte et, sans vous et vos braves compagnons, colonel, nous étions perdus ; mais je vous jure que ce maudit Coyotte me payera cette trahison.

Le colonel se mit à rire.

— Pardon, monsieur, je ne comprends pas.

— Excusez-moi, señor, ce rire n'a rien qui vous puisse regarder, il ne touche que le Coyotte qui, pour la première fois de sa vie, a été aujourd'hui soupçonné à tort.

— Soupçonné à tort! ce scélérat, ce bandit!

— Il est tout ce que vous dites, monsieur, et plus encore.

— Eh bien, colonel?

— Je vous affirme que le Coyotte est innocent du guet-apens dont vous avez failli être victime ce matin, par la raison toute simple qu'il lui était matériellement impossible de quitter, sans aide, l'arbre sur lequel nous l'avions abandonné; et se tournant vers le chasseur : Sans-Trace, dit-il, racontez au señor don José ce qui s'est passé cette nuit et ce matin, c'est-à-dire il y a deux heures, entre vous et le Coyotte.

Le coureur des bois obéit et raconta le guet-apens auquel il avait échappé par miracle, et le châtiment infligé au bandit allemand sur l'ordre du colonel.

Don José de Sandoval avait écouté ce récit avec la plus sérieuse attention.

— Vous avez eu tort de faire grâce à ce misérable, dit le jeune homme; vous avez été généreux en pure perte, il fallait le lyncher sans pitié; morte la bête, mort le venin, s'il échappe, et il échappera, car les bandits du désert se soutiennent tous, le bandit n'aura plus qu'un désir, vous assassiner dans quelque coin, voilà ce que vous vaudra votre générosité; je connais la France, où j'ai été pour ainsi dire élevé : vous êtes, vous, Français, presque toujours victimes d'une générosité mal entendue : soit nonchalance, soit mépris, quand vous êtes victimes d'un bandit quelconque, vous lui donnez la clef des champs en lui disant d'aller se faire pendre ailleurs.

— C'est vrai, dit le colonel en riant.

— Le bandit ne se fait pas pendre, reprit don José avec bonne humeur, il poursuit le cours de ses exploits et devient un véritable fléau pour la société et, quatre-vingt-dix fois sur cent, il échappe au châtiment. Au désert, nous raisonnons autrement, nous n'avons qu'une peine, la mort nous l'appliquons sans hésiter; les coquins le savent, et se tiennent sur leurs gardes. Mais à quoi bon discuter davantage, nous n'arriverions jamais à nous entendre, trop de points nous séparent; vous entendrez bientôt parler de ce misérable Coyotte, et Dieu veuille que vous n'ayez pas à regretter votre générosité mal comprise; nous ne sommes pas ici à Paris, mais dans l'Arizona, c'est-à-dire en pleine barbarie; si ce n'était par considération pour vous, colonel, j'irais moi-même lyncher ce scélérat dont les crimes ont terrifié les plus terribles bandits du désert.

— Peut-être ai-je eu tort, señor don José, les mœurs de cette contrée m'épouvantent; je suis soldat, mais je n'aurai jamais le courage de tuer de sang-froid un scélérat quel qu'il soit et faire œuvre de bourreau; que cet homme se mette devant moi les armes à la main, je le tuerai sans hésiter, mais jamais autrement, quoi qu'il puisse advenir.

— Oui, oui, j'étais comme vous à mon retour d'Europe, mais j'ai bien vite reconnu que j'étais dupe de mon cœur, j'ai failli dix fois être assassiné par des gredins auxquels j'avais sottement pardonné leurs crimes contre moi; aujourd'hui je suis implacable et inexorable, et je m'en trouve bien; mais laissons cela, si vous êtes pour quelque temps dans ce pays, l'expérience vous apprendra, malgré vous, de quelle façon il faut agir avec les bandits de toute sorte qui pullulent au désert.

— Soit, nous verrons, dit le colonel toujours souriant.
— Cuchillo! appela le jeune homme.
— *Mi amó*, répondit un serviteur en accourant.
— Est-ce prêt?
— Oui, *mi amó* — mon maître — reprit le serviteur.
— Colonel, reprit don José, j'ai fait préparer quelques rafraîchissements dont je serais heureux de vous voir prendre une part si minime qu'elle soit, nous trinquerons

à la France avec des vins de votre pays que j'aime et [...] j'ai passé de bonnes années trop vite écoulées.

— J'accepte avec le plus grand plaisir l'honneur q[ue] vous me faites, señor, en m'invitant à m'asseoir à votre tabl[e].

Peut-être, le colonel, dans son for intérieur, espérait[-il] que doña Luisa de Sandoval assisterait à ce lunch impro[-] visé ; mais si telle était sa pensée ou son espoir, il f[ut] trompé, la jeune fille resta dans le jacal, où elle fut serv[ie] par ses femmes.

La conversation fut bientôt animée et sur le pied de [la] plus grande cordialité.

— Vous habitez sans doute en Sonora, dit le colonel ; [si] cela était, moi qui ne connais personne dans ce pays, [je] serais heureux de cultiver une connaissance si singulière[-] ment entamée.

— Et qui n'en restera pas là, je l'espère ; moi et l[es] miens, nous vous devons trop, colonel, pour ne pas vo[us] être tout dévoués et prêts à vous servir en tout ce q[ui] pourra vous être agréable et surtout utile ; je possède u[n] pied-à-terre à Paso del Norte, une maison à Urès et u[ne] autre à Hermosillo.

— Oh! oh! voilà bien des habitations, dit le colonel [en] riant.

— Oui, dit le jeune homme sur le même ton ; notre f[a-] mille est un peu comme le marquis de Carabas du b[on] Perrault.

— C'est ce que je pensais.

— Notre famille, très nombreuse et que, je l'espèr[e] vous connaîtrez bientôt, réside dans une grande pro[-] priété située dans l'Arizona même.

— En pleine barbarie, s'écria l'officier avec surpris[e].

— Mon Dieu oui, mais cette habitation n'en est p[as] moins confortable pour cela ; vous la verrez, et vous ser[ez] émerveillé.

— Comment, au milieu des bandits ?

— Et des Indiens bravos, ajouta en riant don José ; attendez-vous à des surprises de toute sorte ; puis-je vous demander où vous vous rendez en ce moment?

— Je viens des États-Unis où j'avais certaines affaires à régler, j'ai fait le voyage en véritable touriste, je viens de traverser le désert, je compte m'arrêter pendant quelque temps à Paso del Norte.

— Alors, si vous n'y voyez pas d'inconvénient, nous ferons route de compagnie.

— Avec le plus grand plaisir.

— Voilà qui est convenu, nous partirons dans deux heures, nous arriverons demain de bonne heure au Paso del Norte.

— Je m'abandonne complètement à vous.

— Soyez tranquille, colonel, vous aurez en moi un bon cicerone.

— J'en suis convaincu.

— Êtes-vous pressé?

— Nullement, mes affaires sont en bonne voie, mais il me faut attendre un mois ou deux, soit à Paso del Norte, soit à Hermosillo.

— Alors tout est bien ; je dois pousser une reconnaissance jusqu'à Morella pour visiter un de mes parents, c'est un voyage de quinze jours au plus, puis, je serai tout à vous.

Cuchillo s'approcha en ce moment de son maître et lui dit quelques mots à voix basse.

— Pardieu, voilà qui est singulier, dit don José en riant, vous ne savez pas ce que l'on m'annonce?

— Quoi donc? demanda l'officier.

— On nous donne des nouvelles du Coyotte.

— Oh! oh! s'est-il échappé?

— Vous avez deviné du premier coup.

— Tant mieux pour lui, en somme.

— Hùm! fit don José en souriant, peut-être ; permettez-vous que les porteurs de nouvelles viennent en notre présence ?

— Pourquoi donc pas ?

— Parce que ce sont des Apaches, les plus terribles voleurs et ivrognes du désert.

— J'ai beaucoup entendu parler de ces Indiens, mais je n'en ai jamais vu, je vous avoue que je serais très curieux de faire leur connaissance.

— Soit. Savez-vous l'espagnol ?

— Très bien.

— Alors je les prierai de s'exprimer dans cette langue qu'ils parlent tous couramment, bien qu'ils s'obstinent à feindre de l'ignorer ; mais ils feront ce que je voudrai.

Don José se tourna vers Cuchillo.

— Combien sont-ils de chefs ? demanda-t-il.

— Un sachem et deux ulmenes, en tout trois, répondit Cuchillo.

— Très bien, apporte d'abord trois bouteilles d'eau-de-vie, puis tu amèneras les chefs. Ah ! combien de guerriers ?

— Une vingtaine.

— Hùm ! Avons-nous de l'eau-de-vie commune ?

— Non, *mi amò*, mais nous avons deux barillets de *pulque*.

— Le pulque suffira, tu rouleras ici un barillet.

— Oui, *mi amò*.

— Va, et hâte-toi.

Cuchillo partit en courant.

— Les Apaches, reprit don José, sont très curieux à étudier, ils sont braves et très rusés, mais ils sont ivrognes, voleurs et pillards, sans foi ni loi.

— Vous ne craignez pas.

— Moi ! interrompit le jeune homme en se redressant ; ces démons adorent ma famille, je n'ai rien à redouter d'eux, ils me sont dévoués, sur un geste, un clignement d'yeux, ils m'obéissent.

Cuchillo avait en un tour de main exécuté les ordres qu'il avait reçus de son maître.

Sur un geste de don José, il amena les chefs apaches en présence des voyageurs.

Les trois hommes qui parurent étaient bien des enfants du désert, fiers, hautains, cauteleux, rusés, trompeurs, le regard chercheur, ne se fixant jamais.

Ces chefs étaient sans doute en expédition, car ils étaient peints et armés en guerre.

Ils étaient à demi nus, ce qui permettait de voir leur torse athlétique ; cependant leurs bras étaient maigres et sans biceps ; ils se drapaient avec grâce dans de larges couvertures ; leurs cheveux étaient retenus par une bandelette de laine rouge qui les ceignait au-dessus des oreilles.

Le sachem, homme de haute taille, avait une physionomie altière et imposante ; une plume d'aigle était fichée au milieu de sa touffe de guerre, son bouclier en osier, recouvert de cuir de bison à demi tanné, était attaché à gauche de sa ceinture, près de son sac à balles ; à la main droite il tenait un éventail fait d'une aile d'aigle pêcheur, il était le seul qui portât un semblable ornement : seuls, les les chefs renommés ont le droit de s'en servir ; un *ikochotah* ou sifflet de guerre, fait d'un tibia humain, pendait sur sa poitrine, retenu par une légère chaîne d'or et mêlé à des médailles de toutes sortes en or, en argent, en bronze et même en platine, et à des wampoumw ; les mocksens garnis de piquants de porc-épic et brodés avec des perles de verre de toutes couleurs ; des queues de loup étaient attachées aux talons des mocksens, ornement très envié : les grands braves seuls ont le droit de porter ces queues aux talons.

Chefs et simples guerriers, les vêtements sont presque semblables, les étoffes et les fourrures seules établissent la différence ; ce qui, surtout, les fait reconnaître, ce sont les armes d'un prix plus élevé que celles des guerriers vulgaires ; cette distinction est sensible pour les fusils ; seuls, les chefs et les grands braves de la nation ont le droit de porter un fusil.

Ajoutons que guerriers et ulmenes étaient d'une saleté dégoûtante et même honteuse ; ils sentaient à plein nez la graisse rance et empestaient.

Seul le grand chef était d'une propreté méticuleuse et d'une coquetterie poussée même un peu trop loin ; son fusil, de nouveau modèle et se chargeant par la culasse, ainsi que ses autres armes, machette et couteau à scalper, étaient tenus avec un soin extrême.

Ce chef formait un complet contraste avec les deux autres chefs dont l'apparence brutale et féroce ne prévenait que très peu en leur faveur.

Les chefs, après les salutations habituelles, firent quelques pas en arrière laissant ainsi le sachem isolé, par étiquette et surtout par respect.

— Je suis heureux de voir la Grande-Panthère, dit don José au chef, il y a plusieurs lunes que je n'ai rencontré le chef de la tribu de l'Ours gris ; je m'exprime dans la langue des *Yanis-aki* — Espagnols — parce que des faces pâles sont venues me faire visite, et ils ignorent la langue de mon frère.

— Quelle que soit la langue parlée par l'Oiseau de nuit, ses frères, les Apaches de l'Ours gris, savent qu'il n'a pas la langue fourchue et que toujours les paroles soufflées par sa poitrine viennent du cœur.

— La Grande-Panthère est un guerrier très sage et très habile. Que désire-t-il dire à son frère ? il peut lui parler sans réticences : le cœur de l'Oiseau de nuit n'a plus une seule peau qui l'empêche de voir son ami.

— Le chef le sait ; voilà ce que disent les sagamores de la nation apache, la plus puissante des territoires giboyeux et du pays de Cibola, sur lequel repose le monde : la terre nous appartient, le Wacondah l'a donnée à nos pères pour l'habiter et y vivre ; pourquoi des faces pâles, méchants, cruels et sans foi, prétendent-ils chasser, malgré nous, sur nos territoires de chasse, est-ce juste ? non. Les sagamores apaches disent : Tenons un grand *conseil médecine* avec nos frères les Comanches, les Pauwies-loups, les Kenn'ahs, les Pieds noirs et les autres tribus et nations, pour que les chefs décident ce qui doit être fait ; notre père, le grand sagamore des Comanches des lacs et des prairies, enverra le *hachesto* — crieur public — dans tous les *atepetls* — villages — afin de prévenir les chefs de chaque nation ; et se tournant vers les deux *ulmenes*, il ajouta : Les deux chefs m'ont entendu ; ai-je bien parlé, hommes puissants ?

Les deux ulmenes s'inclinèrent silencieusement.

Je répéterai à mon père, le grand sagamore des Comanches, ce que m'a dit la Grande-Panthère, par les ordres des sagamores apaches ; j'insisterai respectueusement pour obtenir de mon père le sagamore, qu'il fasse ce que désirent les Apaches de l'Ours gris.

— Mon frère est sage et juste, les sachems apaches le remercient.

— Mon frère, la Grande-Panthère, a-t-il donc de nouveaux griefs contre les pirates sangs-mêlés et faces pâles.

— Le Coyotte a tenté de tuer la Grande-Panthère, pendant que le chef avait pitié de lui et venait à son secours.

— Il y a longtemps de cela ?

Aujourd'hui à l'*Endit-ah* — à l'aube. —

— Ah ! ah ! que s'est-il donc passé ?

— Que mon frère écoute son ami, la langue du chef ne sera pas fourchue, il ne dira que ce qui est vrai.

— Je vous écoute, chef. Je sais que vos paroles seront celles d'un sachem parlant avec un ami.

— Ce matin, un peu avant le lever du soleil, je traversais avec mes guerriers la *Vallée des ombres*, mes guerriers suivaient l'orée de la forêt, presque en face du *Kali*, — maison — en pierre, de Mockte-kusoma — l'homme sévère. —

— Je connais l'endroit dont vous parlez chef, il y a là un mahoghanis entre quatre cèdres.

— Mon frère connait très bien le lieu dont je parle ; tout à coup des cris et des gémissements se firent entendre avec une grande force ; ces cris et ces gémissements semblaient partir du haut du mahoghanis ; mes guerriers et les grands braves eux-mêmes tremblaient d'épouvante ; ils prétendaient que les guerriers des temps passés qui habitent la vallée n'aiment pas qu'on traverse leur vallée la nuit, et que le guerrier qui se risquerait à monter sur l'arbre aurait peut-être le cou tordu par les fantômes. Voyant que tous ils tremblaient et étaient incapables de m'obéir, je me décidai à monter pour leur faire honte de leur pusillanimité : je les appelai vieilles femmes bavardes, et je montai sur l'arbre ; les cris continuaient toujours. Bientôt j'aperçus le Coyotte garotté des pieds à la tête et solidement attaché à une grosse branche. — Viens-tu me délivrer, me dit-il ? Je lui répondis oui. — Qui t'a ainsi attaché, lui demandai-je tout en coupant les tours de la reata qui le garrottait ? — Qu'est-ce que cela te fait, imbécile, me dit-il en riant ; est-ce que mes affaires te regardent, espèce de brute sans raison. — Retiens ta langue, je ne suis pas patient. — Qu'est-ce que cela me fait, je suis libre maintenant, je me moque de toi, double idiot, et il se dressa sur la branche, sot qui m'as détaché... tiens, voilà pour te remercier du service que tu m'as rendu.

Et, me poussant de toutes ses forces :

— Va-t-en au diable : ajouta-t-il en ricanant.

— Cela ne m'étonne pas de la part de ce scélérat, il est plus misérable que les animaux les plus féroces, car ils sont reconnaissants, tandis que ce bandit n'a pas de cœur. Qu'arriva-t-il ?

— Je faillis être lancé du haut de l'arbre sur le sol ; je ne comprends pas encore comment j'ai réussi à me maintenir sur la branche après la violente secousse que j'avais reçue. J'étais exaspéré contre ce bandit ; je me jetai sur lui avec une rage indicible, ses membres étaient encore engourdis, ses forces n'étaient pas complètement revenues, sans cela il m'aurait tué.

— Oui, il possède une vigueur extraordinaire.

— La lutte ne dura pas longtemps. Je réussis à le mettre sous moi et à le maîtriser ; le bandit soufflait comme un bison quand il sent le jaguar ; le Coyotte se débattait, je craignais qu'il ne s'échappât ; je le saisis par son abondante chevelure.

— Tu es lâche, lui dis-je, tu abuses de ta force, moi, qui t'avais sauvé, tu as essayé de m'assassiner, tu es plus féroce que l'Ours Gris.

— Tue-moi donc tout de suite, au lieu de me dire un tas de sottises qui n'ont ni queue ni tête.

— Non, je ne te tuerai pas, répondis-je.

Et le prenant à l'improviste, je lui enlevai la chevelure d'un seul coup. Il poussa des hurlements de douleur et éclata en sanglots comme une vieille femme. Cette face pâle est bien nommée le Coyotte, il est à la fois lâche et féroce : ce n'était plus du mépris que j'éprouvais pour lui, c'était du dégoût ; je le contraignis à descendre de l'arbre, le sang ruisselait de son crâne et l'aveuglait ; à chaque seconde, il s'arrêtait en geignant, je le piquais avec la pointe de mon couteau à scalper pour le presser ; en arrivant à terre, il se laissa tomber sur l'herbe en me suppliant de l'achever.

— Non, lui dis-je, je ne te tuerai pas ; libre à toi d'en finir avec ta misérable existence ; mais, tu n'auras pas le courage de te débarrasser de la vie ; les Apaches s'entendent mieux que les faces pâles en tortures ; tu vivras sans chevelure, la tienne sera jetée aux chiens comme étant celle d'un scélérat sans cœur ; voici des vivres, un couteau et un briquet, tu es libre, on guérit facilement du scalp, dans quelques jours tu auras repris toutes tes forces, que le Wacondah, qui est le maître de la vie, te juge! Souviens-toi du châtiment que je t'ai infligé et que depuis longtemps tu as mérité; si je te retrouve sur ma route, chaque fois que le hasard nous remettra face à face, je te couperai soit une oreille, soit le nez, et toujours ainsi jusqu'à ce que tu te fasses horreur à toi-même. En un mot, je te tuerai peu à peu, petit à petit; te voilà averti, il faut que tu souffres des tortures horribles : prends ce cheval, ajoutai-je en l'obligeant à se mettre en selle, pars et souviens-toi de mes paroles et surtout de mes menaces.

Il ne me répondit pas un seul mot et s'éloigna à bride avalée. Que pense le fils du grand sagamore des Comanches des lacs et des prairies?

— Je pense que la Grande-Panthère s'est conduite comme le devait faire un chef aussi célèbre, le Coyotte a été traité comme il aurait dû l'être depuis longtemps; le chef boira-t-il du vin des visages pâles avec son frère?

— Le vin est bon pour les enfants et les femmes, dit sentencieusement le sachem apache, mais l'eau de feu est le lait des guerriers apaches.

— Qu'il soit fait comme le désire le chef, j'ai trois bouteilles d'eau de feu pour lui et les autres chefs, et voici un barillet de pulque que je le prie d'accepter pour ses guerriers; je regrette d'être ainsi pris à l'improviste par mon frère; mais j'espère être plus heureux à la première visite de mon frère.

— Mon frère a toujours la main ouverte pour ses amis Peaux-Rouges, la Grande-Panthère préfère une peau de raton donnée par lui qu'une fourrure d'Ours gris offerte par un autre, car le chef sait que le présent fait par mon frère vient du cœur; je remercie mon frère, l'Oiseau de nuit, pour mes guerriers et pour moi.

Les Apaches prirent alors congé avec toute l'étiquette indienne, et ils s'éloignèrent à toute bride sur leurs magnifiques mustangs aussi indomptés que leurs maîtres.

— Eh bien, colonel, que pensez-vous des Apaches ?

— Ce sont à mon avis des ennemis terribles et une race intelligente et guerrière.

— C'est vrai, reprit don José, malheureusement les Apaches sont ivrognes, l'eau-de-vie les abrutit et les rend fous ; je vous montrerai les véritables rois du désert, braves, intelligents, possédant toutes les grandes qualités de la vie des nomades, et surtout sobres et ne buvant que de l'eau.

— Quels sont les Peaux-Rouges dont vous faites un si grand éloge ?

— Les Comanches, colonel, vous les verrez et vous reconnaîtrez que je suis au-dessous de la vérité.

— Vous me ferez un grand plaisir ; ah çà, ajouta le colonel, ce pauvre diable d'Allemand n'a pas eu de chance avec les Apaches.

— Par sa faute, il n'a eu que ce qu'il méritait ; soyez certain que toutes ces mésaventures ne le corrigeront pas ; trouvez-vous que les Apaches s'entendent en tortures, hein ?

— Bigre ! dit le colonel, ce sont des démons.

— Il est trois heures de l'après-dîner, si nous reprenions notre voyage, dit don José.

— Je ne demande pas mieux, répondit le comte.

— Alors en route, reprit le jeune homme.

Et il donna le signal du départ.

Cinq minutes plus tard les voyageurs quittaient le brulis, abandonnant sans sépulture les cadavres des bandits tués pendant l'escarmouche et que le Nuage-Bleu avait consciencieusement scalpés.

## IV

### Comment on soupe parfois, mais rarement, en Apacheria.

Après une course ininterrompue, vers huit heures du soir les voyageurs se trouvaient en pleine Apacheria.

Les arbres étaient presque disparus, remplacés par des herbes gigantesques qui s'étendaient à perte de vue, et dans lesquels chevaux et cavaliers étaient pour ainsi dire enfouis et ne laissaient d'autres traces de leur passage que l'agitation des hautes herbes.

Une colline assez élevée, la seule qui existât à plusieurs lieues à la ronde, semblait être une sentinelle veillant sur la savane qu'elle dominait de tous les côtés.

Cette montagne en miniature, abrupte, pelée sur ses pentes escarpées, portait à son sommet une remise touffue de *suchilès* aux parfums doux et enivrants, du milieu desquels sortait un ruisseau cristallin, qui bondissait avec fracas sur les rochers en formant de capricieuses cascades, jusqu'à la prairie, et après maints méandres allait quelques lieues plus loin se perdre dans le *rio Grande del norte*.

La nuit était splendide, la lune à son premier quartier nageait dans l'éther, des millions d'étoiles semblables à un semis de diamants scintillaient dans le bleu sombre du ciel.

L'atmosphère, d'une pureté prismatique, permettait de distinguer à une très grande distance les moindres accidents de cet admirable paysage éclairé par des lueurs d'un blanc bleuâtre qui lui donnaient une apparence fantastique.

C'était en un mot une de ces nuits admirables que ne connaîtront jamais nos froids climats du Nord.

Le colonel de Villiers se laissait aller à la magie de cette nature grandiose qui l'étreignait pour ainsi dire et lui causait une rêveuse mélancolie, remplie d'un charme mystérieux.

On voyait briller un feu à travers des suchilès, sur le sommet de la colline.

Le comte s'arracha à sa contemplation et le fit observer à don José qui galopait à sa droite.

— C'est là que nous camperons cette nuit, dit le jeune homme en souriant.

— Mais il me semble que la place est prise, reprit l'officier, du moins ce feu me paraît l'indiquer.

— Que cela ne vous inquiète pas colonel, répondit don José avec bonne humeur ; j'ai envoyé quelques-uns de mes serviteurs en avant, afin de préparer nos quartiers ; n'est-ce pas ainsi que vous nommez cela, mon colonel, vous autres hommes de guerre ?

— Parfaitement, répondit l'officier sur le même ton, la place est bien choisie ; je vous en fais mon compliment sincère.

— Dans un pays comme celui-ci, il ne faut négliger aucunes précautions, si l'on veut conserver sa chevelure ; les rôdeurs indiens sont toujours aux aguets et savent profiter de la moindre négligence.

— D'après ce que j'ai vu il y a quelques heures, je vous croyais dans de bons termes avec ces pillards des savanes.

— Cela est vrai quant aux Indiens, mais vous oubliez

es pirates et autres bandits de toute sorte qui pullulent
en quête d'une proie; vous en avez eu une preuve concluante ce matin même; puisque c'est à une de ces attaques que j'ai dû le plaisir de faire votre connaissance.

— C'est ma foi vrai! je n'y songeais plus.

— Il est naturel que vous l'ayez oublié, colonel, mais moi qui vous dois la vie et celle de ma sœur, je dois me souvenir.

— Ne parlons plus de cela, je vous en prie, cher don José.

— Soit, je n'insisterai pas davantage sur ce sujet, puisque vous l'exigez, mon colonel, mais heureusement vous ne pouvez point m'empêcher...

— Encore! dit en riant l'officier.

— Bien! bien! je ne dirai plus un mot sur ce sujet scabreux, dit-il toujours riant; quel homme terrible vous êtes; à propos, vous sentez-vous appétit?

— Je vous avoue que je souperais avec plaisir.

— A la bonne heure, voilà parler; le cheval creuse, une longue course donne un appétit formidable.

— Je m'en suis souvent aperçu, sans avoir une bouchée à me mettre sous la dent, pendant mon séjour en Afrique, et il y a quelques années en France pendant notre malheureuse guerre.

— Soyez tranquille, mon cher colonel, tout a été prévu, je vous annonce un excellent souper.

— Que le bon Dieu vous bénisse pour cette agréable nouvelle que vous me donnez, dit le colonel en se frottant les mains à s'enlever l'épiderme. Ne trouvez-vous pas que le froid est piquant? ajouta-t-il.

— Dites qu'il est glacial, reprit don José; il faut en prendre son parti, c'est toujours ainsi en ce pays, une chaleur torride pendant le jour et un froid de loup pendant la nuit.

— C'est à peu près la même chose dans tous les pays chauds.

Tout en causant ainsi, les voyageurs avaient atteint la colline dont ils commençaient à escalader les pentes.

La montée ne dura que quelques minutes, mais elle fut rude.

Les serviteurs de don José n'avaient pas perdu leur temps; ils avaient en quelques heures construit une hutte assez grande, bien close, et dans un coin de laquelle brûlait un bon feu dans un foyer fait à la mode indienne, c'est-à-dire un trou peu profond, mais assez large et fourni de pierres posées en triangles; la fumée s'échappait par un trou ménagé dans la toiture de la hutte.

Le couvert était mis avec un luxe véritablement princier, l'argent et le vermeil étaient prodigués; la table fléchissait littéralement sous le poids des mets les plus délicats et les plus recherchés.

Dans un coin de la hutte étaient entassées des bouteilles de toutes formes, très faciles à reconnaître au premier coup d'œil.

— Oh! oh! murmura le colonel entre ses dents, si nous étions dans l'Inde je dirai que j'ai affaire à un nabab; mais ici qui est donc ce nouvel ami qui m'est tombé ainsi du ciel. Baste! nous verrons bien?

Et sans essayer de percer ce singulier mystère, le comte de Villiers alluma un cigare et sortit sur la plate-forme.

Don José s'occupait à préparer des signaux de nuit.

— Êtes-vous prêts? demanda le jeune homme en s'adressant à Cuchillo.

— Oui, *mi amo*, répondit l'autre.

— Trois feux à une minute d'intervalle dans l'ordre suivant: rouge, blanc et vert, le drapeau mexicain; allumez les fusées.

On obéit, les trois fusées s'élevèrent en sifflant et décrivirent des paraboles brillantes, sur le ciel sombre.

Presque aussitôt un coup de canon assez rapproché

lécata, répété à l'infini par les échos des mornes éloignés et roulant comme un éclat de tonnerre.

— Eh! dit le colonel avec surprise, est-ce que nous sommes aux environs d'un fort?

— Non pas, répondit don José.

— Cependant j'ai entendu, un coup de canon?

— Oui.

— Mais alors?

— Ayez un peu de patience, avant une demi-heure vous saurez ce qui vous intrigue si fort en ce moment.

— A votre aise, cher señor; vous attendez des convives attardés, sans doute?

— Pas tout à fait, mais vous approchez de la vérité, dit le jeune homme en riant.

— Bigre! reprit le colonel sur le même ton, est-ce que ces convives amèneront leur canon avec eux?

— Non, rassurez-vous.

— Tant mieux, car je crois qu'ils auraient eu de la peine à le monter ici.

— Allons, mon colonel, je vois que vous êtes un charmant esprit, et que vous entendez la plaisanterie.

— Ne me dites pas cela, je suis maussade en diable au contraire.

— Bon! pourquoi cela?

— Parce que je meurs de faim. Il vous faut en prendre votre parti, je suis toujours ainsi quand je suis à jeun.

— Bon! une idée!

— Est-elle bonne?

— Je le crois.

— Alors dites vite?

— Si nous prenions un verre de xérès des caballeros avec un biscuit.

— Oh! vous m'en accorderez bien deux?

— Oui autant qu'il vous plaira.

— Voilà qui est parler ; allons ?
— Soit.

Ils entrèrent dans la hutte et se firent servir par Cuchillo qui semblait être le maître Jacques de don José.

— C'est singulier comme ces verres tiennent peu, reprit le colonel.
— Croyez-vous ?
— Dame, voyez-vous même.
— C'est étonnant !
— N'est-ce pas ?
— Mais j'y songe, ne serait-ce pas que cela vous semble ainsi parce que les biscuits pompent tout le vin ?
— C'est bien possible.
— Voyons encore ?
— C'est cela.

Les deux amis firent de nouveau remplir leurs verres, et le colonel recommença l'expérience.

— Vous avez raison, don José, reprit l'officier, ce sont les biscuits qui boivent tout, de sorte qu'il ne nous reste rien pour nous.
— C'est ma foi vrai.
— Je suis content de savoir enfin à quoi nous en tenir.
— Et moi donc !

Et ils éclatèrent d'un franc et joyeux rire.

— Faisons-nous un tour sur l'esplanade ? demanda don José.
— Certes, répondit le colonel, cet excellent xérès m'a tout à fait remis.

La colline était splendidement éclairée ; c'était une véritable illumination, on y voyait comme en plein jour.

— Oh ! oh ! nous sommes en fête, paraît-il ? dit l'officier.
— Mais oui, à peu près, reprit don José.

Et passant son bras sous celui de l'officier français, il le conduisit un peu à l'écart.

M. de Villiers se laissait faire en souriant ; il soupçonnait une confidence.

Il avait supposé juste, il en eut presque aussitôt la preuve.

Don José s'arrêta et, offrant un cigare à son compagnon :

— Mon cher colonel, dit-il, en tendant son cigare allumé à l'officier, il est extraordinaire que nous ne nous soyons pas rencontrés plus tôt.

— Croyez que je le regrette sincèrement, répondit le colonel en souriant, mais qui vous porte à supposer que nous pouvions nous rencontrer ?

— Par la raison toute simple que, comme vous je viens de traverser une grande partie des États-Unis, j'étais il y a deux mois à Washington.

— J'étais moi-même à Washington à cette époque.

— Voilà qui est particulier ; je m'étais rendu dans cette ville pour une affaire fort importante.

— Moi de même, dit le colonel en souriant, et de la capitale de la grande République quelle direction avez-vous suivie ?

— Je me suis dirigé vers la Louisiane, où m'appelaient des intérêts sérieux.

— A la Nouvelle-Orléans ?

— Précisément, y êtes-vous donc aussi passé ?

— Certes ? je n'y suis resté que quelques jours, je n'y allais que pour retirer ma sœur doña Luisa du couvent où elle avait été élevée.

— Pardieu ! dit le colonel, nous ne pouvions pas ne point nous rencontrer.

— Oui, fit en riant don José, c'était fatal.

— Mais pardon : à propos de votre charmante sœur depuis notre arrivée ici, je n'ai pas eu le plaisir de l'entrevoir.

— Que cette absence apparente ne vous inquiète pas,

ma sœur, s'est retirée en descendant de cheval, dans une hutte bien close, où rien ne lui manque.

— A la bonne heure, je vous avoue que j'étais étonné de ne pas l'avoir aperçue.

— *Mi amô*, dit Cuchillo, en saluant son maître, on entend le galop de plusieurs chevaux dans la prairie.

— Exécutez les ordres que je vous ai donnés.

Cuchillo se retira, et presque aussitôt on aperçut des torches dont les lumières couraient sur les pentes de la colline.

— Ce long voyage a dû bien fatiguer votre sœur, si jeune et si délicate, dit le colonel avec intérêt.

— C'est vrai, la pauvre enfant, répondit don José, mais le plaisir de revenir dans la maison maternelle lui a donné du courage et lui a fait oublier sa fatigue.

— Oui, l'amour filial fait accomplir des miracles, mais le voyage de doña Luisa n'est pas terminé encore?

— Pardon, elle est arrivée.

— Comment arrivée? s'écria le colonel avec surprise.

— Oui, elle ne va pas plus loin, nous la laissons ici.

— Comment dans ce désert.

Don José laissa errer un sourire énigmatique sur ses lèvres.

— Je vous avoue que je ne comprends pas, dit le colonel, de plus en plus surpris.

— Voici nos amis qui arrivent, venez colonel.

Et remarquant l'étonnement de l'officier :

— Bientôt vous aurez l'explication de ce qui en ce moment vous cause une si grande surprise, ajouta-t-il en souriant.

— Soit, dit l'officier, je vous avoue que je ne sais pas si je rêve ou si je suis éveillé ; je voyage en pleines *Mille et une Nuits* depuis que je vous ai rencontré.

— Il y a un peu de cela ; laissez-vous faire, colonel, je n'imiterai pas la prolixe Scheherazade ; soyez tranquille, tout s'expliquera à votre entière satisfaction.

— Soit ! je me risque, dit l'officier, tant pis pour vous
— Ne suis-je pas votre cicérone?
— C'est juste, je l'avais oublié, excusez-moi.

Les deux compagnons s'avancèrent au-devant des arrivants, qui mettaient pied à terre ; le colonel aperçut alors doña Luisa entre lui et don José, sans pouvoir deviner comment elle était venue là si subitement.

— Ce n'est pas une femme, murmura le colonel, c'est une fée, elle ne marche pas, elle apparaît; c'est évident, elle est trop parfaite pour appartenir à l'humanité.

Un rire cristallin éveilla le Français de son extase; sans y songer, il avait fait ces réflexions à haute voix.

— Vous vous trompez, monsieur, dit une voix harmonieuse comme un chant d'oiseau, d'un accent un peu railleur, je ne suis ni une fée ni une ondine, je ne suis qu'une jeune fille, bien humble et bien simple, et qui n'a pas l'habitude d'entendre des compliments aussi flatteurs, et qui ne saurait y répondre.

Le colonel s'inclina un peu confus, ce qui ne l'empêcha pas de marmotter entre ses dents, mais cette fois de façon à ne pas être entendu :

— Je me trompais, c'est un ange ! et il ajouta avec un peu de rancune, mais un ange qui a bec et ongles.

En ce moment deux dames descendaient d'une magnifique litière attelée de quatre mules.

Doña Luisa s'élança d'un bond dans les bras de la plus âgée des deux dames.

— Mon père, dit alors don José à un vieillard de haute mine, dont les traits d'une grande beauté empreinte d'une grande expression de bonté, mon père, permettez-moi de vous présenter un ami de quelques heures qui a sauvé la vie de ma sœur et la mienne.

— Señor, dit le vieillard en tendant la main au colonel avec une émotion contenue, je suis don Agostin Perez

de Sandoval, je vous demande votre amitié, et je vous p[rie]
d'accepter la mienne.

— Et la mienne señor, dit la dame âgée en serrant [sa]
fille sur son cœur, Luisa m'a dit ce que vous avez fait po[ur]
elle.

— Je suis confus, répondit le colonel, très mal à s[on]
aise d'une si grande effusion de reconnaissance pour u[ne]
action qui lui semblait toute naturelle.

— Dites-moi votre nom pour que je le conserve da[ns]
mon cœur, reprit le vieillard.

— Monsieur est le comte Coulon de Villiers, colonel d[e]
cavalerie et l'un des plus brillants officiers de l'arm[ée]
française; dit don José, et se tournant en souriant vers l[e]
colonel, pardonnez-moi cette présentation, mon cher colo[nel], ajouta-t-il.

— Je vous remercie du fond du cœur, répondit l'offi[-]
cier, cet accueil que je reçois de votre famille me comb[le]
de joie; malheureusement je n'ai rien fait encore pour l[e]
mériter, mais, fit-il en souriant, l'avenir m'appartient e[t]
peut-être justifierai-je la bonne opinion que vous daign[ez]
avoir de moi.

— *Voto a Brios!* s'écria en riant don José, il vous ser[a]
difficile de faire plus que vous n'avez fait aujourd'hui[,]
mais assez sur ce sujet, le souper nous attend, venez.

Le colonel offrit le bras à la señora de Sandoval, do[n]
Agostin prit le bras de doña Luisa, et don José prit celu[i]
de sa sœur aînée, jeune femme de vingt ans au plus, d'un[e]
admirable beauté et presque aussi charmante et aus[si]
accomplie que sa jeune sœur.

On se mit à table, don Agustin plaça le colonel à s[a]
droite et don José à sa gauche, les trois dames leur fa[i-]
saient vis-à-vis.

Le colonel avait remarqué avec stupéfaction qu[e]
l'escorte des nouveaux venus était composée de Peau[x]
Rouges.

Aucun d'eux n'avait pénétré dans la hutte, mais ils gardaient avec soin les abords.

Le comte de Villiers nageait en plein mystère, il perdait plante, aussi avait-il pris son parti et se laissait-il philosophiquement aller à ces enchantements qui dépassaient pour lui les limites du possible.

Nous ferons en quelques mots connaître ces nouveaux personnages au physique seulement, ils se feront suffisamment connaître au moral, dans la suite de cette histoire.

Don Agostin Perez de Sandoval était octogénaire, et pourtant sa robuste vieillesse exempte d'infirmité n'avait rien perdu ni au moral ni au physique de la verdeur de la jeunesse.

Il chassait le bison et le jaguar, faisait de longues traites à travers le désert, et dormait sur le sol nu, enveloppé à peine dans son léger zcrape ; et se relevant à l'aube souriant et reposé, pour éveiller les chasseurs et gourmander leur paresse; ainsi que nous l'avons dit, il avait dû dans sa jeunesse être d'une beauté mâle et énergique.

Sa taille était haute, élégante et même gracieuse; les traits calmes, reposés et exempts de rides de son visage étaient éclairés par des yeux noirs pleins d'éclairs, sa barbe d'une blancheur de neige, tombant sur sa poitrine, lui donnait une physionomie à la fois douce, majestueuse et d'une extrême douceur, mêlée d'une volonté ferme et loyale.

C'était en un mot un de ces types qui ne se rencontrent que rarement, même au désert, et font rêver aux géants construits à chaux et à sable qui vivaient aux anciens jours : à l'époque où la terre commençait à se peupler de ces grandes races, qui bâtissaient avec des montagnes, les Babels, les Téocalis et les Pyramides, dont les ruines effrayent encore les penseurs qui les admirent avec une crainte mystérieuse.

Doña Teresa Perez de Sandoval était la digne compa-

gne de don Agostin, très belle encore malgré son âg(e)
avancé ; nous n'ajouterons qu'un mot : c'était une Cor(nélie)
nélie, une véritable matrone antique, elle en avait tout(es)
les nobles vertus, et la grande bonté tempérée par un(e)
sévérité juste et tendre.

Doña Luisa et sa sœur étaient deux admirables jeune(s)
filles, d'une beauté un peu fière, mais gracieuse au pos(si)
ble ; chastes et rêveuses, elles semblaient se souvenir d(e)
leurs ailes d'ange qu'elles avaient laissées au ciel quan(d)
elles étaient descendues sur la terre.

Don Agostin de Sandoval avait deux fils, l'aîné do(n)
Estevan, âgé de trente-huit à trente-neuf ans, en ce mo(ment)
ment en France, et don José que nous connaissons.

Don José avait trente ans au plus : sa taille était haut(e)
très bien prise et d'une harmonie de formes incroyable,
était taillé en athlète et en avait la vigueur redoutable ; l(es)
habitudes de son corps et ses moindres mouveme(nts)
avaient une élégance et une grâce natives que l'on ne sau(rait)
rait acquérir, complétées par cette morbidesse et cette no(n)
chalance que l'on ne rencontre que chez les hommes, d(e)
race espagnole et qui sont remplies de charme.

Le jeune homme avait une de ces beautés un pe(u)
sérieuses, mâles, énergiques et qui plaisent au premi(er)
coup d'œil ; son front large ; ses yeux bien fendus, noi(rs)
pleins de feu ; son nez fin aux narines mobiles ; sa bouch(e)
un peu grande, garnie de dents de perles recouvertes pa(r)
des lèvres un peu épaisses et d'un rouge de sang ; tous ce(s)
traits réunis complétaient à ce brillant Caballero une phy(sionomie)
sionomie des plus attractives et surtout sympathique ; s(es)
cheveux d'un noir bleu, fort longs tombaient en grand(es)
boucles parfumées sur ses épaules ; il ne portait pas (de)
barbe qu'il rasait de très près, ce qui lui donnait une appa(rence)
rence un peu efféminée ; mais cette singularité, à une é po(que)
que où généralement on porte toute sa barbe, tenait à d(es)

…uses que plus tard nous ferons connaître et qui étaient très sérieusement justifiées.

Les commencements du repas, ainsi que cela arrive toujours, avaient été à peu près silencieux, mais peu à peu la conversation s'était animée, la glace était brisée, chacun était à son aise.

— Eh bien, colonel, demanda don José, que pensez-vous de ce souper impromptu ?

— Je pense que même à Paris, on ne ferait pas mieux, répondit l'officier, je ne sais plus où j'en suis ; je me demande si je suis bien réellement en Apacheria dans l'Arizona, ou si un enchanteur, don Agostin sans doute, ne m'a pas touché de sa baguette et, en une seconde, transporté chez Brébant, sur le boulevard Montmartre.

— Rassurez-vous, colonel, vous êtes toujours en Apacheria, d'ailleurs je n'ai pas la baguette fatidique.

— C'est vrai, c'est quelque chose, mais cela ne me rassure que très médiocrement, señor don Agostin ; dans les *Mille et une Nuits*, tous les enchanteurs n'ont pas de baguettes, ils se servent de grimoires.

— C'est vrai, mais je vous assure que je ne suis qu'un simple vieillard qui n'est nullement sorcier.

— Je le reconnais puisque vous me l'affirmez, señor, mais il y a quelque chose qui, malgré moi, m'inquiète.

— Quoi donc ? demandèrent curieusement les trois dames.

— Ah ! voilà ce que je craignais, s'écria l'officier avec un accent tragi-comique.

— Ah ! mon Dieu, s'écria don José, c'est donc bien terrible ?

— Je le crois.

— Alors, dites-le au plus vite, peut-être pourrons-nous faire cesser cette grande inquiétude, dit don Agostin en souriant.

— Vous ne vous moquerez pas de moi ?

— Non, non s'écrièrent les dames.
— Jamais, dit don José.
— Voyons? ponctua don Agostin.
— Eh bien, dit le colonel en se penchant sur la tabl[e] et baissant la voix.

Chacun attendait avec curiosité.

Le comte s'arrêta :

— Bah! dit-il, après une courte pose, à quoi bon, vou[s] prendrez ma révélation pour une — *chufla,* — plaisanteri[e] — et c'est tellement grave.

Ces derniers mots de l'officier soulevèrent une vérit[a]ble émeute parmi les convives...

C'étaient des cris, des interpellations et des rires à n[e] pas en finir.

— Ah! dit l'officier d'un accent désolé, voilà ce que j[e] craignais!

— Quoi donc? demanda don José.

— Eh! vous n'entendez pas.

— Si parfaitement, mais tout cela est de votre faut[e]

— Comment de ma faute, c'est-à-dire que c'est d[e] votre faute et de celle du señor don Agostin.

— Comment cela? s'écrièrent ensemble le père et le fil[s]

— Dame! c'est bien facile à comprendre, pourquo[i] m'avez-vous donné un aussi excellent dîner dans une con[-]trée sauvage, émaillée de tigres et d'Apaches féroces, etc. je perds plante, je ne sais plus où j'en suis ; votre soupe[r] est illogique.

— Comment illogique?

— Oui parce qu'il jure avec tout ce que nous entoure[.]

— C'est possible, mais convenez qu'il est bon.

— J'en conviens avec plaisir, il n'a qu'un seul tort.

— Lequel?

— Celui d'être trop succulent et puis, puisque vou[s] m'y obligez, je vous dirai qu'il manque de couleur local[e.]

— Comment de couleur locale?

— Parfaitement ; il manque de ce qui le rendrait plus succulent encore en lui donnant un relief de haut goût.

— Mais quoi donc?

— Eh pardieu! une attaque des pirates ou des Peaux-Rouges, alors je m'y reconnaîtrais au moins.

— Ah! c'est cela que vous nommez la couleur locale, mon cher colonel?

— Mais oui, est-ce que vous n'êtes pas de mon avis?

— Certes. si nous n'avions pas des dames avec nous.

— C'est juste! mettons que je n'ai rien dit ; où donc ai-je la tête! excusez-moi, je vous prie.

Tout à coup, comme si le hasard voulait donner raison au colonel en faisant de sa plaisanterie une vérité, trois cris de Coyotte se firent entendre avec une certaine force, partant de trois points différents.

— Silence, dit le vieillard en se levant, éteignez les torches.

En moins d'une seconde toutes les lumières disparurent, et la hutte fut plongée dans les ténèbres.

On n'avait plus d'autre clarté que celle produite par la lune alors à la fin de son premier quartier, mais cela suffisait lorsque les yeux furent accoutumés à l'obscurité, pour qu'on pût se reconnaître.

— Hein! fit le colonel au comble de la surprise, que se passe-t-il donc?

— Dame! une chose très commune dans ces contrées, répondit don José avec un sourire railleur, la couleur locale que vous demandiez si fort.

— Comment, que voulez-vous dire? craignez-vous donc une attaque des Peaux-Rouges?

— Non pas des Peaux-Rouges, mais des pirates de la prairie.

— Ce que vous dites est sérieux? reprit le colonel avec une douloureuse surprise.

— C'est très sérieux, mon cher colonel : baste! ne vous

inquiétez pas trop, nous sommes nombreux et bien armés, ces drôles ne nous tiennent pas encore.

— J'espère bien qu'ils ne nous tiendront pas, nous ferons tout ce qu'il faudra pour cela.

— Silence, dit don José, mon père a pris le commandement, laissons-le faire, personne comme lui ne connaît la guerre de la savane.

Don Agostin, se concerta à voix basse pendant quelques minutes avec le Nuage-Bleu, Sans-Traces et un autre chef Peau-Rouge; puis les trois hommes quittèrent la hutte et ne tardèrent pas à se perdre dans les ténèbres.

Les trois dames n'avaient pas quitté leurs sièges.

— Eh! vous êtes ici, Sidi-Muley, dit don José en apercevant le spahis, je suis heureux de vous revoir, mon ami, surtout en ce moment; je puis toujours compter sur vous, n'est-ce pas?

— Certes, señor don José; vous pouvez compter sur moi.

— Et comment se fait-il que je vous rencontre ici?

— Tout simplement parce que je me suis mis au service du colonel sous les ordres de qui j'ai servi pendant plusieurs années en Afrique et au Mexique.

— C'est une mauvaise tête, mais un brave cœur, dit le colonel, et il ne tiendra qu'à lui que nous ne nous quittions plus.

— Eh bien, puisque je vous retrouve si à propos, mon brave garçon, entendez-vous avec votre ami Cuchillo, je vous charge de veiller sur ma mère et mes sœurs.

— C'est dit, señor don José, comptez sur moi, vous me connaissez, hein?

— Oui, répondit le jeune homme en riant, et s'adressant au colonel: suivez bien ce qui va se passer, cela vous intéressera.

— Je m'y intéresse déjà; mais ces dames?

— Ne croignez rien pour elles, répondit don José ; elles ont été élevées dans le désert, elles sont aguerries à ces escarmouches auxquelles elles ont souvent assisté ; elles n'auront ni attaques de nerfs ni pamoisons ; et puis elles savent que nous saurons les défendre.

— A la bonne heure, cette confiance doublera notre courage.

— Silence, dit don José, en lui posant le bras sur l'épaule ; mon père va prendre ses dispositions.

— Ne craignez-vous pas qu'il ait peut-être un peu trop attendu ?

— Non pas, avant tout il lui fallait connaître ses ennemis, s'ils sont nombreux et quel est leur plan.

— C'est juste ; alors les batteurs d'estrade vont rentrer ?

— Non pas.

— Mais alors, comment...

— Vous verrez, colonel, interrompit don José, je crois que cela vous paraîtra à la fois étrange et très curieux.

— Soit, attendons, dit le colonel en acceptant le cigare que don José lui tendait.

Où les pirates des prairies, en cherchant un pois,
trouvèrent une fève de dure digestion.

Don Agostin de Sandoval avait quitté la hutte, dans laquelle il ne restait que les trois dames.

Les deux hommes se hâtèrent de rejoindre le vieillard, celui-ci la tête basse et les bras croisés sur la poitrine, semblait plongé dans de profondes réflexions.

Le colonel remarqua avec surprise que, sauf les trois dames, le vieillard, don Jose, et lui-même, personne n'était plus sur la plate-forme.

La colline, en apparence du moins, était complètement déserte.

Quelques minutes s'écoulèrent; un silence funèbre planait sur la savane.

Le vieillard releva sa haute taille, un éclair jaillit de son regard qu'il fixait tour à tour dans toutes les directions; soudain, le cri de la hulotte bleue s'échappa de sa bouche avec une perfection telle que l'officier français y fut pris et chercha machinalement, dans le feuillage des arbres, l'endroit où le hibou était caché.

Plusieurs cris semblables répondirent dans plusieurs directions; puis d'autres cris se croisèrent avec une rapidité vertigineuse; tous les animaux du désert semblaient être subitement éveillés.

Les jaguars, les coyottes, les daims, les oppossums, les asshatas, les loups rouges et tant d'autres encore prenaient part à ce singulier concert.

Don Agostin tendait l'oreille, écoutait avec la plus sérieuse attention.

Parfois le silence se faisait subitement, alors don Agostin poussait un cri, un seul; tous les autres recommençaient à se croiser de nouveau.

Ce concert excentrique dura pendant près d'une demi-heure.

Soudain, le vieillard lança un cri particulier.

Alors tout se tut et rentra définitivement dans le silence.

Le vieillard laissa de nouveau tomber sa tête sur sa poitrine et s'absorba dans ses pensées, mais presque aussitôt, il se rapprocha des deux hommes le sourire sur les lèvres.

— Eh bien, mon père, demanda le jeune homme, avez-vous obtenu les renseignements dont vous aviez besoin?

— Parfaitement, mon fils, et de plus, j'ai donné les ordres nécessaires.

— Comment, s'écria l'officier avec une indicible surprise, ces cris qui partaient de tous les points de l'horizon...

— Cette singulière cacophonie, qui devait horriblement vous agacer les nerfs, n'était autre chose qu'une langue très claire et surtout très intelligible pour ceux qui la parlent.

— Vous voulez dire la crient, cher père, dit don José en riant.

— C'est juste, répondit don Agostin sur le même ton; en somme, c'est une espèce de télégraphie qui nous rend de très grands services.

— C'est très ingénieux, dit le comte, et cela doit effectivement vous rendre de sérieux services.

— Si vous connaissiez les mœurs des Peaux-Rouges, reprit don José, vous seriez stupéfait de la finesse et de l'intelligence raffinée de ces Indiens que vous nommez dédaigneusement des sauvages, parce qu'ils ne veulent pas accepter votre civilisation et préfèrent la leur; tenez, sans aller plus loin, lorsque les guerriers d'une tribu sont sur le sentier de la guerre, il leur est défendu de prononcer un seul mot quand ils se supposent peu éloignés de l'ennemi qu'ils poursuivent ou par lequel ils se croient poursuivis; parce que les bois sont d'une sonorité dont vous ne pouvez vous faire une idée; même quand on parle à voix basse, on risque d'être entendu souvent à une assez grande distance.

— Hùm! dit le colonel, dans de telles conditions, il doit être assez difficile de donner ou de recevoir les ordres indispensables.

— Pas le moins du monde, on remplace la voix par les gestes, c'est ce que l'on nomme la langue mimée. Les Peaux-Rouges ont ainsi, quand ils sont en guerre, la langue mimée et la langue criée, que pensez-vous de ces sauvages? ces brutes sans raison — *sin razon* — ainsi que les nomment les Espagnols; si vous viviez côte à côte avec eux pendant quelque temps vous seriez émerveillé de leur intelligence et de leur finesse.

— Peut-être serais-je contraint avant qu'il soit longtemps, de vivre avec les Indiens.

— Alors vous reconnaîtrez que je vous dis en ce moment la vérité.

— J'en suis convaincu, cher don José; mais permettez-moi d'en revenir à notre situation actuelle, et de prier votre père de nous dire si nous courons des risques sérieux.

— Voici ce que j'ai appris; soixante ou quatre-vingts pirates sang-mêlés appartenant à la cuadilla du Coyotte...

— Est-ce que ce misérable commande cette troupe de bandits?

— Non, il est, paraît-il, sérieusement blessé et s'est fait remplacer par l'Urubus, son lieutenant; ce matin, paraît-il, ce lieutenant, un mauvais drôle, aussi scélérat que son chef a attaqué don José et a subi un échec qui l'a rendu furieux ; il a juré de se venger de don José, il est allé chercher des renforts, et il s'est lancé sur votre piste.

— Piste facile à suivre, car nous supposions n'avoir rien à redouter de ces drôles.

— L'Urubus feint de vouloir venger son chef, mais la vérité, la voici : son but réel est de s'emparer de doña Luisa, qu'il ne rendra, s'il réussit à l'enlever, que pour une formidable rançon. Il paraît qu'il sait à qui il a affaire, et que rien ne le fera renoncer à cet enlèvement.

— Eh ! eh ! dit don José en ricanant, je crois qu'il a tort de compter sur une autre rançon qu'une balle dans le crâne.

— Et si vous ne le tuez pas raide, je me charge de l'achever, dit le colonel avec une résolution sombre.

— Merci, mon ami, je compte sur vous comme sur moi-même.

— Et vous avez raison.

— Ainsi ils se préparent à nous assaillir.

— Mon Dieu, oui.

— Vous dites qu'ils sont une centaine, cher père.

— Un peu moins ; mais, vous le savez, José, ce sont tous des bandits de sac et de corde.

— Connaissent-ils notre nombre ?

— Ils nous croient une trentaine, c'est-à-dire le chiffre que vous aviez ce matin.

— Très bien, et combien sommes-nous en ce moment ?

— Deux cent cinquante les suivent pas à pas et les enveloppent de toutes parts.

— C'est bien, père, cependant il me semble.....

— Attendez, mon fils.

Le jeune homme s'inclina respectueusement.

Une seconde troupe forte de trois cents hommes

suivent pas à pas le premier détachement, afin de compléter l'investissement.

— Très bien.

Ce n'est pas tout, reprit le vieillard, trente hommes couchés dans l'herbe, au moment convenu, enlèveront et briseront les harnais des chevaux qu'ils mettront en liberté; enfin la colline où nous nous tenons comme dans un fort, a une garnison de cent vingt hommes, qui tous ont fait leurs preuves, et sur le dévouement desquels nous pouvons compter; comment trouvez-vous ces dispositions?

— Admirables, sur ma foi! je vous en fais mon compliment, señor don Agostin, pas un seul des bandits n'échappera.

— Je l'espère.

— Mais cela vous encombrera de prisonniers.

Le père et le fils éclatèrent de rire.

— Comment vous riez? dit le comte avec étonnement.

— Certes, on ne fait pas de prisonniers quand on a affaire aux bandits, les drôles le savent; aussi, ils se battent comme des lions.

— Je le comprends, ainsi vous les fusillez.

— Non, nous les *lynchons*.

— C'est-à-dire que vous les pendez.

— Oui.

— Mais le résultat est le même, il me semble?

— Oui, à peu près.

— Et vous ne faites jamais grâce à aucun de ces pauvres diables.

— Pourquoi faire?

— Pour vous débarrasser d'eux.

— Bon! comment cela? dit don José.

— En essayant de la clémence, fit le colonel.

— Allons donc! souvenez-vous du Coyotte, dit don José en riant.

Le colonel se tut.

— Voici la première fois depuis plus de soixante a[ns]
que ces bandits osent s'attaquer à nous, dit don Agosti[n]
les sourcils froncés et la voix brève et sèche ; je veux fai[re]
un exemple terrible et dont ils se souviendront ; qu'ils pi[l]-
lent, rançonnent et assassinent qui bon leur semble,
plaindrai leurs victimes, mais je n'essayerai pas de l[es]
venger ; dans le désert, c'est chacun pour soi et Dieu po[ur]
tous ; voilà quelle est la loi égoïste qui nous régit, je ne l'[ai]
pas faite, mais j'en profite ; pardonner à ces drôles, ser[ait]
les encourager à recommencer, au lieu qu'en leur donna[nt]
une leçon sévère, ils se le tiendront pour dit et respe[c]-
teront ma famille et mes amis ; ainsi qu'ils l'ont fait jusqu'[à]
aujourd'hui ; un exemple est nécessaire, tant pis pour eu[x]

— Et que le diable les emporte ! dit don José avec u[ne]
froide colère, car il était blessé dans son amour-propre,
il était heureux d'entendre son père parler ainsi, car
avait craint un instant que don Agostin ne fît grâce à c[es]
misérables, dont l'audace croissait de plus en plus chaq[ue]
jour ; il fallait donc en finir une fois pour toutes avec eu[x]

Le colonel comprit que toute observation sur ce suj[et]
serait en toute perte, et il s'abstint d'insister davantage.

Et puis la présence des trois dames, réfugiées sur [la]
colline, lui faisait envisager la situation sous un jour to[ut]
différent que si elles ne s'étaient pas trouvées exposé[es]
aux injures et aux mauvais traitements des bandits.

— Vous ne savez pas quand l'attaque commencer[a]
demanda le colonel.

— Soyez tranquille, señor comte, nous serons aver[tis]
assez à temps pour prendre nos précautions.

— Si vous me le permettez, señor don Agostin, d[on]
José et moi nous veillerons surtout sur les dames.

— Vous êtes mon hôte, monsieur le colonel, répond[it]
le vieillard, vous êtes le maître de choisir le poste de co[m]-
bat que vous préférez ; je vous remercie cordialement [de]
vouloir bien protéger ma femme et mes filles.

— C'est moi qui vous remercie, señor, dit l'officier avec [ef]fusion, car vous me donnez une grande preuve de con[fi]ance en m'accordant la grâce que je vous ai demandée.

— Nous combattrons côte à côte, mon cher colonel, je [su]is fier de l'offre que vous m'avez faite.

Les deux jeunes gens se serrèrent cordialement la main, [e]t ils attendirent avec impatience le signal de l'attaque.

La lune baissait de plus en plus à l'horizon et n'allait [p]as tarder à disparaître, le froid était piquant ; la nuit de[v]enait sombre ; un silence lugubre pesait sur le désert, [to]ut semblait dormir et reposer, on n'entendait que le [bru]issement continu, presque insaisissable, sans cause ap[p]arente et qui semble être la respiration puissante de la [n]ature au repos.

Tous ceux qui ont fait la guerre, et malheureusement [le] nombre en est grand aujourd'hui après nos défaites, [to]us ceux-là, disons-nous, savent combien est fatigante et [é]nervante pendant la nuit, l'attente d'une attaque, que l'on [cro]it certaine et qui ne se produit pas : les fatigues du jour [éc]oulé, les ténèbres, le froid, les bruits mystérieux sans [ca]use appréciable qui passent sur l'aile sombre de la brise [no]cturne ; tous les sens sont surexcités, on essaye de per[ce]r l'obscurité, on tend l'oreille pour entendre plus vite [la] marche prudente et assourdie de l'ennemi que l'on croit [vo]ir apparaître à chaque seconde et qui ne vient pas ; et [en] maugréant, on reconnaît que l'on s'est trompé, et une [in]quiétude sourde agace les nerfs et fait éprouver une [fa]tigue morale qui affaiblit l'organisme et lui cause une [im]patience morbide que l'homme le plus fort subit mal[gr]é lui.

Tout à coup le coassement du crapaud géant se fit en[ten]dre, mais assez éloigné ; un instant après le cri du *[t]aipouri* — tapir — s'éleva du milieu de la rivière, où [sa]ns doute cet animal faisait ses ablutions accoutumées.

Le colonel sentit qu'on lui serrait la main, et don Jos[é]

lui dit à l'oreille d'une voix faible comme un souffle :
— Attention !
— Merci ! répondit l'officier sur le même ton.

Le miaulement sinistre du jaguar résonna avec une force extraordinaire.

Alors il se passa une chose étrange.

En quelques secondes à peine la colline et la savane sur un très grand espace, se trouvèrent subitement éclairées par des milliers de torches ; tandis qu'au loin aux dernières limites de l'horizon les flammes rouges d'un immense incendie formaient une ceinture sinistre et dévorante autour de la colline.

La savane était en feu !

Les pirates furent aperçus alors.

Les bandits avaient rampé pendant plusieurs heures dans les hautes herbes avec une patience et une habileté telles que lorsque les sentinelles signalèrent leur approche, ils ne les croyaient pas aussi avancés.

En effet, allongés sur les pentes abruptes de la colline se faisant la courte échelle les uns aux autres, suspendus en grappes immondes dans l'espace et ne se soutenant dans leur escalade dangereuse que par l'appât de la riche proie qu'ils convoitaient, ils n'avaient plus que quelques mètres, deux ou trois au plus, pour prendre pied sur la plate-forme.

Rien n'était répugnant et hideux à voir comme ces bandits aux traits émaciés, grimaçants, aux regards de flammes, armés jusqu'aux dents et à peine couverts de loques immondes. Quand ils se virent découverts, ils poussèrent tous à la fois des cris terribles, s'excitant ainsi à pousser en avant quand même.

Ils se sentaient perdus, il leur fallait vaincre ou mourir, ils ignoraient le nombre de ceux qu'ils avaient voulu surprendre, quand ils reconnurent combien le nombre de leurs ennemis était écrasant pour eux, ils comprirent que l'audace seule pouvait les sauver, car la retraite ne tarderait pas à leur être coupée.

En effet l'incendie allumé par les Peaux-Rouges sur l'ordre de don Agostin se rapprochait avec une rapidité vertigineuse, avivé par la brise du matin qui commençait à souffler avec une force croissante.

Si les bandits attaqués par les Comanches qui les harcelaient et les poussaient en avant, avaient voulu rétrograder, ce leur eût été complètement impossible, car ils étaient cernés par des forces décuples des leurs.

Ils ne songèrent pas un instant à reculer.

— En avant, *mil rayos!* s'écria leur chef d'une voix de tonnerre.

Ce chef était une espèce de géant, d'une beauté mâle, de manières élégantes et semblait avoir pris un déguisement pour tenter cette funeste expédition tant ses allures, ses manières et jusqu'à sa voix et ses vêtements étaient en complet désaccord avec toutes les manières des misérables qu'il commandait.

D'un bond prodigieux il prit pied sur la plate-forme où il fut aussitôt suivi par une trentaine de bandits, dont le nombre s'augmentait à chaque instant, de sorte qu'en moins de dix minutes ils se trouvèrent plus de soixante à soixante-dix qui se groupèrent aussitôt derrière leur chef.

Celui-ci, dès qu'il avait touché le sol de la plate-forme, avait appliqué un loup de velours noir sur son visage.

Le combat commença aussitôt avec une vigueur et un acharnement effrayants.

— En avant les Coyottes! criait le chef à chaque coup qu'il portait.

— En avant les Coyottes, en avant Caraï! répondaient les voix rauques des bandits.

Nous avons dit que les trois dames s'étaient réfugiées

au fond de la hutte comme étant l'endroit le moins exposé à une attaque.

Mais, par un malheureux hasard, les bandits en escaladant à l'aventure les pentes de la colline s'étaient, sans le savoir, groupés sur ce point comme étant un des moins difficiles à escalader, si bien que le plus fort de la bataille devait fatalement porter dans cette direction.

Le colonel, don José, Sidi-Muley et une vingtaine d'hommes résolus s'élancèrent au secours des dames, qu'il fallait éloigner au plus vite de cette position dangereuse.

Le colonel et ses compagnons enlevèrent les dames, mais au même instant le chef masqué que le temps pressait se rua en avant tête baissée, éventra la muraille d'un coup de sa longue épée et apparut dans la hutte ; d'un regard il comprit la situation.

— Aux femmes ! enlevez les femmes, cria-t-il avec un rugissement de tigre.

Les bandits se lancèrent en avant en poussant des cris terribles.

Mais devant eux ils trouvèrent le colonel et vingt hommes résolus.

L'officier fit un bond en arrière en enlevant doña Luisa entre ses bras, il la confia à don José, et rapide comme la foudre il revint contre les bandits dont il tua et blessa plusieurs à coups de revolver.

Grâce à la décision du colonel, et à sa froide bravoure, les bandits reculèrent épouvantés, ce qui permit de transporter les trois dames assez loin pour qu'elles n'eussent rien à redouter provisoirement.

Le chef masqué ramena les bandits en avant, et le combat recommença avec une nouvelle énergie.

On combattait dans un espace de quelques mètres à peine, assaillants et assaillis se touchaient ; presque tous les coups portaient, le sang coulait à flots ; ce n'était plus une bataille, c'était un carnage, une boucherie.

Malgré eux les partisans de don Agostin étaient contraints de reculer, mais ils ne le faisaient que pas à pas et seulement pour élargir le champ de bataille trop restreint.

Ils atteignirent ainsi la plate-forme, où ils se groupèrent de façon à faire face de tous les côtés aux assaillants.

Ceux-ci étaient toujours dans la hutte dont ils ne paraissaient pas vouloir sortir.

Le colonel et ses compagnons ne comprenaient pas cette trêve que rien, en apparence, n'autorisait après les efforts léonins qu'ils avaient d'abord faits.

Mais bientôt cette interruption de la bataille fut expliquée.

La table n'avait pas été desservie ; pendant le combat elle avait été renversée les services d'argent et de vermeil avaient roulé sur le sol ; les bandits, maîtres de la hutte, avaient découvert cette riche proie et s'étaient rués dessus sans vouloir entendre la voix de leur chef contre lequel ils étaient en pleine révolte.

Le colonel, à qui don Agostin avait donné le commandement, n'avait pas perdu un instant pour prendre avec une grande habileté les dispositions nécessaires.

Au moment où les bandits étaient encore sous le charme des trésors qu'ils s'étaient appropriés, une lueur terrible les éveilla brutalement de leurs rêves d'or.

Sur l'ordre du colonel le feu avait été mis sur plusieurs points de la hutte qui flambait comme un lugubre phare.

Les pirates abandonnèrent leur butin pour se groupe autour de leur chef dans lequel seul ils avaient confiance.

Ils s'élancèrent au dehors avec des hurlements de rage et de terreur ; mais ils furent accueillis par une fusillade bien nourrie qui les arrêta net ; cependant le feu, leur plus redoutable ennemi, les gagnait et les enveloppait de toutes parts ; ils firent un prodigieux effort, et réussirent à sortir de la tournaise, mais dans un état déplorable et ayant perdu leurs plus braves compagnons.

Le combat recommença sur la plate-forme.

Cette fois ils combattaient pour leur vie ; ils ne songeaient plus au butin, aussi étaient-ils au paroxysme de la rage.

Le chef masqué faisait des efforts terribles pour rétablir le combat ; mais d'assaillants qu'ils étaient, maintenant ils étaient assaillis de tous les côtés ; des Peaux Rouges embusqués dans le feuillage des arbres les fusillaient comme à l'affût et devant eux, une vaillante phalange ne cessait pas son feu.

La situation était critique, les rangs des bandits s'éclaircissaient dans des proportions effrayantes.

Le chef masqué fit quelques pas en arrière, et appelant les plus braves de ses hommes il leur dit rapidement quelques mots auxquels ils répondirent par des cris d'assentiment et, se pressant autour de leur chef ils s'élancèrent en avant. Malgré l'intrépidité des Peaux-Rouges, les bandits réussirent à faire une large trouée dans leurs rangs.

L'élan des pirates avait été irrésistible, la bataille recommençait plus acharnée qu'elle n'avait été jusque-là.

Tout à coup des cris déchirants se firent entendre ; le chef masqué s'était emparé de doña Luisa et un autre bandit avait saisi doña Santa la sœur de don José.

Les deux pirates suivis de leurs compagnons poussaient en avant, se servant des deux malheureuses jeunes filles seconde comme de boucliers.

La situation devenait critique.

Les Peaux-Rouges étaient atterrés ; ils n'osaient se servir de leurs armes de peur de blesser les jeunes filles ; les bandits avançaient toujours, ils n'avaient plus que quelques mètres à franchir pour gagner la sente qui les conduirait dans la savane où ils auraient alors de grandes chances de s'échapper sains et saufs.

Don José, fou de douleur, s'élança sur les bandits, celui qui enlevait sa plus jeune sœur suivait son chef pas à pas, le jeune homme se précipita sur lui, le bandit leva son machette, c'en était fait de lui ; le colonel s'élança en avant et d'un coup de révolver il tua raide le ravisseur. Don José prit sa sœur dans ses bras et s'éloigna en courant pour la mettre en sûreté.

Le chef masqué s'élança alors sur le colonel, l'épée haute.

— Celle-ci ! tu ne me la prendras pas, dit-il d'une voix rauque.

— C'est ce que nous verrons ! répondit nerveusement le colonel.

— Essaye ! dit-il en grinçant des dents.

Et ils s'attaquèrent avec rage.

— Prends garde, de Villiers, dit le chef masqué en lui portant un coup terrible.

— Ah ! tu me connais, lâche ! répondit le colonel en parant et attaquant à son tour.

— Lâche ? dit le chef, est-ce que je ne me bats pas bien ?

— Lâche ! reprit le colonel, car tu caches ton visage ! c'est que tu trembles.

— Oui, je tremble, parce que je suis ton ennemi, et c'est pour toi que je suis ici.

— Eh bien, tu y resteras, dit le colonel d'un accent terrible, et d'abord voyons ton visage de traître.

Et d'un bond de tigre, il se rua sur le pirate, fit sauter son épée au loin, et il lui arracha son masque.

Le bandit laissa échapper doña Luisa.

— Ah ! dit le colonel avec mépris, c'est toi, Gaspard de Mauvers, je ne veux pas faire œuvre de bourreau, va ! nous nous reverrons.

Et il lui donna un coup de pommeau de son épée sur le crâne.

Et enlevant la jeune fille dans ses bras, il s'ouvrit passage.

A peine le colonel avait-il fait quelques pas, qu'il roula sur le sol.

Le bandit lui avait plongé son poignard dans la poitrine.

— Meurs, s'écria le chef avec un rire de démon, meurs comme un chien, je suis vengé !

Le colonel avait perdu connaissance, mais sans lâcher la jeune fille évanouie.

Le bandit essaya de ressaisir sa proie.

Mais les Peaux-Rouges, conduits par don José, s'élancèrent en avant.

Les bandits entourèrent leur chef et s'élancèrent sur la sente.

— Tiens, scélérat! s'écria Sidi-Muley, tu te souviendras de moi.

Et il déchargea un revolver sur lui presque à bout portant.

Le chef masqué qui avait remis presque aussitôt son loup, poussa un hurlement de colère ; il chancela et tomba sans essayer de se retenir.

— Je suis mort! murmura-t-il en tombant, ah! maudit. Ce fut tout.

Les pirates le relevèrent et disparurent dans les méandres de la sente.

Mais en arrivant dans la savane, ils se trouvèrent en face d'une nouvelle troupe de Comanches commandés par le Nuage-Bleu.

Il y eut une dernière lutte acharnée, mais elle ne fut pas longue.

Les quatre-vingts pirates qui avaient tenté cette néfaste expédition avaient été tués, pas un seul n'avait échappé.

Les Peaux-Rouges scalpèrent les bandits, et, sur l'ordre don Agostin, tous furent pendus aux arbres de la colline et leurs cadavres abandonnés aux coyottes et aux urubus.

On fit les recherches les plus minutieuses pour découvrir le corps du chef masqué, il fut impossible de le retrouver.

— Il est évident que le diable, son compère et son ami particulier, s'est hâté de l'emporter, dit Sidi-Muley en ricanant ; d'ailleurs, qui vivra verra.

Une heure plus tard, la colline était déserte, il ne restait que les cadavres des pirates balancés aux caprices de la brise nocturne.

Sans compter le colonel, dont la vie était en danger, les Comanches avaient perdu vingt-sept guerriers, deux chefs et comptaient encore une quinzaine de blessés légèrement.

L'affaire avait été chaude.

Mais la leçon donnée par don Agostin aux pirates des Prairies avait été terrible

## VI

Dans lequel l'Urubus et le Coyotte, deux animaux sinistres, causent de leurs petites affaires peu édifiantes.

Près de deux mois s'étaient écoulés depuis les événements rapportés dans notre précédent chapitre.

Un matin du commencement du mois d'août, une heure à peine après le lever du soleil, un cavalier bien monté sur un superbe *mustang* des Prairies et semblant venir du nord et se diriger vers l'est, après avoir traversé à gué le rio sila, s'engagea dans les contreforts de la *sierra de Pajaros*.

Ce voyageur semblait avoir fait une longue traite, ses vêtements très simples étaient usés jusqu'à la corde et par place laissaient voir de regrettables solutions de continuité: seules ses armes étaient en excellent état : il portait un rifle américain passé en bandoulière, son zarape de facture indienne retombait sur ses armes d'eau, à son côté pendait un machette sans fourreau passé dans un anneau en fer, sa reata roulée avec soin était attachée à droite sur la selle, il avait des fontes dans lesquelles il avait sans doute des pistolets ou des revolvers; il était muni d'*alforjas* très gonflés et renfermant sans doute ses provisions de bouche et d'autres menus objets indispensables en voyage : de formidables éperons de fer à six pointes acérées comme des poignards résonnaient à chaque mouvement qu'il faisait; une blouse de chasse, en toile écrue et un sombrero à larges ailes, recouvert d'une toile cirée comme le portent les vaqueros, complétaient son accoutrement.

Le sombrero de cet homme était rabattu de telle sorte sur ses yeux que, sauf une longue barbe qui tombait en éventail sur sa poitrine, il était impossible de rien apercevoir de son visage, soit que le soleil l'incommodât ou, ce ce qui était probable, qu'il voulût conserver l'incognito s, par hasard, un passant quelconque croisait sa route.

Il suivait une *sente* étroite de bêtes fauves et en parcourait les méandres au galop de chasse.

Les Peaux-Rouges et les Vaqueros ne connaissent que deux allures, le pas et le galop, qu'ils activent plus ou moins, selon qu'ils le jugent mécessaire.

Arrivé à un certain endroit où la sente se séparait en deux, l'une continuant vers le rio Puerco et l'autre s'enfléchissant dans la direction de la *sierra de Pajaros*, il suivit cette dernière et bientôt il s'engagea dans les pentes de plus en plus rudes de la montagne, que son cheval gravissait avec une désinvolture qui prouvait qu'il était de bonne race.

Le voyageur monta ainsi pendant un laps de temps assez long; enfin il atteignit un de ces brûlis que l'on rencontre si souvent dans les montagnes.

Arrivé là, il fit une halte et sembla étudier le terrain avec une sérieuse attention, comme s'il cherchait certains repères destinés à lui indiquer son chemin qu'il ne retrouvait pas.

Cependant, après une recherche minutieuse, il poussa un cri de satisfaction; une pierre assez grosse était posée sur une maîtresse branche d'un liquidembar.

— C'est cela, murmura-t-il entre ses dents.

Alors il s'approcha à toucher l'arbre, et il regarda; à cinquante pas au plus, sur un autre arbre, un acajou cette fois, il y avait une seconde pierre; il continua alors sa route si singulièrement jalonnée.

Cela dura ainsi pendant près d'une heure; les points de repère avaient cessé.

Cette absence d'indication ne semblait plus inquiéter le moins du monde, il continuait à s'enfoncer dans la montagne d'un air délibéré.

Il arriva après une vingtaine de minutes à un fourré excessivement touffu qui lui barrait complètement le passage.

L'inconnu mit alors pied à terre et imita le cri du Coyotte à deux reprises.

Le même cri se fit entendre presque subitement à quelques pas de lui à peine.

— Eh! dit une voix goguenarde, sans que l'on vît personne, est-ce que vous êtes égaré, mon maître?

— Oui, à la recherche des Coyottes; répondit le voyageur.

— Combien sont-ils donc? reprit la voix.

— Trois, s'écria avec énergie et un sombre ressentiment le voyageur, mais ces trois suffiront pour venger les morts.

— Soyez le bienvenu, vous qui venez au nom de la vengeance! dit l'invisible interlocuteur, et il ajouta : côtoyez le fourré jusqu'à ce que vous rencontriez un *sablier* à votre gauche; arrivé là vous attendrez.

— C'est bien, à bientôt.

— A bientôt.

Le voyageur se remit en selle et s'éloigna dans la direction qu'on lui avait indiquée.

Au bout de vingt-cinq minutes à peine, il aperçut un énorme chaos de rochers et, à quelques pas de là, il vit un majestueux et gigantesque sablier, qui semblait être le roi de la forêt.

— Voilà le sablier, dit le voyageur à voix haute, mais je ne vois pas de passage?

— Parce que vous ne regardez pas bien, señor, dit un individu qui s'élança du milieu des rochers.

— Ah! s'écria le voyageur, c'est toi, mon brave Matatrès, je te croyais mort comme les autres et pourtant il m'avait semblé reconnaître ta voix quand nous avons échangé les mots de passe.

— C'est flatteur pour moi, mon maître, mais, puisque cela vous intéresse, je vous annonce qu'il reste encore trois de nos compagnons sans me compter.

— Qui donc? s'écria-t-il vivement.

— Navaja, el Tunaute et el Piccaro.

— Oh! ce sont de nos plus braves et de nos plus habiles.

— Merci, maître, vous vous y connaissez.

— Où sont-ils?

— Ici même, vous les verrez dans un instant.

— Alors hâtons-nous.

— Suivez-moi.

— Et mon cheval?

— Conduisez-le par la bride.

— Très bien, allons.

Ils s'enfoncèrent alors dans un inextricable labyrinthe dont les tours et les détours sans nombre étaient, presque à chaque pas, coupés par des sentes formait un dédale qui augmentait les difficultés de se diriger dans ce fouillis sans point de repère en apparence, et dont il était complètement impossible de sortir à moins de le bien connaître. La marche se continua pendant près d'un quart d'heure toujours à l'air libre, puis, soudain, les deux hommes se trouvèrent à l'entrée d'une large grotte, ou plutôt d'un immense souterrain.

Le guide et son compagnon rencontrèrent alors les mêmes difficultés qu'au dehors et plus redoutables encore à cause du jour crépusculaire qui seul éclairait ce souterrain.

Arrivés à un certain endroit, ils furent arrêtés net par un lac souterrain qui leur barra le passage.

Ce lac sombre et limpide dont il était impossible de voir la fin, devait s'étendre fort loin.

— Que faisons-nous ? demanda le voyageur.

— Attendez, dit Matatrès.

Il s'éloigna ; on entendit un bruit de pagaies, et le guide reparut s'approchant dans une pirogue indienne.

— Caraï, s'écria le voyageur, quelle forteresse !

— Elle est inexpugnable, dit Matatrès en ricanant.

— C'est vrai, mais s'il n'y a qu'une sortie on risque bien...

— Il y a quatre sorties, sans compter plusieurs autres que nous n'avons pas eu encore le temps de rechercher et de découvrir.

— Quatre sont plus que suffisantes.

— Oui, d'autant plus que toutes débouchent au dehors dans des directions différentes.

— Et qui a découvert cet admirable souterrain, dont j'ignorais l'existence ?

— Ce souterrain a été trouvé par hasard, il y a quelques mois, par l'Urubus.

— Par l'Urubus ?

— Oui, mais il avait gardé le secret de ce souterrain, qui, avait-il dit, pouvait servir un jour.

— C'est admirable.

— Mais comment sais-tu cela ?

— J'étais avec l'Urubus, quand il l'a découvert.

— Sommes-nous loin encore ?

— Dix minutes au plus ?

— Bon ! Alors je me remets en selle ?

— Gardez vous-en bien ! s'écria vivement Matatres.

— Pourquoi donc cela ?

— D'abord parce que l'eau, non seulement est glacée, mais elle est très profonde ; vous seriez mouillé jusqu'à la selle.

— *Vere dios !* que faire alors ?

— Vous embarquer, vous tiendrez la bride, et le cheval suivra en nageant.

— *Caraï !* tu aurais bien dû prendre un autre chemin que celui-ci ?

— Ce n'était pas possible, embarquez.

— Allons, puisqu'il le faut.

Et il sauta dans la pirogue qui s'éloigna aussitôt; le cheval nageait à l'arrière.

Matatrès suivait lentement les parois du souterrain; bientôt une large excavation apparut, le guide appuya sur la gauche et s'engagea résolument dans ce nouveau chemin.

Le voyageur s'aperçut après quelques minutes que cette excavation se rétrécissait, et que la voûte s'abaissait d'une façon presque inquiétante, deux ou trois minutes plus tard, le cheval cessa de nager, il avait pris pied; en effet, les deux hommes quittèrent bientôt la pirogue, ils n'avaient de l'eau que jusqu'à la cheville à pleine.

Ils reprirent leur marche.

Après deux ou trois détours, le voyageur aperçut à une courte distance la lueur d'un feu.

— Nous approchons, dit le voyageur.

— Dans cinq minutes, nous serons près de l'Urubus; nous sommes bien cachés ici, hein ? dit Matatrès, je défie bien le plus habile batteur d'estrade de découvrir cette retraite si bien aménagée par le hasard.

Le voyageur eut un mouvement d'épaules.

— Hum ! dit-il d'un air de doute, il ne faut jamais jurer de rien, le hasard vous a fait découvrir ce souterrain, qui nous a dit qu'un autre hasard ne le fera pas découvrir demain, par un coureur des bois, un batteur d'estrade ou un de ces maudits Peaux-Rouges qui furettent partout et connaissent toutes les cachettes du désert.

— C'est vrai, maître, vous avez raison, on n'est jamais sûr de rien dans ce monde ; enfin, espérons que nous conserverons le secret de notre retraite.

— Oui, espérons, reprit le voyageur en ricanant, cela n'engage à rien et est consolant.

Les deux hommes auraient été bien désagréablement surpris, s'ils avaient su qu'ils avaient dit, tout en causant la vérité, sans s'en douter.

En effet, au moment où ils avaient quitté le *sablier*, un Peau-Rouge embusqué derrière le tronc de l'énorme végétal, avait suivi à quelques pas en arrière leur piste, que les pieds du cheval rendaient très facile à suivre.

Arrivé au lac, ce Peau-Rouge, qui était jeune et semblait être un chef, jeta bas ses vêtements, et malgré la basse température de l'eau, se mit résolument à l'eau, et nagea sans se presser à quelques mètres en arrière de la pirogue ; il suivit ainsi le voyageur et son guide, jusqu'à ce qu'il fût en vue du feu qui dénonçait le campement de ces hommes qui, d'après leurs propres observations, attachaient un très grand prix à ce que leur singulière demeure ne fût pas connue par d'autres que par eux.

Le jeune chef, jugeant inutile de pousser plus loin ses recherches, revint sur ses pas, en ayant soin de laisser de distance en distance des jalons, que seul il pouvait reconnaître ; il traversa de nouveau le lac, reprit ses vêtements et s'éloigna rapidement, sans oublier de jalonner sa route, jusqu'à ce qu'il eût atteint de nouveau le point où il avait commencé à prendre la piste si facile à suivre pour un batteur d'estrade.

— Pourvu que ces maudits n'aient pas découvert..., murmura-t-il, mais il n'acheva pas, et la phrase commencée resta interrompue.

Le Peau-Rouge hésita un instant.

— A la grâce de Dieu! murmura-t-il, et puis ils ont d'autres choses plus importantes à faire, quant à présent, nous ne leur laisserons pas le temps de...

Il s'arrêta de nouveau et, reprenant sa course, il disparut presque aussitôt dans l'épaisseur du bois.

Chose singulière et digne de remarque, les quelques mots prononcés par le jeune chef indien l'avaient été en excellent castillan avec le pur accent espagnol.

Les Peaux-Rouges ont une haine invétérée pour la langue de leurs conquérants et ne la parlent qu'à leur corps défendant et généralement très mal.

Il est probable que celui-ci faisait exception.

Cependant les deux hommes avaient continué paisiblement leur marche et n'avaient pas tardé à atteindre le but de leur longue course.

Ils se trouvaient dans une espèce de carrefour où venaient se croiser plusieurs galeries; ce carrefour était fort large; avec des planches on avait construit un appartement de plusieurs pièces assez grandes, garnies de quelques meubles d'une facture rudimentaire, mais suffisante.

Dans une des chambres de cette espèce de hutte, un homme était étendu sur un lit fait de feuilles et d'herbes odoriférantes et recouvertes d'épaisses fourrures, qui, partout autre part, auraient valu un prix élevé.

L'homme étendu sur ce lit était d'une pâleur terreuse, il était excessivement maigre; ses yeux éteints et ses lèvres décolorées étaient agitées par des spasmes nerveux.

En apercevant le voyageur, il eut un sourire de bienvenue, et il se mit sur son séant, en invitant le nouveau venu à s'asseoir sur un crâne de bison, seul siège qu'il eût à sa disposition.

Le malade ouvrait la bouche pour faire une question sans doute, mais il s'arrêta net: le nouvel arrivé avait posé un doigt sur ses lèvres.

— Ces drôles, dit-il en voyant que le malade l'interrogeait du regard, ces drôles se préparent sans doute à écouter notre conversation, je ne me soucie que médiocrement de voir mes secrets courir les champs.

— C'est juste, dit le malade, parlons allemand.

— A la bonne heure, nous pourrons ainsi causer à notre aise.

Sans doute que le voyageur avait deviné juste, car les quatre bandits, ce n'était pas autre chose, s'étaient rapprochés doucement afin de mieux écouter ; mais en entendant causer en allemand, ils retournèrent s'asseoir auprès du feu.

— Comment te trouves-tu? demanda le voyageur.

— Je suis guéri complètement, répondit le malade.

— Tu es bien pâle et bien maigre.

— J'ai failli mourir, j'ai été sauvé par miracle.

— Allons donc, dit l'autre en ricanant, quelle fatuité ! ne parle pas de miracle ; Dieu sans doute t'a oublié, voilà pourquoi tu n'es pas mort, crois-moi ne te rappelle pas à son souvenir, son premier soin serait de te foudroyer.

— C'est possible, après tout ; ce qui est certain, c'est que je suis guéri. je ne souffre plus de ma blessure qui est fermée ; seules, mes forces ne reviennent que très lentement : cependant j'ai pu me lever aujourd'hui et rester debout pendant trois heures.

— Très bien ; ainsi tu crois que dans quelques jours...

— Dans quinze jours, je pourrai monter à cheval.

— Bravo !

— Et le colonel ?

— Je n'en ai pas entendu parler, il doit être mort.

— Pourquoi serait-il mort, puisque moi je suis guéri?

— C'est une raison, je le veux bien, mais elle ne me semble pas péremptoire.

— Peut-être ; je crains qu'il soit mort.

— Bah ! tu le hais, cependant.

— Plus que tu ne peux l'imaginer.

— Et tu désires qu'il soit vivant!

— Certes, s'il était mort il m'aurait volé ma vengeance que j'ai payée si cher.

— Que prétends-tu donc faire?

— C'est mon secret.

— Soit, à ton aise, tes affaires te regardent seul, dit-il d'un air piqué.

— Ne te mets pas martel en tête pour rien; laisse-moi agir à ma guise; quand le moment en sera venu, je te dirai tout.

— Comme il te plaira, ami Urubus; singulier nom que tu as choisi là!

— Tu te nommes bien le Coyotte.

— C'est juste, à cette différence, cher ami, que tu as choisi ce nom sinistre et que le mien m'a été imposé malgré moi, ce dont j'enrage.

— As-tu réuni une nouvelle *cuadrilla* pour remplacer celle...

— Que tu as fait massacrer par ces Sandoval maudits, dit le Coyotte avec ressentiment.

— On ne fait pas d'omelettes sans casser d'œufs.

— Ah si tu appelles cela casser des œufs, *caraï!* une si admirable cuadrilla!

— Ne te l'ai-je pas payée?

— Cinquante mille francs, c'est vrai! moi qui t'avais si bien averti de ne pas t'attaquer à ces Sandoval, ils sont de trop dure digestion pour toi.

— Mais que sont donc ces Perez de Sandoval dont on parle tant?

— Ce sont des démons, ni chair ni poisson; avec les blancs ils sont blancs, avec les Indiens ils sont des Peaux-Rouges.

— Je ne te comprends pas.

— C'est pourtant bien simple.

— Je ne dis pas le contraire, mais je te répète que je ne comprends pas.

— Eh bien, sache donc que les Sandoval sont de race Incas, ils ont toujours été protégés et défendus par les Peaux-Rouges dont ils sont adorés, surtout par les Comanches, et sont tout-puissants ; quant à leur fortune, elle dépasse toutes les limites du possible ; on dit, je ne l'ai pas vu, je ne parle que par ouï dire ; donc on dit qu'ils possèdent, non loin d'ici, une cité, une ville de refuge, où il y a des merveilles, des monceaux d'or, d'argent, de diamants, que sais-je, qui éblouissent ; les plus adroits coureurs de bois ont essayé de découvrir cette ville sans jamais y réussir ; les Indiens la connaissent, mais ils gardent religieusement le secret. Tous ceux qui se sont attaqués à ces Sandoval ont toujours reçu des leçons terribles ; ils se sont faits les justiciers du désert ; il fallait un fou comme toi pour tenter une expédition si mal entendue ; aussi ils t'ont fort échaudé, et peut-être ne s'en tiendront-ils pas là, et ce sera terrible ; que diable ! on ne va pas si bêtement agacer un lion dans son antre, il fallait un fou comme toi pour s'attaquer avec quatre-vingts hommes aux Sandoval qui disposent de toutes les tribus indiennes qui se feraient hacher avec joie pour eux.

— Que faire alors ?

— Ne plus leur chercher querelle.

— Mais si le colonel est leur protégé ?

— Il faut en prendre notre parti, il n'y aura rien à faire.

— Bon ! nous verrons cela, il y a toujours moyen de tourner les difficultés quand on est adroit.

— Peut-être ; mais jusqu'à présent permettez-moi de vous le dire franchement vous n'avez pas été heureux dans vos conceptions, toutes ont échoué.

— Ayez donc la franchise de m'avouer que vous ne voulez plus...

— Vous allez toujours d'un extrême à l'autre, interrompit vivement le Coyotte ; je le devrais car depuis que je vous connais je n'ai éprouvé que des déboires.

— Oh ! oh ! vous allez trop loin.

— Non pas, je dis la vérité ; tant pis si elle vous semble amère.

— A quoi bon récriminer ?

— Je ne récrimine pas, mais je me plains avec raison de votre façon d'agir envers moi ; vous m'avez toujours trouvé prêt à vous servir sans hésitation comme sans exigences d'aucune sorte...

— Je me plais à le reconnaître, vous vous êtes en toutes circonstances, conduit en ami dévoué, et m'avez rendu de grands services.

— Comment avez-vous reconnu ces services dont vous êtes contraint de convenir ? Vous avez reconnu toutes ces preuves d'une amitié sincère et dévouée par la défiance la plus blessante, me considérant pour ainsi dire comme un subordonné, dont le devoir strict est d'obéir et d'exécuter les ordres qu'il reçoit de son supérieur.

— Ah ! fit l'Urubus avec ironie ; c'est donc là où le bât vous blesse.

— Parfaitement, il ne saurait me convenir plus longtemps de jouer à votre profit ce rôle ridicule et surtout trop dangereux pour moi.

— Je vous avoue que je ne vous comprends pas, dit l'Urubus avec hauteur, je vous prie donc de vous expliquer catégoriquement, afin que je sache ce que j'aurai à faire.

— Ce qu'il vous plaira, dit le Coyotte avec une sourde colère : mais je vous déclare que vous n'avez plus à compter sur moi en quoi que ce soit ; il ne me convient pas d'être plus longtemps un pantin dont vous tiendrez les fils et retirerez tous les avantages tandis que moi, je n'aurai que les ennuis, vous avez fait sottement massacrer ma cuadrilla, en vous attaquant malgré tout ce que je vous ai dit, à des hommes tout puissants et dont vous n'auriez dû sous aucun prétexte vous faire des ennemis, qui vous écraseront sans pitié et moi avec par ricochet.

— Ah! fit-il avec dédain, vous revenez là-dessus?

— Certes; savez-vous ce que m'ont valu vos belles combinaisons?

— Cinquante mille francs d'abord, ce qui est un beau denier, il me semble, reprit-il avec ironie.

— Oui et l'anéantissement complet de la plus brave cuadrilla de toute l'apacheria. Je vous l'avais prêtée et non vendue, n'équivoquons pas, puis à votre prière j'ai tendu une embuscade à un coureur des bois, que je ne connaissais pas, mais qui, paraît-il, vous gênait?

— Ah! Sans-Traces! Eh bien?

— Eh bien, c'est lui qui a failli me tuer, et du coup j'ai perdu les papiers que vous m'aviez confiés.

— Comment, s'écria l'Urubus avec colère, ces papiers?...

— Sont passés de mes mains dans celles du Canadien qui m'a enlevé mon portefeuille et tout ce qu'il contenait.

— Oh! oh!

— C'est comme cela; il est inutile de vous tordre les bras, cela n'y fera rien; de plus j'ai été garrotté sur un arbre et condamné à mourir de faim.

— Comment ce coureur des bois?...

— Est un rude gaillard dont je ne vous souhaite pas de faire la connaissance.

— En somme, dans tout cela vous avez eu plus de peur que de mal.

— Ah! vous trouvez, maître Urubus; eh bien, écoutez ce que j'ai encore à vous dire, ce ne sera pas long.

— Soit! fit-il en haussant les épaules.

Le Coyotte feignit de ne pas apercevoir ce mouvement dédaigneux, mais un mauvais sourire releva les coins de ses lèvres.

Il continua froidement.

— Après avoir passé une nuit épouvantable, le Canadien eut sans doute pitié de moi, car il enleva le bâillon qui m'étouffait et me fit boire à sa gourde.

— C'est attendrissant, dit l'Urubus en ricanant; où diable allez-vous chercher ces pauvretés ridicules?

— Je ne sais, dit le Coyotte avec un accent glacé, mais le Canadien m'a rendu un signalé service, en me donnant à boire et ensuite en ne me remettant pas le bâillon, ce qui me permit de crier et d'appeler au secours.

— C'est attendrissant! répéta-t-il en ricanant, et l'on vous délivra sans doute, puisque j'ai le plaisir de causer avec vous.

— Merci, je fus sauvé en effet, reprit-il avec ressentiment, par des Indiens Apaches.

— Hum! les Apaches! cela m'étonne : ils ne passent généralement pas pour des philanthropes.

— Cependant ils m'ont sauvé, mais...

— Ah! il y a un mais.

— Oui, regardez, dit-il en enlevant brusquement son chapeau, ils n'ont pas voulu me tuer, mais ils m'ont enlevé la chevelure.

— Scalpé! s'écria-t-il avec horreur en apercevant ce crâne dénudé, pas complètement guéri encore, et dont l'aspect était horrible à voir.

— Oui, scalpé, riez donc maintenant?

— Oh! c'est épouvantable, fit-il avec horreur.

— Dieu vous préserve d'une aussi atroce torture, vous ne vous imaginerez jamais les effroyables douleurs qu'il m'a fallu endurer pendant plus de six semaines.

— Je vous plains, car en effet vous avez dû souffrir comme un damné.

— Le mot est juste, j'ai eu ainsi un avant-goût de ce que j'aurai à souffrir quand je serai en enfer, ajouta-t-il avec un sourire plein d'amertume, il me restait certaines économies, j'ai été contraint de les dépenser pour me reconstituer une cuadrilla, qui ne vaudra jamais celle que j'ai perdue par votre faute.

L'Urubus tressaillit à ces dernières paroles.

Il laissa tomber sa tête sur sa poitrine et sembla s'abîmer dans de profondes réflexions.

Le Coyotte l'examinait avec un sourire d'une expression énigmatique qui aurait épouvanté l'Urubus s'il avait pu le voir.

Le silence se prolongeait.

Le Coyotte se leva; au bruit, l'Urubus releva la tête.

— Un instant encore, dit-il avec un geste de la main droite.

— Soit, répondit le Coyotte.

Et il reprit place sur le crâne de bison.

## VII

### Où se préparent de graves événements

L'Urubus se redressa sur son lit, alluma un cigare et se tournant un peu de côté de façon à bien voir le Coyotte en face, il se pencha en avant et dit enfin d'une voix sourde dans laquelle on sentait les derniers efforts d'une émotion maîtrisée par une volonté fiévreuse :

— Vous allez tout savoir.

— Il est temps encore de retenir sur vos lèvres le secret que peut-être, dans quelques heures, vous regretterez de m'avoir confié ; je vous ai adressé certains reproches, et j'avais raison, vous le sentez maintenant, puisque vous vous décidez enfin à rompre votre silence trop prolongé.

— Mais...

— Pardon, si je vous interromps ; je tiens à ce que vous sachiez bien que je me soucie fort peu de ce que vous voulez m'apprendre ; ces confidences m'auraient sans doute intéressé il y a quelques jours encore, mais aujourd'hui tout est changé ; je ne me suis rendu à votre appel que pour rompre toutes relations avec vous. C'est une résolution bien arrêtée dans mon esprit, tout ce que vous pourrez me dire ne changera rien à ce que j'ai décidé.

— Alors à quoi bon, puisqu'il en est ainsi, ces reproches dont vous m'avez accablé ?

— Parce que je voulais vous prouver que je n'étais pas

votre dupe et que je savais fort bien que vous ne m'aviez jamais considéré que comme un instrument qu'on brise quand on n'en a plus besoin.

— Ainsi, dit l'Urubus en fronçant le sourcil, c'est une rupture entre nous?

— Définitive, dit nettement le Coyotte.

— Alors nous sommes ennemis?

— Non, je ne vous connais plus, voilà tout; nous reprenons chacun notre liberté d'action et nous devenons étrangers l'un à l'autre; je ne vous hais pas, quant à présent; le désert est grand, il y a de la place pour vous et pour moi, sans que nous nous gênions l'un l'autre.

— C'est votre dernier mot?

— Oui.

Il y eut un silence plein d'orage : les deux hommes échangeaient des regards sinistres, la colère gonflait leur cœur.

Tout à coup, l'Urubus bondit hors de son lit et se dressa devant le Coyotte.

— Je ne suis pas aussi faible que vous le croyez sans doute, mon maître, dit l'Urubus d'une voix hachée par son émotion intérieure.

— Vous vous trompez, répondit le Coyotte en ricanant.

— Ah! vous le saviez?

— Parfaitement, les hommes qui vous entourent ne sont-ils pas à moi?

— C'est juste.

— Vous jouez admirablement la comédie.

— Peut-être; un mot encore.

— Parlez.

— Je vous avais confié des papiers précieux; est-ce vrai?

— Oui.

— Quand on rompt une association loyalement et d'un commun accord, dit l'Urubus d'une voix calme, chacun rentre dans ce qui lui appartient.

— Évidemment, cela n'admet pas d'hésitation.
— Vous le reconnaissez ?
— Pardieu !
— Alors faites-moi le plaisir de me remettre les papiers que je vous ai confiés.
— Je vous ai dit que le coureur des bois Sans-Traces, me les a pris.
— Rien ne me le prouve.
— Doutez-vous de ma parole ?
— Non, mais si cela est comme vous le dites, reprenez-les à Sans-Traces et rendez-les moi.
— Cela m'est impossible.
— C'est ce que nous verrons.
— C'est tout vu ; qui sait en quelles mains sont maintenant ces papiers ?
— Tant pis pour vous, il ne fallait pas les laisser prendre ; je saurai vous obliger à me les rendre.
— Je ne crois pas, fit le Coyotte en ricanant.
— Si vous étiez encore mon associé, je pourrais peut-être attendre, mais dans la situation où nous sommes vis-à-vis l'un de l'autre, il faut en finir au plus vite. Je vous donne huit jours pour me restituer ces papiers.
— Pas plus dans huit jours que dans un an, fit le Coyotte en éclatant de rire.
— C'est ce qui vous trompe, répondit froidement l'Urubus, mes précautions sont prises.
— Tant mieux pour vous.
— Je vous connais de longue date, compagnon, dit-il d'un accent glacé ; je sais ce que tout le monde ignore dans le désert.
— Que pouvez-vous savoir ?
— Tout.
— C'est bien vague, dit le Coyotte en haussant les épaules.
— Je sais votre histoire sur le bout du doigt.

— Ah! alors, reprit le bandit avec ironie, vous devez avoir appris des choses bien édifiantes sur mon compte, hein? fit-il en redoublant de sarcasmes.

— Mais oui, reprit paisiblement l'Urubus, entre autres ce qui m'a fort édifié ainsi que vous dites, c'est l'histoire de votre fille, le seul être que vous aimiez; n'est-ce-pas Marguerite qu'elle se nomme?

Le Coyotte était d'une pâleur cadavéreuse, tout son corps était secoué par un tremblement nerveux, malgré ses efforts pour paraître indifférent.

— Je vous croyais un bandit sans foi ni loi, je me trompais, il vous restait une corde sensible dans un coin ignoré de votre cœur; votre amour paternel pour votre fille est admirable, je vous fais mes compliments les plus sincères; vous volez et vous assassinez sans pitié et sans remords pour faire élever noblement mademoiselle Marguerite de Sternitz dans un couvent où l'on n'est pas admis si l'on n'est issu de vieille souche guerrière; la jeune fille chaste, sainte et candide prie donc chaque jour pour son père qui travaille là-bas en Amérique pour lui amasser une dot princière.

— Où voulez-vous en venir? murmura-t-il d'une voix éteinte.

Le bandit était maté, il avait peur, il sentait que sous cette ironie froide se cachait quelque horrible malheur.

— Dame! fit l'Urubus toujours glacial, vous n'avez pas voulu écouter mon histoire, je vous raconte la vôtre, n'est-ce pas qu'elle est intéressante?

Le Coyotte lui lança un regard affreux, mais il ne répondit pas; il s'était levé, une sueur froide perlait à ses tempes, il souffrait une agonie effroyable; appuyé contre un rocher il ne se soutenait que par un effort gigantesque de volonté.

— A propos, dit l'Urubus, y a-t-il longtemps que vous

n'avez reçu des nouvelles d'Allemagne, monsieur le comte de Sternilz ?

Le Coyotte voulut répondre, mais il n'en eut pas la force ; il ne réussit qu'à balbutier quelques mots indistincts.

— Non, n'est-ce pas ? J'en ai reçu moi, il y a quelques jours ; tenez je m'en souviens, ce fut le matin du jour où j'ai tenté la malheureuse expédition que vous savez ; voulez-vous que je vous lise le passage où l'on parle de votre fille ?

Le Coyotte tendit le bras.

— Vous préférez lire vous-même ? à votre aise, mon maître.

Et il prit dans son portefeuille un papier qu'il présenta au bandit.

Celui-ci le saisit et essaya de lire.

Tout à coup il poussa un cri terrible et roula sans connaissance sur le sol.

Les pirates s'élancèrent au-devant de leur chef.

— Pauvre ami ! dit l'Urubus avec commisération.

— Qu'est-il donc arrivé ? demanda Matatrès.

— Une bien triste nouvelle que je lui ai annoncé maladroitement et sans le préparer à la recevoir.

— Caraï ! dit Navaja, il est comme mort !

— Eh ! fit un autre, il paraît qu'il a été rudement sanglé le cher señor.

— Que faire ? s'écrièrent tous les bandits avec inquiétude.

— Attendez ! dit l'Urubus, laissez-moi l'examiner un peu ; peut-être n'est-ce qu'un spasme.

Il se pencha sur le Coyotte, et il l'examina avec une sérieuse attention pendant deux ou trois minutes et se relevant vivement :

— *Vive Dios!* dit-il avec inquiétude, hâtons-nous, c'est une attaque d'apoplexie ; il n'y a pas une seconde à perdre.

Il choisit une lancette dans une trousse qu'il portait sur lui, et il piqua la veine, pendant que les pirates frictionnaient le malade au creux de l'estomac et aux poignets avec de l'eau glacée.

Le sang ne partit pas immédiatement; enfin, après un instant, une goutte d'un sang noir parut à la lèvre de la piqûre, puis vint une seconde, puis une troisième, et alors le sang commença à couler noir et écumeux.

— Il est sauvé, dit l'Urubus mais il était temps.

Le Coyotte commençait à être agité de frissons nerveux, ses paupières battaient, il n'allait pas tarder à reprendre connaissance.

L'Urubus renvoya les bandits.

— Retournez auprès du feu, leur dit-il, peut-être le Coyotte en vous voyant autour de lui ne serait que médiocrement flatté d'apprendre que vous l'avez vu s'évanouir comme une femme.

— *Caraï!* il ne nous le pardonnerait pas, dit Matatrès.

Le Coyotte respirait plus facilement, de ses yeux encore clos, s'échappaient des larmes.

— Comme il l'aime! murmura l'Urubus; le choc a été rude; j'ai frappé trop fort, c'est vrai; mais pouvais-je supposer qu'un tel scélérat avait encore un bon sentiment dans son cœur pétrifié par les vices qui lui forment une auréole sinistre? cet amour paternel dévoué à toute outrance, reste seul debout comme un diamant pur au milieu de cette fange. Quel mystère sublime! cela seul prouverait l'existence de Dieu, si la conscience la plus bourrelée ne l'attestait pas positivement.

Tout en philosophant si singulièrement, l'Urubus, qui probablement ne valait pas mieux que son associé, s'occupait avec beaucoup d'adresse et de dextérité à bander la saignée qu'il avait faite.

Presque aussitôt le Coyotte ouvrit les yeux; il y avait encore un peu d'égarement dans son regard.

— Que m'est-il donc arrivé? murmura-t-il en regardant autour de lui avec hésitation.

La mémoire est celle de nos facultés qui nous abandonne le plus vite et qui revient le plus promptement.

Tout à coup le bandit se redressa.

— Ah ! s'écria-t-il avec désespoir, je me souviens.

Et il chercha le papier qu'il avait laissé échapper en tombant.

— Ne cherchez pas, dit froidement l'Urubus, j'ai repris cette lettre.

— C'est donc vrai? dit-il d'une voix sourde, elle a été enlevée du couvent!

— Oui, par mes ordres, et mise dans un autre couvent.

— Pourquoi ce rapt odieux?

— J'avais besoin d'un otage; avec un homme de votre trempe, mon cher maître, il faut tout prévoir; vous voyez que j'ai eu raison de me mettre sur mes gardes; je vous l'ai dit, toutes mes précautions sont prises contre vous ; votre fille croit que c'est vous qui l'avez fait changer de couvent; elle ignore tout ; et il en sera ainsi, tant que j'aurai besoin de vous, tenez-vous le pour dit.

— Oh ! dit-il avec ressentiment, si quelque jour je vous tiens dans mes serres comme vous me tenez aujourd'hui dans les vôtres...

— Vous vous vengerez, c'est entendu ; vous aurez raison si je vous laisse faire.

— Où est-elle?

— Voilà sur ma foi une question plus que naïve.

— Dites-moi seulement si elle est restée en Europe.

— Qui sait? peut-être oui, peut-être non ; vous le saurez plus tard, si vous vous conduisez loyalement avec moi pendant que nous vivrons côte à côte.

— Et vous me la rendrez ?

— Je vous le jure.

— Et elle ignorera tout ?

— Je vous le promets; croyez-moi, Coyotte, entre bandits de notre sorte on doit toujours avoir une honnêteté relative ; si les coquins n'agissent pas loyalement entre eux, ils deviennent méprisables à leurs propres yeux et ne réussissent à rien.

— Vous avez raison, comptez sur moi, vous avez ma parole.

— J'ai votre fille aussi, ne l'oubliez pas ; cela vaut pour moi plus que toutes les paroles que vous pourriez me prodiguer.

— Cette affaire durera-t-elle longtemps ?

— Cette selon, cela dépend de certaines considérations indépendantes de notre volonté, cela peut donc durer un an, comme nous pouvons terminer tout en un mois.

— Mais de quoi s'agit-il en somme ? je ne sais rien, moi.

— Ah ! voilà, vous n'avez pas voulu m'écouter quand j'ai voulu vous raconter tout ce qu'il était important que vous sachiez.

— Bon, ce n'a été qu'un retard ; parlez, je suis prêt à vous prêter la plus sérieuse attention.

— Malheureusement le temps nous manque, j'en ai long à vous dire.

— Qui vous empêche ?

— Le temps.

— Il est à peine deux heures de la *tarde*.

— C'est précisément cela ; j'attends une visite.

— Une visite ?

— Oui.

— Qui donc ?

— Un Peau-Rouge.

— Hum ! fit-il en hochant la tête.

— Bon ! vous n'avez pas confiance.

— Règle générale, je n'ai confiance en personne.

— C'est un excellent principe.

— Oui, mais je me méfie surtout des Peaux-Rouges.

— Pourquoi cela ? ce sont des hommes comme les autres, il me semble ?

— Vous êtes nouveau au désert, vous ne connaissez pas ces démons; ils détestent les Faces Pâles, comme ils nous nomment, et ils ne sont contents que lorsqu'ils peuvent nous jouer de mauvais tours.

— Bah ! vous exagérez.

— Peut-être; le connaissez-vous ce Peau-Rouge ?

— Certes.

— Où avez-vous fait sa connaissance?

— Il y a deux mois à peu près, je l'ai rencontré dans une chasse aux bisons; je l'ai revu plusieurs fois et nous nous sommes liés autant qu'un blanc peut se lier avec un Indien.

— Est-ce un Indien *bravo?*

— Oui, c'est un Indien comanche.

— Ah, Caraï !

— Qu'y a-t-il donc? est-ce parce que cet homme est Comanche?

— Positivement.

— Vous ne les aimez pas ?

— Je déteste tous les Indiens, cependant je hais moins les Comanches.

— Eh bien, alors?

— Les Comanches sont dévoués aux Sandoval.

— Je le sais ; mais celui-ci a eu à se plaindre d'eux, et il a abandonné sa tribu pour cesser tous rapports avec eux.

— C'est le Comanche qui vous a raconté cette histoire ?

— Non pas, il ne m'a pas dit un seul mot de ses discussions avec les Sandoval.

— Qui donc vous a si bien instruit alors ?

— Vous savez que je suis prudent, n'est-ce pas?

— Oui et même parfois vous l'êtes trop.

L'Urubus sourit.

— J'ai interrogé, reprit-il.

— Des Indiens?

— Deux ou trois.

— Hum ! et puis.

— Des Trappeurs et des coureurs de bois, vous sav[ez] qu'ils passent pour honnêtes.

— Passent est bien dit, qu'avez-vous appris sur [le] compte de cet homme.

— Tous ceux que j'ai interrogés m'ont dit la mê[me] chose, c'est-à-dire que dans ce qui s'est passé tous les tor[ts] sont aux Sandoval, que l'Oiseau de nuit...

— Il se nomme l'Oiseau de nuit?

— Oui, le connaissez-vous?

— Un peu.

— Eh bien?

— Je le crois honnête, il s'est retiré chez les Corbeau[x].

— C'est cela.

— On m'a dit comme à vous qu'il est honnête, mais qu'i[l] en veut beaucoup aux Sandoval et que, si l'occasion l[ui] était offerte de se venger d'eux, il ne la laisserait pa[s] échapper.

— C'est textuellement ce qui m'a été dit; que pense[z-] vou[s] de tout cela?

— Je pense qu'on peut voir, mais sans se découvrir.

— Vous avez raison, il est toujours bon d'être pruden[t].

— Et vous l'attendez?

— Oui, il sera ici dans quelques instants.

— Vous avez eu tort de lui donner rendez-vous dan[s] le souterrain.

— Soyez tranquille, vous verrez quelles précaution[s] j'ai cru devoir prendre.

Un signal éloigné se fit entendre.

— Notre homme arrive, dit l'Urubus.

— A la grâce de Dieu! dit le Coyotte, jouons serré; ce[s] démons sont bien fins.

— Rapportez-vous en à moi pour cela, reprit l'Urubus.

Un bruit de pas qui augmentait rapidement se fit en[tendre].

Bientôt on aperçut Matatrös et Navaja qui tenaient un homme enveloppé dans un zérapé, et cela de telle sorte qu'il ne pouvait voir ni entendre.

— C'est bien, mais si loin qu'on ait été le chercher.....

— Vous en demandez trop ; il a fait ainsi enveloppé plus de trois lieues à travers des sentes impossibles.

— Oui, oui, tout cela est bien, mais qui vous prouve que cet homme n'avait pas aux environs des complices qui se sont mis sur sa piste ?

— Ah ! pardieu ! avec des raisonnements pareils, on ne finirait jamais rien.

— Cela vaudrait mieux, reprit le Coyotte en hochant la tête.

Les deux bandits avaient, en un tour de main, démaillotté le Peau-Rouge.

Celui-ci se secoua pour rétablir l'harmonie de ses vêtements, et il s'approcha des deux chefs des pirates qu'il salua avec grâce en s'inclinant et en prononçant ce seul mot :

— Sago !

Ce Comanche paraissait jeune, il était admirablement fait, sa physionomie était ouverte, douce, et un peu naïve ; il n'avait pas ses peintures de guerre, ce qui permettait relativement de voir son visage ; il portait une plume d'aigle au milieu de sa touffe de guerre, justifiant ainsi ses prétentions au titre de chef.

Les deux hommes lui rendirent son salut.

— Parlez, dit l'Urubus à son compagnon, mieux que moi, vous savez comment il faut traiter avec les Indiens.

Le Comanche regarda les deux hommes avec surprise, il n'avait pas compris ce qu'avait dit l'Urubus ; il est vrai que celui-ci avait parlé en allemand.

— Mon frère, l'Oiseau de nuit est le bien venu, dit le Coyotte, mon frère est un chef, il excusera la façon dont on l'a conduit ici.

— L'Oiseau de nuit est un chef reprit le Peau-Rou[ge] avec emphase, il sait ce que la prudence exige.

— Mon frère acceptera-t-il un cornet d'eau de feu av[ec] son ami ?

— L'Oiseau de nuit remercie son frère face pâle, le ch[ef] appartient à la grande nation des Comanches des lacs, [il] est sobre, les liqueurs des faces pâles rendent fous l[es] Peaux-Rouges ; les Comanches ne boivent que de l'eau.

Le Coyotte s'inclina.

— Mon frère, l'Oiseau de Nuit, fumera-t-il le calum[et] de paix autour du feu du conseil ?

— L'Oiseau de nuit fumera, répondit le chef.

Les trois hommes prirent alors place autour du feu.

Les quatre bandits subalternes s'étaient éloignés hor[s] de portée de la voix.

Le chef bourra son calumet de *morriche*, tabac trè[s] doux légèrement mêlé d'opium, et que les Indiens considé[-] raient comme sacré, le chef alluma son calumet et aprè[s] avoir aspiré deux fois la fumée, il passa le calumet à l'U[-] rubus qui fit de même et le passa au Coyotte.

Le calumet fit ainsi trois fois le tour du feu, sans qu'u[n] seul mot fût échangé entre les trois hommes.

Il y eut un autre silence pour allumer alors les pipes le[s] calumets ou les cigares, et, après un instant, le Coyotte, plus au courant des mœurs indiennes et plus accoutum[é] que l'Urubus à causer avec les Peaux-Rouges prit la parol[e] entre deux bouffées de fumée.

— Mon frère l'Oiseau de nuit, dit-il d'un ton concilian[t] a demandé à ses amis les visages pâles de s'entretenir av[ec] eux en fumant le calumet en conseil à propos de chose[s] très intéressantes pour eux et pour lui ; l'Urubus sachan[t] que le chef n'a pas la langue fourchue, ils se sont hâté[s] de lui accorder l'entretien qu'il avait demandé ; le[s] chefs pâles ont ouvert leurs oreilles pour entendre le[s] paroles que prononcera leur jeune ami, le chef comanche[.]

L'Indien s'inclina avec grâce devant les deux pirates et, après avoir semblé réfléchir pendant quelques instants, il prit à son tour la parole.

— Le cœur de l'Oiseau de nuit, dit-il, est jeune d'âge, mais son expérience est grande ; son cœur est rouge et n'a aucune peau qui le sépare ; ses intentions seront donc franches, et les paroles que soufflera sa poitrine et qui monteront à ses lèvres seront loyales et droites ; les Comanches sont des hommes, des guerriers vaillants et marchent toujours sans détours au but qu'ils se proposent d'atteindre ; le Wacondah, le puissant maître de la vie, les aime. L'Oiseau de nuit n'a plus de tribu, il erre à l'aventure, cherchant les *atepelts* de sa nation, et il ne peut pas les retrouver, parce que ses ennemis ont élevé un brouillard épais entre le chef et ses villages ; des hommes qui ne sont ni Peaux-Rouges ni faces pâles ont rempli les bois de mensonges et ont donné des jupons aux Comanches ; ils en ont fait des femmes sans courage et ils sont dominés par ces hommes qui leur ont bouché les oreilles pour les empêcher de réclamer leur liberté qu'ils se sont laissé enlever ; l'Oiseau de nuit gémit de cet aveuglement de tout un peuple si vaillant au temps de ses pères, qui chassent dans les prairies bienheureuses de l'*E'skenn'ahnn* ; mais l'Oiseau de nuit est seul, il est faible comme un enfant, et ne peut rien pour son peuple.

Le jeune chef fit une courte pause, comme s'il était accablé de douleur.

Les deux pirates écoutaient avec la plus grande attention, ne sachant pas encore où l'Indien voulait en venir ; d'autant plus qu'ils ne comprenaient que difficilement ce discours que le chef comanche semblait rendre obscur de parti pris.

Il reprit :

— Le chef se désespérait de cette abjection de son peuple quand le Wacondah vint à son aide en lui soufflant un

7

bon conseil à l'oreille; les guerriers faces pâles qui errent dans les prairies et les hautes savanes, ont été insultés par les maîtres puissants des Comanches; les Sandoval, ainsi qu'ils se font appeler, ont attaqué sans cause les guerriers faces pâles, ils leur ont tendu une embuscade, les ont fait tomber dans un guet-apens, et ils ont tué sans pitié tous les guerriers faces pâles et, après les avoir scalpés, ils les ont accrochés comme des chiens crevés, aux branches des arbres, et ils ont abandonné leurs cadavres pour être dévorés par les oiseaux de proie, qui s'abattent sur eux en poussant des cris joyeux en se repaissant de leur chair pantelante et bleuie. L'Oiseau de nuit est-il un imposteur, sa langue est-elle fourchue, a-t-il menti, que mes frères les visages pâles répondent, l'Oiseau de nuit a-t-il dit la vérité?

— Oui, répondirent les deux hommes d'une voix sourde.

— Est-ce que les chefs des visages pâles laisseront ainsi leurs guerriers sans vengeance? La loi du désert ne dit-elle pas œil pour œil, dent pour dent?

— Oui, reprirent les deux hommes.

— Pourquoi ne se vengent-ils pas de l'affront qu'ils ont subi; mes amis faces pâles ont-ils donc peur de leurs ennemis?

— Non, chef, nous n'avons pas peur, répondit le Coyotte avec ressentiment, mais nos amis sont peu nombreux et nos ennemis disposent de forces formidables.

— Qu'importe! s'écria le Peau-Rouge avec énergie, les Comanches ne comptent leurs ennemis que lorsqu'ils sont morts.

— Nous ne voulons pas, dit l'Urubus, nous exposer à une nouvelle défaite.

— Êtes-vous donc seuls, vos guerriers sont-ils tous morts?

— Oui, dit l'Urubus.

— Ah! fit l'Indien.

— Mais, ajouta le Coyotte, d'autres guerriers plus nombreux ont remplacé ceux qui ont été tués dans la dernière affaire.

— Alors qu'attendez-vous?

— Une occasion ; nous ne voulons pas nous exposer à une nouvelle défaite, je vous l'ai dit déjà, chef.

Il y eut un nouveau silence.

— Que mes frères pâles ouvrent les oreilles, un chef va parler, dit tout à coup l'Indien avec emphase.

Les deux pirates relevèrent la tête et fixèrent leurs yeux sur le Peau-Rouge.

Celui-ci continua :

— Ce qui fait la force des ennemis de mes frères pâles, c'est qu'ils possèdent un fort inexpugnable.

— C'est vrai, dit le Coyotte en hochant la tête.

— Vous en avez entendu parler? demanda l'Indien dont le regard lança un éclair.

— Oui, répondit le Coyotte, depuis que je parcours le désert, souvent le soir autour du feu de veille, j'ai entendu dire qu'il existait dans les prairies du Farwest, cinq cités antiques et mystérieuses dont personne ne connaît l'emplacement, sauf les Sagamores et les grands chefs des Peaux-Rouges, qui en conservent religieusement le secret ; ces cinq villes ont été bâties par les vaillants Incas lorsque les Espagnols s'emparèrent du Mexique; on ajoute que les Incas, vaincus par les blancs, se retirèrent dans ces villes en emportant avec eux des richesses innombrables, en or, argent et diamants ; souvent je me suis mis à la recherche de ces villes, dont tout le monde parle et que personne n'a vues.

— Mon frère, a sans doute découvert une de ces villes? dit l'Indien avec un accent singulier.

— Non, j'ai eu le sort de bien d'autres qui, comme moi, se sont mis à leur recherche, je n'ai rien découvert ; et de guerre lasse, j'ai renoncé à chercher davantage, convaincu qu'elles n'existent pas et que probablement elles n'ont jamais existé. Si grand que soit le désert, cinq villes populeuses n'auraient pu y exister sans qu'on les découvrît ; je suis donc convaincu que cette légende est fausse, que ces villes n'ont jamais existé, et que c'est un conte inventé par les Indiens comme ils en inventent tant d'autres.

Le jeune chef sourit.

— Mes amis faces pâles se trompent, ces villes existent, elles regorgent de richesses, l'Oiseau de nuit les a vues et les a habitées.

— Il serait vrai, s'écria le Coyotte avec convoitise.

— Pourquoi les Sandoval apparaissent-ils à l'improviste et disparaissent-ils sans qu'on sache où ils se réfugient? mes frères pâles ont-ils fait jamais attention à cela? dit l'Indien avec ironie.

— Il serait vrai, s'écrièrent les pirates.

— Tout est vrai ; les Peaux-Rouges n'ont rien inventé ; les faces pâles sont aveugles, ils ne voient rien ; que mon frère l'Urubus se souvienne.

— De quoi? demanda le pirate.

— La nuit où l'Urubus était embusqué dans la prairie avec ses guerriers, lorsque les Sandoval eurent établi leur campement sur la colline, n'ont-ils pas lancé des feux de plusieurs signaux.

— Oui, je me rappelle ce fait, dit l'Urubus.

— Bon! reprit l'Indien, mon frère pâle n'a-t-il pas entendu un coup de canon? Boum! le tonnerre des blancs?

— Comment, c'était un coup de canon? je croyais que c'était le roulement du tonnerre dans les mornes.

— C'était le canon une face pâle doit savoir cela fit l'Indien avec ironie ; puis, une heure plus tard, l'Urubus n'a-t-il pas vu une nombreuse cavalcade arriver sur la colline?

— C'est vrai, je m'en souviens, je ne me rendais pas compte de l'arrivée de cette cavalcade.

— Mon frère pâle comprend-il maintenant?

— Mais alors, s'écria le Coyotte avec un accent singulier, il y a donc une ville inconnue près d'ici.

— Peut-être, dit l'Indien, en haussant les épaules; le Coyotte peut recommencer ses recherches, il ne trouvera rien.

— Pardieu ! j'en aurai le cœur net ! dit le bandit avec une sombre décision.

— Le Coyotte a un moyen plus simple de découvrir cette ville comme il l'appelle ; du moins s'il tient à se venger de ses ennemis.

— Parlez, chef, donnez moi les moyens de me venger et vous verrez si j'hésiterai au moment d'agir.

— Bon ! l'Oiseau de nuit dispose de tous les guerriers des Corbeaux et des Kenn'as; ces guerriers, joints à ceux de mes frères pâles seront très forts, mais il leur manque des fusils, de la poudre et des balles. Le Coyotte a-t-il des armes ?

— Combien faut-il de fusils pour armer vos Peaux-Rouges ?

— Trois fois six caisses de fusils.

— Hum! c'est beaucoup ; cela fait dix-huit caisses de fusils, chaque caisse contient douze fusils, ce qui donne un total général de deux cent seize fusils ; mais ce n'est pas tout, où trouver tant de fusils?

— Oh ! très facilement.

— Comment cela, chef?

— Un trafiquant yankee est arrivé ce matin à Tubac, il partira demain pour Paso del Norte; il a beaucoup de fusils, et de couteaux à scalper.

— Soit, dit le Coyotte en échangeant un regard d'intelligence avec son compagnon, mais que me donnez-vous pour cela? Rien pour rien, vous savez ?

— Bon ! le chef s'engage à guider ses amis pâles et à les faire pénétrer dans la ville des Sandoval, mais l'Urubus et le Coyotte s'engagent de leur côté à aider l'Oiseau de nuit à s'emparer de ses ennemis.

— Vous les torturerez?

— Oui, les prisonniers sont attachés au poteau.

— C'est vrai, je tiens à ce qu'ils souffrent longtemps.

— Bon! c'est facile.

— Très bien, nous n'aurons pas de discussion à ce sujet.

— Quand l'Oiseau de nuit aura-t-il les fusils?

— Bientôt. Où campent les Corbeaux en ce moment?

— Sur le rio Gila, près de la hutte de Moctecuzoma.

— C'est bien, vous aurez bientôt de mes nouvelles.

— Sago.

Les pirates saluèrent le chef comanche; celui-ci fut enveloppé dans un serapé et deux pirates l'emportèrent.

— Vous avez oublié de stipuler la part qui nous reviendra sur les richesses...

— Je m'en suis bien gardé; j'entends m'approprier toutes ces richesses, d'autant plus qu'elles sont inutiles à ces pauvres diables de Peaux-Rouges.

— A la bonne heure; comment trouvez-vous l'Oiseau de nuit?

— Il est très intelligent, mais il a pour moi un grand défaut.

— Lequel?

— Il fait de trop longs discours.

Et ils éclatèrent de rire.

Ils étaient, en apparence du moins, en très bonne intelligence.

Il est vrai que l'intérêt les attachait l'un à l'autre, mais dans leur for intérieur, il est probable qu'ils se haïssaient cordialement.

Il était presque impossible qu'il en fût autrement.

## VIII

Où don José de Sandoval et le colonel de Villiers sont mis d'accord par le docteur Guérin, par un coup de boutoir.

Nous laisserons pendant quelque temps les bandits que nous retrouverons bientôt, et nous reviendrons à certains personnages de notre récit, beaucoup plus intéressants et surtout plus sympathiques.

Dans une chambre très vaste, meublée avec un luxe princier et dont des rideaux épais, soigneusement tirés, ne laissaient pénétrer qu'un jour presque crépusculaire, deux hommes causaient à voix contenue.

Le premier, étendu sur une chaise longue, était le colonel comte Coulon de Villiers ; il avait les traits émaciés, son visage amaigri était fort pâle ; mais son regard ferme et plein d'éclairs prouvait que l'officier était au commencement d'une convalescence qui s'était longtemps fait attendre et exigeait encore les soins les plus attentifs et les plus dévoués.

En effet le colonel avait été dangereusement malade des suites de sa blessure ; pendant plusieurs jours il avait été entre la vie et la mort ; on avait même désespéré de le sauver.

Mais il était jeune, il possédait une constitution vigoureuse ; cette constitution après une lutte terrible avait pris le dessus et la nature avait fait un miracle en sa faveur.

Il est vrai qu'elle avait été grandement aidée par un médecin comme on en rencontre peu non seulement en Amérique, mais encore en Europe.

Ce médecin se nommait le docteur Henri Guérin ; c'était un savant, un bourru bienfaisant qui grondait son malade, le maltraitait en paroles bien entendu, et le soignait comme aurait pu le faire un ami dévoué.

Le colonel n'avait pas tardé à percer à jour le caractère excentrique du médecin, et ne répondait à ses coups de boutoir que par des sourires sympathiques, ce dont le docteur Guérin enrageait en apparence, car dans son for intérieur il adorait son malade.

L'homme qui causait avec le colonel était Sidi-Muley metamorphosé en garde-malade, fonctions qu'il avait conquises de haute lutte, et dont il s'acquittait dans la perfection.

Le digne spahis avait nettement déclaré que personne autre que lui ne donnerait des soins à son colonel dont il connaissait mieux que personne les goûts, les habitudes et surtout le caractère ; d'ailleurs son colonel lui avait sauvé la vie, et il voulait lui rendre la pareille.

Il ne voulut pas en démordre et, de guerre lasse, on le laissa faire et l'on n'eut qu'à s'en féliciter ; par une espèce d'intuition qui s'expliquait par son dévouement à toute épreuve, d'un regard, d'un mot, d'un geste il comprenait ce que désirait le malade.

Une mère n'aurait pas fait mieux pour un enfant aimé ; et toujours rieur, gai, hâbleur et sachant faire éclore un sourire sur les lèvres pâles de l'officier, que les saillies du soldat avaient le privilège de dérider, même dans le plus fort des crises affreuses qu'il subissait ; et l'empêchaient ainsi de songer à certaines choses, qui, dans l'état où il avait été longtemps, l'auraient peut-être tué sans le brave soldat.

— Ainsi j'ai été très malade ? dit le colonel en souriant.

— Bigre! à moins de mourir!

— J'ai été si bas que cela?

— Plus bas encore, mon colonel; mais malgré ce qu'ils disaient tous, je savais bien que vous en reviendriez.

— Ainsi tu n'as jamais désespéré?

— Moi! jamais de la vie! Est-ce que vous êtes venu en Amérique pour y mourir? Allons donc! un vieil Africain? trop coriace pour cela! La *carline* le savait bien, aussi elle a pris son sac et, au lieu de s'obstiner, elle a fait ses adieux et est partie du pied gauche au pas gymnastique, et vous voilà sur vos pieds.

— Hum! pas tout à fait encore, dit M. de Villiers en jetant un regard triste autour de lui.

— Baste! ce n'est plus qu'une affaire de temps.

— Bien long sans doute.

— Le major Guérin, qu'on appelle docteur, je ne sais pas pourquoi par exemple, mais ça ne fait rien, dit que dans quinze jours vous pourrez monter à cheval.

— Quinze jours! murmura tristement le malade.

— Bon! j'ai parié avec le major pour huit jours.

— Ah! que t'a répondu le docteur?

— Il m'a appelé vieil âne! ce n'est pas la politesse qui l'étouffe, faut lui rendre justice.

— Depuis quand suis-je étendu sur ce lit?

— C'est aujourd'hui le soixante-neuvième jour.

— Comment soixante-neuf jours!

— Ni plus ni moins, mon colonel, même que pour ne pas me tromper, tous les matins j'efface un jour sur l'almanach; il n'y a pas de tricherie possible.

Il y eut un silence, le colonel réfléchissait.

— Sidi, dit-il après un temps, où sommes-nous ici?

— Dame, vous le voyez, mon colonel, dans une chambre à coucher et qui est bien meublée, je m'en flatte.

— Ce n'est pas cela que je te demande.

— Quoi donc alors ? expliquez-vous, je ne peux pas deviner.

— Je veux savoir où je suis et chez qui ?

— Quant à cela, j'en ignore, mon colonel.

— Comment tu l'ignores ?

— Complètement, mon colonel ; nous sommes arrivés ici de nuit, il faisait noir comme dans un four, je n'ai regardé ni à gauche ni à droite, je suis entré au hasard dans cette chambre où je vous ai mis sur un lit ; depuis, je n'ai pas quitté cette chambre, et j'avais bien d'autres choses à penser qu'à m'occuper de savoir chez qui nous sommes ; mais ce doit être chez des braves gens, c'est sûr, ajouta le soldat d'un air goguenard.

— Dis-moi donc nettement que tu ne veux me rien dire.

— C'est possible, mon colonel, mais si c'est une consigne que m'a donnée le major, je ne dois pas l'oublier. Pourquoi n'interrogez-vous pas le docteur ? il saura que vous répondre, au lieu que moi, bernique sansonnet !

— Tu as raison ; j'interrogerai le docteur.

— C'est ça, il saura que vous répondre ; avez-vous appétit ?

— Oui, j'ai faim.

— C'est une bonne maladie et facile à guérir, je vais...

— Non, attends un peu ; j'ai à te dire...

— Quoi donc ?

Le colonel hésita.

Le spahi regardait sournoisement son chef.

— Voyons, reprit enfin l'officier, aide-moi donc un peu que diable ?

— Je ne demande pas mieux, mon colonel, mais à quoi ?

— Ah ! fit-il avec impatience, tu sais bien ce que je veux dire ?

— Moi ?

— Oui, toi !

— Vrai, mon colonel, je ne comprends pas du tout.

— Parce que tu ne veux pas.

— Oh! mon colonel, si l'on peut dire, fit le soldat avec reproche.

— Tu m'as dit que tu n'as pas quitté cette chambre une seconde depuis que je l'habite.

— Pas une seconde, mon colonel, je vous le jure.

— Alors tu les a vues !

— Vu qui, mon colonel ?

— Deux anges, deux fées, deux péris, deux femmes, que sais-je moi, qui se penchaient à mon chevet, les yeux pleins de larmes, me faisaient prendre les remèdes ordonnés par le docteur et me parlaient d'une voix si douc et si harmonieuse.

— Vous avez vu cela, mon colonel ? s'écria le spahi d'un air ahuri.

— Certes, et tu le sais bien.

— Moi, en fait de femmes je n'ai vu que le docteur.

— Ah ! ça, tu te moques de moi, drôle !

— Je ne suis pas un drôle, vous le savez, mon colonel ; si j'avais vu les personnes dont vous me parlez, je vous le dirais ; qu'est-ce que cela me ferait, je vous le demande ?

Le colonel examinait le visage du soldat avec une expression singulière.

Le spahis ne broncha pas, bien que les regards étincelants du malade fussent rivés sur lui avec une fixité étrange.

Enfin l'officier ferma les yeux à demi, ses paupières battirent, deux larmes tracèrent leur sillon brûlant sur ses joues pâles et amaigries, et il laissa tomber sa tête sur les oreillers, en étouffant un soupir, et en murmurant avec découragement.

— J'ai donc rêvé ?

— Pour sûr, mon colonel, reprit le soldat d'une voix contenue.

Le malade ne parut pas avoir entendu.

— Coquin de sort! grommela Sidi Muley en se donnant sur le crâne un coup de poing à assommer un bœuf, et ne pouvoir pas...

Mais la phrase resta inachevée.

— Voulez-vous déjeuner, mon colonel? reprit le soldat après un temps.

— Je n'ai pas faim, laisse-moi tranquille, répondit l'officier de mauvaise humeur et sans ouvrir les yeux.

— C'est bien fait pour moi, dit le soldat d'un air dépité, je n'ai que ce que je mérite.

— Hein! fit l'officier en se redressant, que dis-tu?

— Je dis que je suis un imbécile, ce n'est pas nouveau, mon colonel.

— Ah! je savais bien que tu me cachais quelque chose!

— Moi? mon colonel.

— Oui, toi, tu t'es trahi sans le savoir.

— Allons bon! fit-il avec dépit, voilà que cela recommence.

— Tu ne me tromperas plus; va-t-en, je ne veux plus te voir, sors, je te chasse.

— Mon colonel!

— Tais-toi et pars.

— Ah! mais, ah! mais, fit-il en frappant du pied avec chagrin, je ne sais...

En ce moment une porte s'ouvrit, une portière fut soulevée, et don José parut l'air riant.

— Le colonel a raison, dit-il de bonne humeur, va chercher le déjeuner que j'ai fait préparer, hâte-toi, je ferai ta paix avec le colonel.

— Il m'a chassé, moi! s'écria-t-il avec une colère douloureuse, lui, le seul homme que j'aie jamais aimé de ma vie. Eh bien, ça m'a bien réussi! coquin de sort!

— Va et ne t'inquiète pas, reprit don José en le poussant doucement vers la porte, hâte-toi, ajouta-t-il, nous mourons de faim.

Le soldat sortit en grommelant entre ses dents; il avait le cœur gros le pauvre spahi!

— Mon cher colonel, dit don José en serrant la main que le malade lui tendait, vous avez tort.

— Moi?

— Oui, vous êtes soldat; Sidi Muley obéissait à la consigne que je lui avais donnée, vous ne devez pas le traiter comme vous l'avez fait; le pauvre diable est désespéré.

— Mais pourquoi cette consigne? demanda l'officier curieusement.

— Tout simplement, mon cher colonel, parce que j'avais supposé qu'il vous serait plus agréable d'apprendre par moi ce qui s'est passé depuis que vous avez été blessé, et de vous donner certains détails des faits qui se sont passés pendant votre maladie, et que le pauvre soldat ne peut pas savoir aussi bien que moi ; je me suis trompé, excusez-moi, colonel, mais, je vous en prie, pardonnez à ce pauvre Sidi Muley, que vous avez si cruellement blessé dans son affection pour vous.

Le malade sourit.

— Vous serez content de moi, et d'abord acceptez, je vous prie, mes sincères remerciements et excusez-moi, mais je ne savais où vous prendre, je vous croyais très loin, que sais-je? et puis, bien qu'en pleine convalescence, ma tête est toujours faible.

— Vous n'auriez eu qu'à me demander par Sidi Muley, et vous m'auriez vu arriver au bout de deux minutes.

— Bon, comment cela?

— Avez-vous oublié que je vous ai offert mon pied-à-terre de Paso del Norte?

— Oui, je crois me rappeler, mais cela est un peu confus dans mes souvenirs.

— Après vous avoir donné les premiers soins, je vous ai fait transporter à Paso del Norte, où je vous ai installé.

— Comment, je suis...?

— Chez moi, oui mon ami, mais je ne suis pas seul ici, votre état exigeait des soins incessants ; mon père n'a pas voulu me laisser seul avec vous ; bref, mon père, ma mère et mes sœurs se sont installés ici.

— Ah! je savais bien que...

— Vous n'aviez pas fait un rêve ; tranquillisez-vous, c'était une réalité, les dames se relayaient pour vous veiller.

— Et il aurait été impossible d'avoir des gardes-malades aussi dévouées, s'écria-t-il avec cœur.

— Elles vous ont de trop grandes obligations pour...

— Aurai-je l'honneur de les voir et de les remercier? interrompit le colonel.

— Quand il vous plaira.

S'il l'avait osé l'officier aurait dit : Tout de suite, mais il se retint.

Don José sourit en lui serrant la main.

Au même instant, une table toute servie fut apportée par deux *peones* indiens.

— Où faut-il placer la table? demanda Sidi Muley d'un air rogue.

Le soldat gardait rancune à son officier ; tout en faisant son service de maître d'hôtel, il faisait une moue atroce.

— Laisse la table où elle est, dit le colonel ; aide-moi à me lever.

Les *peones* étaient sortis sur un geste de don José.

— Voyons grognon, reprit le colonel, ne fais pas cette figure à mener le diable en terre, tu sais bien que je t'aime. J'ai eu tort, donne-moi la main et que tout soit oublié, veux-tu?

— Je le crois bien ; ah! mon colonel, si vous saviez...

— Je sais tout, bourru, don José m'a prouvé...

— Rien du tout, mon colonel, interrompit-il vivement,

du moment que vous n'êtes pas fâché contre moi, je me moque du reste.

— A la bonne heure, voilà parler; aide-moi à me lever, je meurs de faim.

— Bravo !

Cinq minutes plus tard, don José et le colonel étaient assis à table en face l'un de l'autre.

Le déjeuner était admirablement ordonné, tout était exquis. Don José avait bon appétit ; quant au colonel, il avait une faim de convalescent, c'est-à-dire qu'il dévorait.

Don José était un charmant convive, gai, spirituel et plein d'entrain, il était impossible de s'ennuyer avec lui.

Le repas fut très agréable.

Lorsque le dessert eut été placé sur la table, le colonel envoya Sidi Muley déjeuner, et les deux amis restèrent tête à tête.

La conversation, d'abord légère, frivole et pétillante de traits railleurs sur la vie parisienne changea peu à peu ; elle devint plus sérieuse et surtout plus intime.

Il fut bientôt évident pour les deux hommes qu'ils avaient chacun sur les lèvres une question qu'ils retenaient à grand'peine ; la conversation, toujours intéressante, était pour ainsi dire devenue un tournoi où chacun, dans son for intérieur, essayait, sans le laisser deviner, de contraindre son interlocuteur à rompre la glace en s'expliquant franchement ; mais il paraît que la chose était difficile à dire et surtout à formuler en question.

Ils tournaient ainsi autour de ce qu'ils voulaient dire sans avancer d'un pas, et sans doute cela aurait duré longtemps si le docteur Guérin n'était entré à l'improviste.

Les deux amis accueillirent le docteur avec une joie véritable, sa présence devait évidemment donner un autre tour à la conversation.

— Eh ! eh ! dit-il en riant, mon malade est en train de bien faire, il me semble ? parbleu ! j'en suis charmé.

— Et moi donc, docteur, dit l'officier sur le même ton; le fait est que je ne me suis jamais senti aussi bien depuis longtemps; je suis tout à fait guéri.

— Oui, grâce à Dieu, dit le médecin, mais la cure a été longue; j'espère que vous tuerez le drôle qui vous avait si piteusement arrangé.

— Rapportez-vous-en à moi pour cela, docteur; si jamais je le retrouve...

— Vous le retrouverez, dit don José en hochant la tête, et plus tôt peut-être, que vous ne le supposez.

— Tant mieux, dit le colonel en riant, je n'aime pas les dettes, surtout de ce genre.

— Ah! çà, il me semble que j'arrive pour le café? reprit le médecin.

— Voyez, docteur, voici Sidi Muley qui l'apporte.

— Très bien; une tasse, Sidi.

— Oui, major, je sais que vous l'aimez sans sucre, n'est-ce-pas?

— Pardieu, les véritables gourmets le boivent ainsi...

Le docteur Guérin était un homme de haute taille, aux traits sympathiques et intelligents, son regard pétillait de finesse et de bonté; il avait presque la quarantaine, mais sa chevelure, qu'il portait longue, n'avait pas un cheveu blanc; il avait les dents belles, les lèvres un peu grosses, la bouche grande et gourmande.

Ses manières dénotaient l'homme du monde.

Il était né à Paris, où il avait fait toutes ses études, y compris ses cours; il avait été interne à l'Hôtel-Dieu, où il était adoré.

Le docteur Guérin était non seulement un savant, mais surtout un sachant; il se serait fait une belle position à Paris s'il avait voulu, mais c'était un original; un jour, sans avertir personne et sans que l'on sût pourquoi, il vendit tout ce qu'il possédait et il partit pour l'Amérique en déclarant nettement que jamais il ne reviendrait en France

Ses amis, et ils étaient nombreux, atterrés par cette résolution subite, se creusèrent vainement la cervelle pour découvrir les causes de ce départ ; mais ils ne découvrirent rien qui justifiât un parti si extraordinaire : en somme, si le docteur avait un secret, ce secret fut bien gardé, personne ne le découvrit.

Il était au Mexique depuis huit ans au moins ; au lieu de se fixer à Mexico, il était allé tout droit s'installer en Sonora sur la frontière indienne. Le docteur y passait pour être très riche ; il l'était plus encore qu'on le supposait, malgré les nombreuses aumônes qu'il distribuait et le bien qu'il faisait sans en rien dire ; les Mexicains et les Indiens l'adoraient, il pouvait aller de jour et de nuit où bon lui plaisait sans qu'il eût rien à redouter des bandits de toute sorte, Indiens, pirates, etc., qui pullulent au désert.

Le docteur Guérin à certaines époques disparaissait subitement et pendant un mois, quelquefois deux, sans qu'il fût possible de savoir où il allait ainsi. Puis tout à coup on le voyait reparaître un peu pâle, un peu amaigri, le regard triste ; mais peu à peu ses traits reprenaient leur harmonie habituelle, et il revenait à ses habitudes.

Les Mexicains ne sont pas curieux, ils laissent chacun vivre à sa guise, sans s'inquiéter des affaires de leurs amis ou de leurs connaissances ; ce qui est une grande qualité ; le docteur vivait donc comme cela lui plaisait sans qu'on essayât de savoir pourquoi il vivait seul comme un loup avec un vieux domestique qui l'avait vu naître, et pourquoi il disparaissait pour reparaitre après un laps de temps plus ou moins long.

— Eh bien, mon cher colonel, reprit le docteur en dégustant son café à petits coups, quand monterez-vous à cheval ?

— Dès que vous me le permettrez, docteur, répondit le colonel, car je vous avoue que je suis pressé, et j'ai fort à faire.

— Oui, oui, il faut attendre encore au moins quatre jours.

— Tant que cela ?

— Je vous trouve charmant sur ma parole, dit le médecin en riant, je vous ai sauvé sans savoir comment, car cette cure ne m'appartient pas ; si Dieu n'avait fait un miracle en votre faveur vous seriez mort, mon cher colonel, tenez-vous le pour dit.

— Oui, mais je sais les soins dévoués que vous avez eus pour moi.

— Pardieu ! la belle affaire, tout le monde ici a rivalisé, hommes et femmes ; et même de charmantes jeunes filles se sont improvisées vos gardes-malades, plaignez-vous donc !

— Bien loin de là, dit-il avec chaleur, je sais que j'ai contracté de grandes obligations envers les excellents amis qui m'entourent, et vous tout le premier, docteur.

— Bon ! je vous répondrai comme le fit Ambroise Paré à propos du grand duc de Guise : « Je le pansai, Dieu le guérit. » C'est précisément ce qui est arrivé à propos de vous ; mais je ne veux pas vous taquiner plus longtemps, je sais combien il est important que vous soyez sur pied.

— Comment ! que voulez-vous dire, docteur ? je ne vous comprends pas.

Le docteur sourit avec finesse en échangeant un regard d'intelligence avec don José.

— Vous me comprenez fort bien, mon cher colonel, mais puisque vous m'y obligez je vous mettrai les points sur les i ; la fièvre est une bavarde implacable : le secret le mieux gardé elle le laisse échapper.

— Ah ! fit le colonel en pâlissant.

— Colonel, pourquoi vous chagriner ainsi ? José et moi seuls nous avons, non pas votre secret, mais une partie seulement.

— Ah !

— Oui, un médecin et un ami comme don José sont les confesseurs.

— C'est vrai, docteur, dit-il en tendant les deux mains que les deux hommes serrèrent avec effusion ; je craignais que d'autres eussent entendu ?

— Non, rassurez-vous ; dans vos moments de crise ou don José ou moi restions seuls à votre chevet ; Sidi Muley, si dévoué qu'il vous soit, ne sait rien ; nous avons toujours eu le soin de l'éloigner.

— Vous savez quelle consigne sévère je lui avais donnée.

— Oui, mais je suis étonné qu'il vous ait obéi si ponctuellement, il n'est pas facile à mater, ce n'est pas pour rien qu'on le nomme Muley.

Les trois hommes se mirent à rire.

— Je vais faire cesser votre étonnement, c'est simple comme deux et deux font quatre : avant que vous ayez retrouvé votre homme, il avait été sous mes ordres pendant près de trois ans ; il m'est aussi dévoué qu'il peut vous l'être à vous-même ; une mauvaise honte l'a empêché de s'adresser à moi, quand il fut dans la triste situation dont vous l'avez retiré, mon cher colonel ; vous comprenez maintenant ce qui a dû se passer entre nous quand je l'ai retrouvé à votre suite.

— En effet, maintenant tout s'explique.

— Laissons maintenant le brave Sidi Muley, et revenons à nos moutons, dit nettement le docteur qui, en toutes choses, allait toujours droit au but.

— Que voulez-vous dire ? docteur.

— Laissez-moi passer la parole à don José Perez de Sandoval.

— Comment ?

— Laissez-le parler, mon cher colonel, pour bien se comprendre il faut attaquer franchement les questions ; vous devez savoir cela mieux que personne vous, un vieux soldat, fit-il en riant.

— Soit ! dit le colonel sur le même ton ; il paraît que je suis sur la sellette.

— Oui, jusqu'à un certain point, mais je me hâte de vous dire que vous descendrez de cette sellette quand cela vous conviendra ; ce n'est pas une curiosité malsaine qui nous engage à vous parler comme nous le faisons, mais, seul, le désir de vous être utile, si cela nous est possible.

— Je le sais, messieurs ; aussi ne supposez pas que je me blesse de cette demande ; peut-être en somme vaut-il mieux que, possédant une partie de mon secret, vous le connaissiez tout entier ; d'autant plus qu'il est d'une loyauté indiscutable.

— Ceci ne fait pas de doute, dit le docteur.

— Il est possible que, sans que vous vous en doutiez, on fasse de vous une patte de chat pour retirer les marrons du feu pour les Yankees, ajouta don José en riant.

— Hein ! que voulez-vous dire ?

— Un peu de patience mon ami, dit affectueusement le jeune homme, je connais beaucoup mieux les Anglo-Saxons que vous pouvez les connaître.

— C'est probable, mon cher José, car je vous avoue que je ne les connais pas du tout.

— Je le savais.

— C'est un grand peuple : dit le docteur.

— Oui, dit don José avec amertume, il est surtout pratique comme on dit, mais, à mon avis, il pousse si loin cette qualité qu'il en a fait un défaut.

— Il en est toujours ainsi, reprit le docteur, les hommes ne savent jamais s'arrêter dans les limites logiques.

— Mais laissons cela, d'autant plus que nous y reviendrons ; félicitons-nous, quant à présent, de l'arrivée si à point du docteur, pour nous sortir de l'embarras inextricable dans lequel nous nous trouvons.

— Ah ! bah ! comment cela ? dit le docteur en se frottant les mains.

L'officier sourit.

— Figurez-vous, dit don José, que, au moment où vous êtes arrivé, le colonel et moi nous jouions aux propos interrompus : chacun de nous avait sur les lèvres une question qu'il n'osait pas laisser tomber de ses lèvres ; le colonel craignait les indiscrétions de la fièvre, et moi je désirais le rassurer, car je le voyais inquiet et cela me chagrinait fort.

— Ah ! fit en riant le docteur, je vois l'effet d'ici, vous deviez être à peindre.

— Nous étions surtout fort embarrassés, dit le colonel en riant.

— Et cela aurait probablement duré longtemps ainsi, dit don José de bonne humeur, et sans aboutir à rien, si heureusement vous n'étiez entré et, comme un sanglier, vous n'aviez d'un de ces coups de boutoir que vous réussissez si bien, fait en une seconde cesser notre embarras.

— Aussi nous vous remercions, car nous ne savions plus que faire, dit le colonel.

— Bon ! vous voyez que parfois la brusquerie est bonne à quelque chose ; donc, tout est bien entendu maintenant ; allumons des cigares et en avant !

— Je ne demande pas mieux, mais auparavant je désire adresser une demande à mon ami José.

— C'est accordé d'avance, de quoi s'agit-il ? répondit le jeune homme.

— Le señor don Agostin Perez de Sandoval, votre père, mon ami, est ici, m'avez-vous dit ?

— Oui, mon cher colonel, mon père est ici, mais très heureux et tout à son amour paternel.

— Que voulez-vous dire ?

— Que mon frère don Estevan de Sandoval, l'aîné de notre famille, est arrivé il y a deux heures à peine à Paso del Norte.

— Ah ! fit le docteur, don Estevan est arrivé de France ?

— Oui; pour des raisons particulières, il a demandé être relevé de ses fonctions de chargé d'affaires; le gouvernement lui a accordé sa demande.

— Tant mieux pour lui, il sera plus heureux au milieu de sa famille.

— C'est son avis; mais ce qui est curieux, c'est que lorsque nous avons annoncé votre présence ici, mon frère m'a dit : Cela tombe admirablement : à la chancellerie française à Mexico, sachant que je venais en Sonora, on m'a prié de remettre au colonel, comte Coulon de Villiers, un paquet de dépêches qui a été apporté par le transatlantique sur lequel j'avais pris passage ; mon frère s'est chargé des dépêches qu'il désire vous remettre.

— Eh mais, dit le docteur, cela sera facile.

— D'autant plus facile, dit l'officier, que voici ce que j'attends de vous, cher José.

— Parlez, mon ami.

— Je tiens à ce que votre père assiste au récit que je vais vous faire.

— Mon père ! dit don José avec une surprise joyeuse, ce sera un grand honneur pour lui, mon cher colonel.

— Il y a un peu d'égoïsme dans mon fait, reprit l'officier avec un fin sourire, don Agostin est un homme d'expérience, il connaît admirablement ce pays, ses conseils par conséquent me seront très profitables.

— Merci, mon ami, dit le jeune homme en se levant.

— Pardon, un mot encore.

— Parlez.

— Votre frère, que je n'ai pas l'honneur de connaître doit cependant être mon ami.

— Oui, mon ami, il sait ce que nous vous devons.

— Encore ! fit-il en riant.

— Toujours, reprit don José sur le même ton.

— Priez donc votre frère d'accompagner votre père, je serai très honoré de le voir près de vous.

— L'honneur sera pour nous, dit le jeune homme ; je ne vous demande que cinq minutes.

— Allez, mon ami.

Don José sortit.

— Don Estevan est un homme d'élite, d'une intelligence hors ligne et homme de cœur, ce qui ne gâte jamais rien, dit le docteur.

— J'en ai entendu parler en fort bons termes à Paris.

— Tant mieux ; vous verrez qu'il vous plaira.

— Il me plaît déjà, mon cher docteur.

Et il alluma un cigare.

## IX

*Où le général Coulon de Villiers raconte son histoire.*

La porte s'ouvrit : Sidi Muley souleva la portière et annonça de sa plus belle voix :

— Messieurs Perez de Sandoval.

Puis il laissa retomber la portière, et il disparut.

Don Estevan de Sandoval était plus âgé de cinq ou six ans que son frère don José, mais il était impossible en les voyant près l'un de l'autre de ne pas les reconnaître au premier coup d'œil, tant leur ressemblance était complète ; sauf la différence de l'âge, on les aurait pris pour des jumeaux tant cette ressemblance était extraordinaire.

Le colonel se leva pour recevoir ses hôtes, mais don Agostin et don Estevan ne voulurent pas le souffrir, et ils obligèrent le convalescent à reprendre place dans son fauteuil ou, pour mieux dire, dans sa chaise longue.

Les premiers compliments furent échangés de la façon la plus cordiale ; ils furent presque une effusion du cœur entre don Estevan et le colonel ; ils s'étaient plu au premier regard et avant de prononcer un mot, ils se sentaient amis sincères.

Une connaissance faite dans ces conditions devait tout de suite devenir intime ; ce fut ce qui arriva.

Don Agostin et don José se sentaient heureux de cette

entente qui, du premier coup, s'était établie entre les deux hommes.

On prit place, et la conversation s'engagea sur le pied de l'intimité ; la glace s'était rompue, sans qu'on s'en aperçût.

— Mon cher colonel, dit don Estevan, je suis véritablement heureux de vous remettre ces dépêches, qui sans doute vous seront agréables.

— En connaissez-vous donc le contenu? demanda le colonel en souriant et prenant les dépêches que lui tendait don Estevan.

— Je le crois, répondit-il.

— C'est-à-dire que vous en êtes sûr, n'est-ce pas? reprit l'officier en souriant.

— Ma foi, oui, dit don Estevan avec humour; vous n'êtes pas curieux de les lire?

— A quoi bon, puisque vous les connaissez, vous m'en direz le contenu, et elles me paraîtront plus agréables en passant par votre bouche.

— Faites mieux, général, reprit don Estevan, parcourez ce journal officiel et vous saurez à quoi vous en tenir en un instant.

— Croyez-vous?

— Certes.

— Bien; mais vous m'avez appelé général, est-ce par courtoisie?

— Non pas, lisez l'*Officiel :* tenez là, ajouta-t-il en indiquant l'endroit du doigt.

L'officier y jeta un regard.

— Eh quoi! s'écria-t-il avec émotion, je suis nommé général de brigade! Merci à vous, cher don Estevan, qui m'avez fait cette charmante surprise.

— Mais ce n'est pas tout.

— Comment, que voulez-vous dire?

— Regardez là, tenez.

— Eh quoi ! grand officier de la Légion d'honneur.

— A la bonne heure ; j'ajouterai, si cela peut vous être agréable, que les promotions dont vous avez été l'objet ont été acceptées avec joie : on était d'accord pour dire que l'on n'avait fait que vous rendre justice.

— Vous êtes un charmant esprit, cher don Estevan, vous doublez pour moi le plaisir que m'ont causé ces nouvelles par la façon gracieuse dont vous me les avez annoncées.

La conversation continua pendant assez longtemps sur ce ton amical, et peut-être aurait duré plusieurs heures ainsi ; mais le docteur Guérin veillait : lorsqu'il jugea qu'il était temps de faire faire un crochet à la conversation, il donna un coup de boutoir ainsi qu'il en avait l'habitude.

— Tout cela est très bien, dit-il, mais nous oublions, il me semble, le but de notre réunion, il est temps que nous y revenions.

— C'est ma foi vrai, dit don José, je n'y songeais plus.

— Ni moi non plus, dit don Agostin.

— Je suis dans le même cas, dit don Estevan ; c'est si bon de causer ainsi, sans avoir besoin de chercher ses mots ni de polir ses phrases.

— Et de laisser la folle du logis s'ébattre sans gêne, dit don José en riant.

— C'est possible, reprit le docteur, mais vous oubliez, mon cher don José, que nous perdons un temps précieux.

— C'est juste, et nos ennemis ne s'endorment pas eux.

— Vous avez cent fois raison, mon ami, dit don Agostin, hâtons-nous donc, peut-être demain serons-nous obligés...

— Oh ! non, mon père, dit don José, nous n'en sommes pas là encore, vous savez que mes précautions sont prises.

— C'est vrai, mais avec de tels misérables, il faut s'attendre à tout.

— Raison de plus pour nous entendre au plus vite, dit le docteur.

— Je vous avoue, messieurs, fit le général, que je ne comprends rien à ce que vous vous dites; mais je suppose que vous avez l'intention de me rendre un grand service, ce dont je vous remercie sincèrement à l'avance.

— Tout vous sera expliqué en temps et lieu, général, vous reconnaîtrez alors que la curiosité n'entrait pour rien dans notre désir d'obtenir de vous une confidence franche des actes les plus importants de votre vie intime. Quant à votre vie de soldat, elle est trop bien connue pour que nous ayons à nous en préoccuper, si ce n'est pour admirer sincèrement vos beaux états de service, dit don Agostin d'un accent tout cordial, qu'un sourire sympathique accompagnait.

— Je suis convaincu, señor don Agostin, reprit l'officier, que vos intentions sont bonnes, je vous raconterai de ma vie seulement ce que le monde ignore, c'est bien cela, n'est-ce pas, señores?

— Pardieu! s'écria le docteur.

Les trois Sandoval firent un geste d'assentiment et, sans plus attendre, le général prit la parole, avec une facilité d'élocution qui prouvait péremptoirement que tout ce qu'il dirait serait vrai, car il parlait, comme on dit vulgairement, d'abondance et sans chercher ses mots.

— Caballeros, dit-il en espagnol, langue qu'il parlait fort bien, Caballeros, mon récit ne sera qu'une rapide biographie. Et d'abord laissez-moi vous dire qui je suis : ma famille date de la bataille de Bouvines, gagnée par le roi Philippe-Auguste contre Othon IV, empereur d'Allemagne, en 1214; la bataille fut acharnée, les communes flamandes firent des prodiges de valeur; elles réussirent à isoler le roi de France de ses capitaines et, avec de longs crochets, ces braves gens parvinrent à le jeter à bas de son cheval; ils cherchaient quelque défaut dans l'armure du monarque pour lui donner la mort, lorsqu'un homme, armé d'un énorme fléau, se fit jour au milieu des ennemis et besogna si bien qu'il réussit, quoique perdant son sang par plusieurs blessures, à remettre le roi en selle, et, après lui avoir rendu son épée qu'il avait laissé tomber, il s'éloignait au plus vite lorsque le roi lui ordonna de s'arrêter.

Les capitaines et toute la noblesse étaient désespérés; ils croyaient leur maître tué ou prisonnier.

Aussi la joie fut grande quand on aperçut le roi, monté sur son cheval de guerre et tenant son épée à la main.

— Qui es-tu, et comment te nommes-tu? demanda Philippe-Auguste à son sauveur.

— Monseigneur le roi, répondit respectueusement le soldat, je suis serf et vassal du comte Évêque de Rhodez, je me nomme Coulon.

— Agenouille-toi, fit le roi.

Le serf obéit.

— Je te fais chevalier, reprit le roi en le touchant de son épée, tu es libre dans la montagne et dans la vallée ; tu jouiras de tous les droits appartenant à la noblesse, je te donne pour toi et pour tes descendants le château de Villiers, avec toutes les terres et droits qui y sont attachés; désormais tu te nommeras Coulon, comte de Villiers, et je te nomme, dans ma garde, capitaine d'une compagnie de cent hommes d'armes dont je ferai les frais. Je ne veux pas que tu t'éloignes de moi, et je ne m'en tiendrai pas là.

Et le roi Philippe-Auguste tint si bien sa parole que le pauvre serf devint un des premiers gentilshommes du royaume.

« Voilà comment ma famille fut anoblie, et voilà pourquoi, étant d'épée, nous avons toujours servi la France dans ses armées; avec le temps notre famille se sépara en deux branches : les Coulon de Villiers et les de Jumonville.

8.

Le premier Jumonville était le frère du Coulon de Villiers ; les deux frères étaient, en 1758, au Canada, capitaines tous deux dans le régiment de royal-marine ; le vicomte de Jumonville fut assassiné en guet-apens par les Anglais, son frère le vengea ; il prit soin du fils de son frère et l'éleva à ses frais, ne faisant pas de différence entre ses enfants et le fils de son frère.

Malheureusement ce jeune homme, oubliant tout ce qu'il devait à son oncle, devint son pire ennemi.

Cette rupture arriva à la suite d'une discussion à propos d'une concession de terres achetée par le comte de Villiers à des Indiens comanches par l'entremise d'un coureur de bois canadien, dévoué à notre famille ; bien que le comte poussât la condescendance jusqu'à montrer ses titres de propriété parfaitement en règle, son neveu ne voulut rien entendre, et les choses en vinrent à un tel point que le comte fut contraint de chasser son neveu, qu'il ne revit jamais.

A la suite de cet événement, les deux branches de notre famille furent complètement séparées et devinrent étrangères l'une à l'autre ; la branche cadette poussa la haine jusqu'à quitter le nom si glorieusement honorable de Jumonville, pour prendre celui de Mauvers qui, du reste, lui appartient au même titre que le nom qu'ils rejetaient.

La Révolution française ruina totalement notre famille, aussi bien la branche aînée que la cadette.

La situation était terrible, il fallait trouver un remède même héroïque : mon grand-père et mon grand-oncle se firent soldats ; mon père devint colonel, mon grand-oncle ne dépassa pas le grade de capitaine et fut tué en 1830, à la prise d'une barricade ; il était dans la garde royale, mon père commandait le 16e régiment de ligne.

Je me trouvai à Saint-Cyr avec Gaspard de Mauvers, mon cousin. Nous étions jeunes tous deux, nos haines de familles semblaient être sinon oubliées, du moins bien amorties ; mon cousin et moi nous étions pauvres, et nous vivions en assez bonne intelligence ; j'agissais franchement avec mon parent, je croyais qu'il en était de même de son côté ; je me trompais, j'en eus bientôt la preuve : Gaspard de Mauvers me haïssait ; tous ses semblants d'amitié cachaient les plus odieuses machinations.

Je sortis de Saint-Cyr avec le numéro deux, mon cousin ne sortit que dans les derniers numéros : sa haine en augmenta. Il y avait une espèce de fatalité sur ce jeune homme ; rien ne lui réussissait, tout tournait contre lui ; dans son for intérieur, il m'accusait de cette male chance.

Entrés ensemble dans le 4° régiment de dragons, j'étais arrivé au grade de chef d'escadron, tandis que mon cousin était resté lieutenant. Cependant il était instruit, bon soldat, attaché à ses devoirs, cité pour son exactitude et reconnu pour un excellent officier ; je souffrais de le voir ainsi. Nous étions toujours bien en apparence ; mais, malgré moi, la différence des grades nous séparait plus que je ne l'aurais cru ; je voulus changer cette position désagréable pour nous, je demandai à passer en Afrique, à permuter en un mot ; le ministre de la guerre, à qui j'avais fait part de mon désir, m'envoya au 2° régiment de spahis ; deux mois après mon arrivée en Afrique, à la suite de je ne sais quelle razzia dont j'avais été chargé de punir les coupables, je reçus ma nomination de lieutenant-colonel.

A ma grande surprise, ce fut mon cousin qui m'apporta cette nomination : il avait été nommé capitaine ; le gouverneur de l'Algérie l'avait attaché à sa personne en qualité d'aide de camp.

Mon cousin ne savait pas ce que contenait le paquet qu'il me remettait : en l'apprenant il devint vert et me lança un regard qui me fit tressaillir tant il était chargé de haine.

Lors de l'expédition du Mexique, je fis partie du premier détachement qui s'embarqua pour la Vera-Crux.

Sept ou huit mois s'écoulèrent.

Un jour, à Mozelia, où je commandais la ville, je vis à ma grande surprise arriver mon cousin plus sombre et plus jaune que jamais : il me fit de grands compliments, outra les témoignages d'amitié ; il était toujours capitaine.

Lorsque l'ordre fut donné de la concentration de l'armée sur Mexico, mon cousin disparut subitement ; et je fus contraint de faire un rapport au maréchal ; Gaspard de Mauvers avait déserté avec armes et bagages.

En arrivant à la Vera-Crux, dix minutes avant de m'embarquer pour la France, Sans-traces que vous connaissez, Jean Berger ce Canadien dévoué à ma famille, me remit une lettre.

— De qui est cette lettre ? lui demandai-je.

— De M. de Mauvers, me dit-il.

C'était vrai.

— Je lus cette lettre ; elle était courte, il m'avouait sa haine pour moi et m'avertissait que la concession *volée*, le mot était en toutes lettres, que cette concession était enfin rentrée en son pouvoir et que ses précautions étaient prises pour que je ne pusse point la ravoir.

Je fus atterré, je ne comprenais rien à cette lettre ; comment mon cousin s'était-il emparé de cette concession que j'avais confiée à ma mère ; mais le temps pressait, il fallait agir, je donnai mes instructions détaillées à Sans-traces, je lui signai un pouvoir bien en règle pour me remplacer en tout et pour tout ; je l'avertis que je lui écrirais de France ; que probablement je ne tarderais pas à revenir au Mexique et, que ma première visite serait pour lui. Il me remit son adresse aux Trois Rivières et je m'embarquai.

Je dois déclarer que tout ce qu'il fallait faire, Sans-traces le fit avec une adresse, une finesse et une connaissance des affaires litigieuses que je ne lui soupçonnais pas et qui m'étonna fort.

— Pourquoi donc? interrompit le docteur Guérin d'une voix railleuse; Sans-traces est d'origine normande; bon chien chasse de race.

On rit de cette boutade, et le général continua son récit, que les messieurs de Sandoval écoutaient avec une très sérieuse attention.

— J'étais assez inquiet de la suite à donner à cette affaire ; mais, peu à peu, je me fis une raison, et je pris assez facilement mon parti de ce vol honteux. La traversée m'avait rendu tout mon sang-froid, débarquant en France, c'est à peine si je pensais encore à cette désagréable affaire; mais, en arrivant à Paris, j'appris une nouvelle qui m'atterra: ma mère avait laissé sa petite fortune deux cent cinquante mille francs au plus entre les mains de son notaire, malgré le conseil que je lui avais donné à plusieurs reprises d'acheter de la rente placement sûr et qui ne l'exposait à aucunes pertes à moins que l'État fît faillite, ce qui n'était pas admissible; or il était arrivé que le notaire chez lequel elle avait placé sa fortune avait disparu subitement en emportant tout l'argent de ses clients; du jour au lendemain ma mère se trouva complètement ruinée, ainsi que ma sœur, dont la dot de quatre-vingt mille francs avait été engloutie dans le naufrage.

La situation de ma mère et de ma sœur était très précaire, mes appointements de colonel étaient insuffisants pour faire vivre même modestement ces deux êtres sur lesquels j'avais concentré toutes mes affections; ma mère se désolait, elle s'en voulait de ne pas avoir suivi mes conseils; mais il était trop tard, le mal était fait et presque irréparable.

Ce fut alors que je regrettai avec des larmes de rage, le vol dont mon misérable cousin m'avait rendu victime;

je me désolais sans oser parler à ma mère de la disparition de la concession, qui m'aurait peut-être tiré d'affaires. La pauvre femme était trop douloureusement frappée par la perte de sa fortune sans que je songeasse à lui adresser des reproches inutiles.

Mais, à ma grande surprise, ce fut ma mère qui me parla la première de cette concession en m'engageant à essayer d'en tirer parti ; je la regardai avec une stupéfaction qui l'inquiéta.

— Qu'as-tu donc? me demanda-t-elle ; tu m'as dit plus de cent fois que cette concession achetée par notre arrière-grand-père, devait représenter aujourd'hui une somme énorme, plusieurs millions.

— Certes, répondis-je en étouffant un soupir.

— Qui t'empêche de t'en servir? Figure-toi, ajouta-t-elle, que Laure, quelques jours avant la fuite du notaire, insista pour que je retirasse cette concession, que je n'avais pas voulu conserver chez moi et que, pour la mettre en sûreté, j'avais confiée à cet odieux maître X... C'est donc par miracle qu'elle n'a pas été perdue, miracle que tu dois à ta sœur seule.

Ma mère pouvait parler aussi longtemps que cela lui plairait, je ne l'écoutais plus, je songeais à ce que je devais faire.

— Ah! çà demanda ma mère en me secouant le bras, est-ce que tu dors?

— Non, répondis-je en tressaillant, je ne serais pas fâché de voir cette fameuse concession.

— La voici, mon frère, me dit Laure en me la remettant.

C'était bien elle, je la reconnus au premier coup d'œil.

Deux jours plus tard après avoir obtenu un congé d'un an, je m'embarquai au Havre pour les États-Unis.

Je m'étais muni de lettres de recommandations pour

les personnes les plus influentes et les plus hauts placées aux États-Unis et au Mexique.

Dans ces deux républiques je reçus l'accueil le plus cordial et le plus sympathique.

Mon indigne parent, ainsi que je l'appris, avait essayé de se servir de la concession qu'il avait fabriquée.

Il avait formé une société de gens tarés et d'hommes d'affaires véreux, à la tête de laquelle il avait mis un drôle de la pire espèce qui se faisait appeler le comte de Sternitz, un Prussien, me dit-on, qui, lors de l'expédition française au Mexique, avait servi d'espion aux Mexicains et aux Français, avait trompé et trahi les deux partis et avait été par eux mis hors la loi et condamné à mort; voilà quel était l'homme que mon odieux cousin avait pris pour gérant ; des actions avaient même été mises à la Bourse et habilement lancées ; elles avaient été cotées avantageusement; mais cette ignoble machination fut dévoilée en pleine Bourse ; la société sombra; mon cousin et le soi-disant comte de Sternitz furent décrétés de prise de corps ; mais ils réussirent à s'échapper et à se réfugier dans les prairies du Far-West, refuge ordinaire de tous les déraillés de la civilisation ; depuis on n'a plus entendu parler de ces misérables.

Il paraît que la concession achetée par mon arrière-grand-père a été depuis longtemps défrichée et que trois villes importantes ont été bâties dessus.

Le gouvernement de Washington s'est admirablement conduit avec moi, il a reconnu la validité de ma créance à propos de ma concession de territoire; il m'offrit une somme de deux millions et une autre concession aussi étendue que celle que je réclamais, sur les territoires aurifères de l'ancienne province mexicaine de l'Arizona, les *placers* de ces contrées sont, paraît-il, d'une incalculable richesse.

A la seule condition de former une compagnie sérieuse

dont je serais le chef; je serais astreint à exploiter immé[...]
diatement ma concession, à défricher la terre, à fair[e]
des villages où habiteraient mes ouvriers et mes colons,
à construire des forteresses et à chasser par tous l[es]
moyens, les Indiens bravos et les pirates qui infesten[t]
toute cette contrée.

Le gouvernement de Washington s'engagerait en sus [à]
me fournir à prix débattus, au-dessous du prix courant,
les armes, munitions, vêtements et vivres, pour arme[r],
vêtir et nourrir une troupe de huit cents hommes a[u]
moins, aguerris et bien montés; les enrôlements seraie[nt]
faits à mon nom, mais seraient payés par les États-Uni[s]
et seraient en réalité au service de la grande républiqu[e]
du Nord.

Ces conditions me semblaient excessivement avanta[geuses];
geuses; cependant, sur certaines observations de mon am[i]
Sans-traces, je ne m'engageai que conditionnelleme[nt]
avec le gouvernement de Washington, c'est-à-dire que j[e]
demandai un délai de six mois avant de signer le contr[at]
que l'on me proposait, afin de visiter en détail l'Arizona [et]
de me faire une opinion juste de ce pays que je ne co[n]
naissais pas, et dont j'ignorais complètement les ressource[s],
en un mot d'étudier le terrain et de savoir si la colonis[a]
tion était possible dans cette contrée; car ce que m[e]
demandait le gouvernement de Washington n'était aut[re]
chose que faire affluer les colons dans ce pays, de l[es]
y établir solidement et de ravir ainsi cette admira[ble]
province à la barbarie.

La chose ne pouvait pas être traitée à la légère, el[le]
demandait, au contraire, de sérieuses réflexions pour êt[re]
menée à bien; l'Arizona est immense et presque enco[re]
ignorée! Entre nous soit dit, messieurs, malgré l'imme[nse]
avantage que doit me rapporter dans quelques années cet[te]
affaire, j'hésite à l'entreprendre, car j'entrevois déjà d[es]
difficultés presque insurmontables.

Et puis, officier dans l'armée française, toute ma famille et mes intérêts de cœur sont en France, et pour rien au monde je ne consentirais à me fixer en Amérique, m'offrît-on des tonnes d'or.

Il est probable que je me contenterai des deux milions que m'offrent les États-Unis, ce qui est un fort beau denier, sans m'engager dans des complications qui peut-être deviendraient inextricables, et dont je ne réussirais pas à sortir à mon honneur, en supposant même que j'en sortisse jamais,

Voilà, caballeros, le récit que vous m'aviez demandé ; je l'ai fait aussi court que cela m'a été possible, tout ce que je vous ai dit est vrai ; j'ai tenu à vous bien faire connaître ma position telle qu'elle est, et mes désirs les plus secrets, sans fausse honte et en loyal soldat que je me flatte d'être.

Le général se fit un verre d'eau sucrée et alluma paisiblement un excellent cigare de la Havane.

— Monsieur le général, répondit don Agostin, mes fils et moi, nous sommes heureux de vous avoir entendu, ainsi que vous-même l'avez dit, en loyal et honnête soldat, vous nous avez donné une preuve précieuse de condescendance qui nous honore et dont nous vous serons éternellement reconnaissants ; cette affaire que le gouvernement de Washington vous propose en vous faisant, en apparence, de si grands avantages, nous touche, sans que vous vous en doutiez, beaucoup plus qu'elle ne vous intéresse vous-même.

— Vous ? caballeros, s'écria le général avec surprise.

— Mon Dieu ! oui, reprit don Agostin avec une bonhomie charmante, ainsi vont les choses de ce monde ; je ne ferai pas de diplomatie avec vous, monsieur le général, je vous dirai franchement que votre acceptation des conditions que l'on vous propose ne tend à rien moins qu'à nous ruiner et, par conséquent, à vous rendre, bien contre notre volonté, notre ennemi le plus acharné.

— Que voulez-vous dire ? caballero. Je vous avoue que

9

je ne comprends rien à cette supposition, qui, je l'espère, ne saurait être sérieuse.

— Malheureusement, ce que je vous dis est strictement vrai, général.

— Veuillez vous expliquer au plus vite, je vous en prie; et, tout d'abord, laissez-moi vous dire que je renoncerai plutôt dix fois à cette affaire que de briser, pour de mesquins intérêts d'argent, une amitié que j'ai su apprécier et qui, bien que nouvelle, m'est plus chère que vous ne pouvez supposer.

— Et nous, s'écria don José avec effusion, croyez-vous donc, général, que, après tout ce que nous vous devons, il nous sera jamais possible de vous traiter en ennemi?

— Messieurs, dit le docteur Guérin en intervenant avec un bon sourire, calmez-vous, je vous prie; tout s'arrangera, j'en suis convaincu, à la satisfaction générale, il ne s'agit que de trouver un moyen de tourner la situation; d'ailleurs, vous le savez, le monde est agencé de telle sorte qu'il y a remède à toutes choses, il n'y a qu'à le trouver; tant que l'âme tient au corps on doit espérer. Sauf la mort, je le répète, il y a remède à tout, je dois le savoir, moi qui suis médecin, ajouta-t-il en riant, ce qui ne veut pas dire que je sauve tous mes malades.

— Merci, docteur, dit don Estevan avec bonne humeur, il n'y a que vous pour trancher carrément les questions; je partage entièrement votre avis; cette affaire, si sérieuse en apparence, se dénouera toute seule, j'en suis convaincu, sans que ni le général ni nous recevions la plus légère éclaboussure; tandis que ceux qui ont voulu jouer au fin avec nous en seront pour leurs frais de diplomatie, seront battus et ne récolteront que la honte de leurs agissements plus que suspects.

— Vous savez, messieurs, dit le général, que vous parlez par énigmes, et que plus nous causons et moins je comprends.

— C'est juste! s'écria don José, ne vaut-il pas mieux s'expliquer tout de suite : nous n'avons à dire que des choses honorables pour nous, en somme.

— Qu'en pensez-vous, mon père ? dit don Estevan en se tournant vers le vieillard.

Don Agostin réfléchissait.

— Je le voudrais, dit-il en hochant la tête, mais ce n'est pas ici que cette explication, fort courte, peut être donnée au général.

— Pourquoi donc ? demanda don José.

— Parce que, il faut que les choses soient éclaircies de façon à ne laisser aucun doute, si léger qu'il soit, dans l'esprit loyal du général ; pour cela, il faut lui montrer des preuves indiscutables; qu'il touche, comme l'on dit, les choses du doigt, nous le devons à notre honneur et à celui du général; or ces preuves je ne les ai pas ici, il est donc inutile de prolonger davantage une discussion qui n'aboutirait à rien de sérieux.

— Vous avez raison, señor don Agostin, vous avez parlé en honnête homme, ce dont je vous remercie ; j'attendrai donc le jour que vous jugerez convenable.

— Il faut couler cette question à fond, le plus tôt possible, dit nettement le docteur Guérin.

— Le général peut-il monter à cheval ? demanda don Agostin.

— Oui, mais non sans grandes fatigues, répondit le médecin, où voulez-vous aller ?

— Chez moi dans l'Arizona.

— Hum ! c'est bien loin, dit le docteur en hochant la tête.

— Vous voyez, fit le vieillard.

— Attendez, reprit vivement le docteur, j'ai trouvé le moyen.

— Voyons, je l'accepte d'avance, dit le général.

— Aujourd'hui, vous expédierez un *mozo* là-bas, vous ferez atteler la litière...

— Je comprends, dit vivement don José, la litière nous attendra à un endroit que je désignerai, le général fera ainsi le trajet sans fatigue.

— Eh! je vous accompagnerai, je ne veux pas abandonner ainsi mon malade, ajouta le docteur en riant.

— Bravo! dit don Estevan.

— Est-ce convenu, général? demanda don José.

— Certes, cher don José, je suis aux ordres de votre père.

— Alors, à demain, dit le vieillard.

— A demain, oui, señor don Agostin.

Alors, comme d'un accord tacite, la conversation fit un crochet et l'on ne parla plus que de choses indifférentes

## X

De la rencontre que firent le général de Villiers et don José de leur ami Sans Traces et ce qui s'en suivit pour Matatrès.

Le lendemain vers huit heures du matin, Sidi-Muley entra dans la chambre du général de Villiers.

Le brave officier dormait à poings fermés.

Le spahi le regarda pendant un instant avec intérêt.

— C'est fâcheux de le réveiller ainsi, murmura-t-il en grommelant selon son habitude ; cependant il le faut, ajouta-t-il, si je le laissais dormir, il me ferait un chabanais à tout casser ; tiens, fit-il en riant, j'ai trouvé ; avec cela qu'il a le réveil caressant. Baste ! allons-y.

Et le digne soldat saisit une carafe et la brisa sur le parquet avec un bruit de tonnerre.

— Sacrebleu ! s'écria le général en se dressant subitement sur son lit.

— Ne faites pas attention, mon général, c'est moi qui ai cassé une carafe.

— Fichu imbécile ! reprit l'officier, que le diable t'emporte ! je faisais un rêve charmant, que tu as interrompu par ta maladresse ! Quel idiot, je vais tâcher de rattraper mon rêve !

Et il se recoucha et s'enveloppa jusqu'aux yeux dans ses draps et couvertures.

— Ah ! non, dit résolument le spahi, c'était pas la peine d'avoir brisé la carafe alors ?

— Hein ! qu'est-ce que tu rognonnes, animal?

— Je ne rognonne pas, sauf respect, général, je dis qu'il faut se lever.

— Allons donc ; j'ai envie de dormir.

— C'est possible, mais tout le monde est prêt, et l'on n'attend plus que vous pour partir.

— Ah ! bigre, s'écria le général en sautant de son lit, c'est vrai : j'avais oublié, et tu ne me le disais pas, animal?

— Faites excuses, mon général, voilà une demi-heure que je vous l'ai dit, à preuve la carafe.

— C'est bon ! c'est bon ! aide-moi à m'habiller au lieu de rester là comme un cormoran perché sur une patte.

— Hein ! quel réveil caressant, et dire que tous les jours c'est comme cela !

— Que mâchonnes-tu ainsi ?

— Je dis que c'est bien, mon général, et que vous serez vêtu en deux temps trois mouvements.

— Oui va, mon pauvre Sidi, reprit l'officier en riant, je t'ai bien entendu ; que veux-tu ? je ne puis être aimable en me levant.

— Pardi ! je le sais depuis longtemps, mais je ne vous en veux pas pour cela, mon général. Je sais que c'est plus fort que vous.

— Alors tu ne m'en veux pas ?

— Moi ? allons donc ! puisque c'est votre manière de voir.

— C'est juste ; dit l'officier en riant.

Tout en causant ainsi avec son soldat, le général s'était habillé.

— La voilà qui est fait, dit-il, tu vois que je n'ai pas perdu de temps.

— Pardieu ! il n'y a que le premier moment qui est dur, après cela va tout seul.

— Tu es un profond philosophe, Sidi mon ami; allons, en route.

— Voilà, mon général.

Ils quittèrent la chambre à coucher.

La cour, — *patio*, — était remplie de cavaliers, les trois dames étaient en selle ainsi que leurs servantes; une trentaine de peones et de vaqueros aux costumes pittoresques, aux traits énergiques et armés jusques aux dents devaient escorter les voyageurs.

Le général alla saluer les dames, qui l'accueillirent avec leurs plus séduisants sourires, en s'informant avec intérêt de sa santé.

Mais le docteur Guérin coupa court à tous ces compliments, en rappelant le général à la situation.

— En route, en route, dit-il, nous causerons plus tard.

Le général prit congé des dames, et se mit en selle, aidé par Sidi-Muley.

Les trois Sandoval échangèrent des poignées de mains et quelques courts compliments avec l'officier, et sur un signe de don Agostin, la porte de la maison s'ouvrit, et les voyageurs défilèrent au pas.

Ils conservèrent cette allure paisible tout le temps qu'ils traversèrent les rues étroites du Pueblo, mais quand ils eurent passé à gué le rio Grande del Norte, toute la cavalcade s'élança au galop de chasse, l'allure évidemment la plus agréable et la moins fatigante, quand on a une longue course à faire.

Les dames étaient entourées par des hommes dévoués; derrière elles venaient les trois Sandoval, le général de Villiers et le docteur Guérin, galopant de front; quelques péones faisaient une arrière-garde.

Sur les flancs de la colonne, des vaqueros galopaient à droite et à gauche, reconnaissant le terrain, et fouillaient les hautes herbes pour découvrir les embuscades, au cas où il y en aurait.

Le trajet jusqu'à la première halte se fit assez rapidement et sans trop de fatigues pour le convalescent.

Le général ne se plaignait que d'une seule chose; il prétendait mourir littéralement de faim, ce qui faisait bien rire ses compagnons et surtout le docteur Guérin.

— Cette faim m'inquiète, dit le docteur de son air le plus sérieux, j'ai bien envie, général, de vous ordonner une diète.

— Sapristi! s'écria le général avec un désespoir comique, si vous me jouiez pareil tour, docteur, je ne vous pardonnerais de ma vie.

— Je ne puis me prononcer encore, nous verrons.

On galopa ainsi jusqu'à onze heures du matin.

— On fit halte à l'orée d'une forêt épaisse de chênes-lièges; sous le couvert avaient été construits à la hâte quatre *jacales*, espèces de huttes, de branches entrelacées, que les coureurs des bois construisent avec une adresse singulière en moins d'une demi-heure.

Un jacal était réservé aux dames, un autre pour les messieurs de Sandoval, le troisième était destiné au général et à son médecin, et le quatrième devait servir de salle à manger aux voyageurs.

Une cinquantaine de Comanches étaient placés sous les ordres du Nuage-Bleu ; ces hommes étaient choisis avec soin, c'étaient de grands braves de la nation, tous étaient armés de fusils; ils devaient renforcer l'escorte des voyageurs.

— Caballeros! dit don Agostin, je suis heureux de vous offrir l'hospitalité du désert, vous excuserez la chère un peu primitive que vous ferez en vous souvenant que nous sommes en Apacheria.

— Je sais comme on soupe au désert, señor don Agostin, quand vous en faites les frais, dit en riant le général; je me déclare à l'avance satisfait de ce que vous nous ferez servir.

— A la bonne heure, dit le docteur, on voit que le général meurt de faim et qu'il se contentera de la quantité sans se soucier de la qualité.

— Je tâcherai que tout soit bien, reprit le vieillard ; señores, nous repartirons à trois heures de la *tarde*, lorsque la grande chaleur du jour sera passée ; vos jacales vous attendent, ils sont munis de lits faits de feuilles odoriférantes, recouvertes de fourrures, vous pouvez vous reposer quant à présent ; on vous avertira quand le déjeuner sera prêt.

Chacun se retira dans sa hutte, non pas pour dormir, mais pour rétablir l'harmonie de sa toilette, froissée par le long trajet que l'on avait fait.

Les hommes assistèrent seuls au déjeuner, les dames avaient préféré se faire servir à part, sans doute pour laisser à ceux-ci toute liberté, ce dont ils ne se plaignirent pas ; les dames, surtout en Amérique, sont très strictes sur les questions d'étiquette, ce qui dans certains cas est fort gênant et empêche toute intimité.

Le repas fut ce qu'il devait être, c'est-à-dire très fin et exquis, la question des liquides avait été traitée avec un soin particulier.

Cette fois, rien ne vint troubler le repas, comme il l'avait été le soir où le général avait fait la connaissance de don Agostin Perez de Sandoval.

Le général n'avait pas adopté l'habitude de la siesta qui est presque universelle dans les pays chauds comme, celui où il se trouvait alors.

Au lieu d'essayer de dormir, M. de Villiers préféra se promener sous les hautes frondaisons de la forêt, où régnait une fraîcheur des plus agréables.

Don José offrit au général de l'accompagner dans sa promenade, offre que le général accepta avec grand plaisir.

Les deux hommes prirent leurs armes, afin d'être prêts

9.

à toute éventualité, puis ils s'enfoncèrent dans la forêt.

Les forêts vierges ne ressemblent en rien à nos forêts de France ; les abords de ces forêts sont seuls fournis d'herbe et de broussailles ; au fur et à mesure que l'on pénètre dans l'intérieur, la végétation parasite devient rare, l'air manque ; les arbres, composés généralement de la même essence, se ressemblent tous, ils poussent avec une rectitude incroyable, ils forment d'immenses allées droites, comme réglées au compas, et s'étendent ainsi pendant plusieurs lieues.

Malheur à l'homme qui s'enfonce étourdiment dans ces forêts ! il est inévitablement perdu : plus il essaye de retrouver sa route, plus il s'égare ; il tourne constamment dans le même cercle sans jamais en sortir et parfois, trop souvent il succombe d'une mort horrible, à quinze ou vingt mètres au plus de l'orée de la forêt, mais rien n'avertit le malheureux égaré ; tous les arbres sont les mêmes, les allées se ressemblent toutes, il est donc impossible de se diriger dans ce labyrinthe, cent fois plus inextricable que celui qui fut construit en Crète par Dédale.

Les coureurs des bois, les seuls hommes qui osent se hasarder dans les forêts vierges, n'ont que deux moyens de retrouver leur route, c'est d'enlever avec la hache des morceaux d'écorces sur les troncs des arbres : ou bien d'examiner le pied des troncs des arbres, quand ils trouvent de la mousse, ils sont au nord ; si, au contraire, le tronc est sec et sans apparence de mousse, ils sont au midi.

Mais le premier moyen est le préférable, parce qu'à une distance éloignée, au fond de la forêt, l'air ne circulant que difficilement et le soleil ne réussissant pas à percer l'épaisse couche de feuilles des frondaisons, il règne dans ces profondeurs une humidité permanente ; quelques batteurs d'estrade se servent des traces laissées par les animaux quand ils vont le soir à l'abreuvoir, et dont ils connaissent les habitudes ; ces traces conduisent toujours, soit à des ruisseaux ou à des cours d'eau qui finissent par se jeter dans une rivière plus ou moins éloignée, mais ceci est un moyen héroïque dont on ne se sert qu'en désespoir de cause, et ne peut être impunément employé.

Don José connaissait la forêt dans laquelle il se promenait avec le général, il l'avait traversée plus de cent fois à toutes les heures de nuit et de jour, il n'y avait donc rien à redouter pour les deux promeneurs.

Tout en marchant, les deux hommes causaient de choses indifférentes, ils étaient arrivés sur les bords d'un ruisseau limpide assez large et qui fuyait en jasant sur les cailloux de son lit.

Don José proposa au général de s'asseoir sur l'herbe qui poussait sur les bords du ruisseau, une assez grande déchirure dans la frondaison permettait au soleil d'éclairer ce paysage pittoresque et mystérieux : on n'entendait aucun bruit sous le couvert sauf le martelage éloigné du pivert frappant ses coups cadencés sur le tronc d'un arbre.

Presque aussitôt le bruit cessa, le pivert s'était subitement envolé.

Don José serra le bras du général et s'éloigna du ruisseau en posant un doigt sur ses lèvres pour lui recommander la prudence.

— Qu'il y a-t-il? demanda le général à voix contenue.

— Je ne sais pas, dit le jeune homme sur le même ton, soyons prudents, nous ignorons qui nous arrive, est-ce un ami ou un ennemi ? je ne saurais le dire, mais soyons sur nos gardes.

Presque au même instant, le cri du flamant se fit entendre à une courte distance.

— Grâce à Dieu ! dit don José, c'est un ami.

— Qui vous le prouve ?

— Le signal qu'il m'a fait.

— Un signal, quand donc ?

— A l'instant, n'avez-vous pas entendu le cri du flamant.

— Si bien, mais j'ai supposé que ce cri avait été poussé par un des flamants, que nous voyons là-bas dans une clairière sur le bord d'un étang.

— Vous vous êtes trompé, mon cher général, c'était un signal, et la preuve c'est que je vais répondre.

Et le jeune homme portant ses mains à sa bouche, imita avec une perfection incroyable le cri du flamant.

— Pardieu! dit le général, recevez mes compliments, cher don José, je ne vous supposais pas si habile.

— Oh! cela n'est rien, dit le jeune homme en riant, je possède ainsi une foule de talents de société que je vous ferai connaître peu à peu selon les circonstances; eh! tenez, regardez là-bas à gauche, entre les arbres, ne voyez-vous pas un homme ?

— Pardieu! à moins d'être aveugle, répondit le général, et même je le reconnais parfaitement, c'est mon ami Sans-Traces, mon fidèle Canadien ; mais voyez donc, il semble nous engager à le rejoindre.

— C'est ma foi vrai, hâtons-nous, général, il faut que Sans-Traces ait des raisons bien graves pour nous faire cet appel singulier.

Le coureur des bois ne bougeait pas de l'endroit où il s'était arrêté, et tenait la tête à demi tournée vers l'endroit où il avait apparu, comme s'il surveillait une chose quelconque, que les deux promeneurs ne pouvaient voir.

Le général et son ami avaient pris le pas gymnastique pour arriver plus vite auprès du chasseur, celui-ci était éloigné d'une portée de fusil au plus, mais il paraît que cela pressait, car le chasseur ne cessait pas ses gestes d'appel.

Enfin, après s'être décidés à courir, les deux hommes atteignirent le coureur des bois.

—Que se passe-t-il donc ici? demanda don José

— Parlez bas, répondit le chasseur, embusquez-vous derrière le tronc de cet arbre et regardez.

Les deux hommes firent ce que le coureur des bois leur disait, et ils regardèrent.

Deux hommes faciles à reconnaître pour être des blancs étaient assis au pied d'un arbre et causaient avec une certaine animation.

— Qui sont ces hommes? demanda le général.

— J'en connais un, celui qui bourre sa pipe en ce moment, répondit Sans-Traces, il se nomme Matatrès, c'est un bandit de la pire espèce, il appartient à la cuadrilla du Coyotte.

— Ah! ah! dit don José, il faut nous emparer de ces deux hommes.

— Hum! ce ne sera pas facile.

— Peut-être, essayons toujours : si nous ne réussissons pas à nous assurer d'eux, nous pourrons toujours leur mettre une balle dans le crâne ; la perte ne sera pas grande.

— Oh! quant à cela nous ne risquons rien, mais comment nous y prendre pour les approcher sans qu'ils nous voient?

— Bien facilement, et, levant la tête en indiquant le feuillage : voilà notre chemin, dit don José.

— Et ma foi de Dieu, je n'y songeais pas; en effet, c'est facile.

— De quoi s'agit-il donc? demanda le général.

— Vous voyez ces deux hommes, n'est-ce pas, mon cher général, dit don José.

— Dame! à moins d'être aveugle, ils semblent, autant que je puis en juger à cette distance, ils semblent, dis-je, causer de leurs affaires.

— C'est cela même, mon cher général, je tiens beaucoup à entendre leur conversation.

— Ah! bah? pourquoi donc cela?

— Parce que ces hommes sont nos ennemis, à vous

comme à moi, et il est bon de savoir ou plutôt de surprendre les secrets de ses ennemis.

— En effet, c'est de bonne guerre.

— Très bien, ne quittez pas votre embuscade derrière cet arbre et laissez nous faire.

— Mais comment ferez-vous pour les surprendre ?

— Vous verrez, cela vous intéressera.

— Soit, je ne bougerai pas d'ici, en cas de besoin comptez sur moi.

— Pardieu ! à bientôt, général.

Le jeune homme, alerte et adroit comme un singe, et rompu à tous les exercices du corps, dégaina son poignard, le planta dans le tronc de l'arbre et grimpa avec une facilité singulière, suivi par Sans-Traces qui ne le quittait pas d'un pas.

Arrivés aux premières branches de l'arbre, les deux hommes disparurent dans le fouillis des feuilles, les longues barbes d'espagnol tombantes, et les lianes qui formaient les plus étranges paraboles.

A partir de ce moment, le général, malgré les efforts qu'il tenta, ne réussit pas à revoir les deux singuliers voyageurs.

Ceux-ci faisaient simplement ce que les coureurs des bois nomment une piste en l'air : les arbres dont les branches étaient enchevêtrées les unes dans les autres permettaient aux deux hommes de passer d'un arbre à un autre, avec un peu d'adresse, aussi sûrement que s'ils traversaient un pont étroit et un peu tremblant. Cette promenade sur les arbres se faisait à une hauteur moyenne du sol de soixante à quatre-vingts mètres ; mais les coureurs des bois ne connaissent pas le vertige.

Don José et son compagnon avançaient aussi rapidement que s'ils eussent foulé le sol de la forêt.

Soudain, le jeune homme s'arrêta, il fit signe à son compagnon de ne plus bouger.

En effet, ils étaient dans les branches mêmes de l'arbre au pied duquel Matatrès et l'autre individu dont nous avons parlé causaient tranquillement, se croyant à l'abri de toute indiscrétion au fond de cette forêt, que seuls les Indiens traversaient parfois, mais rarement, et dont les seuls habitants étaient les jaguars et d'autres félins presque aussi dangereux. Les deux interlocuteurs causaient donc avec la plus complète confiance et sans même penser à parler bas, faute qu'un coureur des bois ou un Indien ne commettrait jamais.

C'est pour le désert qu'a été fait le proverbe devenu banal dans les Prairies : « La défiance est la mère de la sûreté, » et cet autre qui appartient aux Comanches, les Peaux-Rouges les plus méfiants de tous les Indiens : « Prenez garde aux forêts, les arbres ont des yeux et les feuilles des oreilles. »

Ce jour-là ce proverbe trouvait littéralement son application.

— Si vous continuez ainsi, master Wilson, nous ne nous entendrons jamais.

Cette phrase était prononcée en espagnol, par Matatrès au moment où les deux chasseurs se mettaient aux écoutes.

— C'est vous, *By god!* qui n'êtes pas raisonnable, répondit l'autre en haussant les épaules, vous exigez des fusils armstrong, et vous prétendez ne les payer que dix piastres, c'est une plaisanterie.

— Combien en avez-vous ?

— Cinq cents.

— Vous les garantissez.

— *By god!* parfaitement.

— Eh bien, où est votre goëlette ?

— Sur le rio Puerco, à l'anse de l'Oppossum.

— Bon, je vois cela d'ici, c'est à quatre lieues à peine.

— Nous entendons-nous ?

— Peut-être, j'ai une proposition à vous faire.

— Voyons.

— Je vous paye vos fusils vingt piastres chacun.

— *All right*, voilà parler.

— Attendez ; je vous les achète donc vingt piastres chacun.

— *Aoh !* très bien.

— Seulement je ne vous payerai que dix piastres comptant, le reste sera payé après l'expédition que nous allons faire.

— Et quand vous reverrai-je pour toucher les autres dix piastres? dit l'Américain avec ironie.

— Après l'expédition, je vous l'ai dit.

— Bon ! et si votre expédition ne réussit pas?

— Allons donc ! nous sommes certains du succès.

— Rien ne me le prouve ; tenez, ajoutez une piastre à chaque fusil, et l'affaire est faite.

— Hum ! C'est bien tentant.

— Nous frappons-nous dans la main et buvons-nous un coup de whiskey ?

— Je crois que cela s'arrangera, mais les cartouches?

— Ceci est en dehors.

— *Caraï !* combien en avez-vous?

— Vingt-mille si vous voulez.

— Quarante cartouches par fusil, dit Matatrès, ce n'est pas trop.

— Je vous en vendrai le double si vous voulez.

— Ah çà ! votre goëlette en est donc chargée.

— Elle est bondée de fusils et de cartouches.

— Oh ! oh ! ceci demande réflexion, dit le bandit dont l'œil lança un éclair fauve.

— Je ne suis pas embarrassé de mon chargement, j'aurais le double de marchandises que j'en trouverais la vente.

— Peut-être.

— Certainement, je suis déjà en marché avec d'autres plus généreux que vous.

— Chacun fait ses affaires comme il l'entend.
— C'est juste.
— En traitant avec nous vous avez affaire à d'honnêtes gens, fit-il en se redressant.
— Honnête ou rascal, peu m'importe avec qui je traite pourvu que l'on me paye.
— Hum! vous n'avez pas de préjugés.
— Les affaires avant tout, mais, vous savez, *times money;* finissons-nous?
— Pour combien? nous verrons.
— Je suis pressé.
— Avez-vous peur?
— Peur de quoi? ma goëlette est bien armée; j'ai quinze engagés, qui tiendraient tête à tous les bandits du désert.
— Cela vous regarde, voulez-vous m'accompagner jusqu'à la résidence de mon chef?
— Pour quoi faire?
— Pour traiter.
— Est-ce bien vrai?
— Sur l'honneur! dit le bandit avec emphase.
— Hum! je préférerais un autre serment! Enfin, est-ce loin?
— A peine deux lieues; je n'ose pas prendre sur moi de traiter définitivement, sans l'assentiment de mon chef; cela sera fait en moins d'un quart d'heure.

L'Américain sembla hésiter un instant, mais il prit définitivement son parti.

— Partons, dit-il.
— Pas avant d'avoir goûté votre whiskey, je suppose?
— Vous avez raison.

Il prit une énorme gourde qu'il portait en bandoulière et dont le bouchon formait un vase pour boire, il le remplit et le présenta au bandit, et portant la gourde à ses lèvres :

— A votre santé ! dit-il.

— A la vôtre ! dit Matatrès poliment.

Mais la sagesse des nations dit que de la coupe aux lèvres, il y a la mort : Matatrès en fit presque complètement l'expérience à ses dépens.

Au moment où il levait le vase plein de whiskey, un poids énorme tomba d'aplomb sur lui et le renversa sans qu'il pût dire ouf !

La même aventure arrivait au trafiquant américain.

Si les deux hommes ne furent pas tués raides, c'est que le diable, leur ami particulier, les protégea en cette circonstance.

Ni l'un ni l'autre n'étaient morts, mais ils gisaient tout de leur long sur la terre, sans donner signe de vie ; ils étaient sans connaissance.

Les deux chasseurs, qui s'étaient laissé tomber sur eux, d'une dizaine de pieds au moins, profitèrent de l'évanouissement des deux compagnons pour les garrotter solidement et les rouler dans des serapéo serrés autour de leur corps, afin de leur enlever la vue et l'ouïe, quand ils reviendraient à la vie.

— Que faisons-nous de ces drôles ? demanda Sans-Traces.

— Rien quant à présent ; mon père disposera d'eux ; aidez-moi à les porter dans ce trou, où ils seront parfaitement, vous les surveillerez jusqu'à ce que je vous envoie des hommes pour les transporter au campement.

— C'est entendu, je ne bougerai pas jusqu'à nouvel ordre.

— Oh ! votre faction ne sera pas longue ; à bientôt.

Don José rejoignit alors le général, auquel il raconta ce qu'il avait fait.

— Avez-vous donc un intérêt à vous emparer de ces pauvres diables ?

— Un très grand, répondit don José.

— Comment cela ?

Le Coyotte vient acheter les armes et les cartouches dont la goëlette du trafiquant est chargée ; et vous savez que le Coyotte est notre ennemi.

— Oui, il nous l'a prouvé, mais que nous importe ?

— Il nous importe beaucoup, ce misérable n'achète ces armes que pour s'en servir contre nous.

— Vous croyez qu'il osera nous attaquer après la rude leçon qu'il a reçue.

— Caraï ! si je le crois ; j'en suis certain, je sais ce qu'il projette contre nous.

— S'il en est ainsi vous avez eu raison de faire ce que vous avez fait ; cependant je vous engage à en parler à votre père.

— C'est ce que je me hâterai de faire ; vous verrez qu'il sera de mon avis.

— Soit, cher don José, d'ailleurs vous êtes seul juge de vos actes, surtout dans la situation où vous vous trouvez vis-à-vis de ce bandit sans foi ni loi.

— Il nous faut le battre avec ses propres armes.

Tout en causant ainsi les deux hommes avaient marché d'un pas rapide, si bien qu'ils atteignirent le campement dans un laps de temps fort court.

Ils avaient marché d'autant plus vite pendant la dernière partie de leur trajet, qu'il leur avait semblé entendre des coups de fusil ; mais les bruits meurent et se décomposent sous les épais couverts des forêts vierges, de sorte qu'on ne peut juger de ce que l'on entend mal.

Mais en arrivant au campement tout leur fut expliqué.

Une troupe assez nombreuse de pirates fuyait à toute bride, s'éparpillant dans toutes les directions serrée de près par les vaqueros et les Peaux-Rouges du Nuage-Bleu.

Les détonations que le général et son ami avaient cru entendre sous le couvert sans s'en rendre bien compte, provenaient des quelques coups de feu que les bandits tiraient contre ceux qui les poursuivaient.

Mais ce qui étonna et inquiéta surtout don José, ce fut que, au lieu de paraître satisfait du résultat du nouvel échec des pirates, tous les fronts étaient soucieux, tous les visages pâles et inquiets.

Don Agostin surtout semblait désespéré ; il ne se soutenait qu'avec peine, et son corps était agité d'un tremblement nerveux.

Les quelques hommes restés au campement semblaient attérés et en proie à une profonde douleur.

Les deux hommes n'osaient interroger.

Un pressentiment leur disait qu'un malheur terrible était arrivé pendant leur absence.

— Mon fils, s'écria le vieillard en apercevant le jeune homme en tombant dans ses bras, mon fils, ta mère et tes deux sœurs ont été enlevées par les pirates.

Et, terrassé par la douleur, le vieillard perdit connaissance.

Cette nouvelle était terrible ; don José chancela.

— Oh ! murmura-t-il, vengeance, mon Dieu ! vengeance contre ces misérables !

— Courage ! ami, dit le général avec une énergie terrible, nous serons deux pour venger ces pauvres femmes si lâchement enlevées.

— Merci, répondit le jeune homme, ma vengeance sera effroyable, je compte sur vous, général.

— Vous avez ma parole, moi aussi je veux une vengeance terrible, dit l'officier d'une voix sourde.

## XI

**Comment le campement fut attaqué par les pirates du désert et ce qui s'en suivit.**

Voici ce qui s'était passé pendant l'absence de don José et du général de Villiers.

La veille, don Agostin avait envoyé un homme de confiance à sa résidence habituelle, pour avertir les serviteurs du retour prochain de leur maître et amener à Paso del Norte, la litière qui devait servir au général si le cheval le fatiguait trop.

Les pirates avaient des espions disséminés sur la savane dans toutes les directions.

L'émissaire de don Agostin fut bientôt découvert et suivi, mais de fort loin.

L'homme expédié par le vieillard était Cuchillo, un de ses serviteurs de confiance.

Cuchillo connaissait de longue date toutes les ruses et les perfidies des pirates; mieux que personne il savait avec quelle prudence il devait marcher, pour donner le change aux bandits qui, bien qu'invisibles, surveillaient ses moindres mouvements.

Donc Cuchillo reconnu comme étant un des serviteurs de confiance de don Agostin, tous les espions du désert se trouvèrent en un instant à ses trousses.

Mais ils avaient affaire à forte partie; malgré toutes

leurs précautions, Cuchillo leur glissa entre les mains comme un serpent, et il leur fut impossible de savoir ce qu'il était devenu.

Le lendemain, les espions des pirates avertirent leurs chefs que des vaqueros construisaient des jacales à l'orée d'une forêt de chêne-liège où les Sandoval avaient l'habitude de camper lorsqu'ils traversaient le désert, soit pour se rendre à Paso del Norte ou pour en revenir.

D'autres espions arrivèrent annonçant que les serviteurs de don Agostin, accompagnés d'une nombreuse troupe de Comanches, avaient rejoint les autres serviteurs des Sandoval au lieu du rendez-vous amenant avec eux une litière attelée de quatre mules, ce qui donnait à supposer que des dames ne tarderaient pas à arriver.

L'Urubus et le Coyotte crurent que l'occasion s'offrait à eux de prendre une éclatante revanche des nombreux échecs que jusque-là ils avaient subits.

Les deux chefs prirent leurs dispositions avec une grande habileté et surtout avec une extrême prudence, ils manœuvrèrent si bien que les vaqueros ne soupçonnèrent rien des préparatifs faits par les pirates, de sorte que le campement fut complètement entouré sans qu'il fût possible de se douter qu'une embuscade formidable était dressée contre les voyageurs.

Le plan des bandits était de s'emparer des dames et de contraindre ainsi leurs ennemis à compter avec eux, lorsque les voyageurs arriveraient au campement où ils se proposaient de rester pendant plusieurs heures pour faire la méridienne et laisser tomber la grande chaleur du jour.

Comme on le voit, les bandits n'avaient rien négligé, leur plan très bien dressé était un chef-d'œuvre d'astuce et de perfidie; à moins d'événements impossibles à prévoir, il devait fatalement réussir.

Seulement, et ils n'avaient pu faire autrement, les bandits avaient été obligés de s'établir à une distance assez grande du campement pour éviter d'être dépistés.

Lorsque les voyageurs arrivèrent, depuis longtemps les bandits couchés dans les hautes herbes surveillaient tous les mouvements de leurs ennemis, sans que ceux-ci pussent avoir le plus léger soupçon.

D'ailleurs, le mépris profond qu'ils avaient des pirates, leur donnait une entière sécurité, ils les croyaient incapables d'une telle audace.

Du reste leur nombre suffisait pour les rassurer; ils se gardaient mal et avaient négligé les précautions les plus élémentaires, tant ils étaient convaincus qu'ils n'avaient aucuns dangers à redouter.

Cette certitude fut la cause de tout le mal.

Les pirates ne donnaient pas signe de vie.

Ils attendaient que la chaleur fût accablante, et que tous les yeux fussent fermés dans le campement.

Lorsqu'ils crurent que tout le monde dormait, ils firent leurs dernières dispositions et se préparèrent à attaquer.

Les deux chefs s'étaient partagé la besogne, le Coyotte devait attaquer le campement par la droite, tandis que l'Urubus attaquerait, lui, par la gauche.

C'est-à-dire que le Coyotte attirerait les efforts du combat sur lui, tandis que l'Urubus se glisserait comme un serpent, en rampant silencieusement sur la terre, vers le jacal habité par les dames qu'il enlèverait d'un coup de main sans éveiller l'attention des vaqueros, et les dames, en son pouvoir, il donnerait un signal auquel tous les pirates se mettraient en retraite au plus vite, en s'éparpillant dans toutes les directions afin de rendre la poursuite plus difficile.

Le quartier des dames était gardé par le Nuage-Bleu, Sidi-Muley, Cuchillo, et une vingtaine de Peaux-Rouges.

Les Comanches étaient éveillés et prêts au combat.

Sidi-Muley fumait sa pipe en se promenant de long en

large avec son vieil ami Cuchillo ; l'ex-spahi était inquiet, un pressentiment lui serrait le cœur sans qu'il comprît rien à ce qui se passait en lui.

— Je ne sais ce que j'ai, disait Sidi-Muley, je suis triste sans savoir pourquoi.

— Baste ! ce n'est rien, dit en riant Cuchillo, tu auras trop fêté le rhum du général.

— Non, répondit-il en hochant la tête, je sens un malheur, il y a quelque chose qui se passe et que je ne comprends pas.

— Allons donc, es-tu fou ?

— Je te dis que j'ai peur.

— Toi ? peur ? Sidi-Muley ; tu veux rire ?

— Tu verras ?

— Que le diable t'emporte, que veux-tu qui nous arrive ?

— Je ne sais pas, mais je te répète que nous sommes sous le coup d'une catastrophe.

— Tu es fou, te dis-je.

A peine achevait-il ces quelques mots que des cris déchirants se firent entendre dans le jacal des dames.

— Ah ! s'écria Sidi-Muley avec désespoir, voilà le malheur que je pressentais.

Les deux hommes s'élancèrent vers le jacal suivis presque aussitôt par le Nuage-Bleu et les Comanches.

A l'autre extrémité du campement on entendait des cris de colère et une fusillade bien nourrie.

— Arrête ! on attaque le campement ! s'écria Cuchillo.

— Aux dames ! aux dames ! on les enlève, là-bas on fait une fausse attaque pour nous donner le change.

Ils s'élancèrent dans le jacal.

Les dames disparaissaient enlevées par des pirates.

Une vingtaine de bandits barraient le passage.

— Vive Dieu ! s'écria Sidi-Muley en sautant sur un cheval et brandissant son long sabre, sus aux Coyottes !

Et il se rua d'un élan irrésistible sur les pirates suivi

par Cuchillo, le Nuage-Bleu et les guerriers comanches.

Les pirates furent écrasés, et Sidi-Muley et ses compagnons passèrent sur leurs corps.

On entendait toujours les bruits du combat qui se livrait avec acharnement à l'autre extrémité du campement.

L'Urubus avait surpris les dames dans leur sommeil; il s'était emparé d'elles; mais pas assez vivement pour les empêcher de pousser les cris de terreur qui avaient donné l'éveil à Sidi-Muley.

Les dames avaient été roulées dans des couvertures, bâillonnées et emportées par des bandits; ils se mettaient en selle au moment où Sidi-Muley et ses amis apparaissaient; une distance de dix mètres au plus séparait les défenseurs des trois dames des bandits qui les avaient si traîtreusement enlevées.

Sidi-Muley et ses amis s'élancèrent les armes hautes, ils n'osaient se servir de leurs armes à feu de crainte de blesser les prisonnières.

Il y eut une mêlée terrible de quelques minutes, Sidi-Muley était comme fou, il avait reconnu l'Urubus, ou pour mieux dire le chef masqué.

— Ah! bandit, s'écria-t-il en grinçant des dents, je te tuerai comme une bête puante, maudit, lâche, voleur de femmes.

— Tiens, chien! s'écria l'Urubus avec un cri de panthère, en déchargeant son revolver sur l'ex-spahi.

Sidi-Muley lança son cheval sur le bandit, qu'il saisit au collet de la main gauche.

Les deux hommes s'étreignirent corps à corps essayant de se tuer, et poussant des cris de rage.

Mais les chevaux, surexcités par cette lutte, se dérobèrent, et les deux hommes roulèrent sur le sol sans lâcher prise.

Les bandits s'élancèrent au secours de leur chef, en

même temps que Cuchillo et le Nuage-Bleu accoururent à l'aide de Sidi-Muley.

Celui-ci rugissait comme un lion en essayant, sans pouvoir y réussir, de plonger son poignard dans le cœur du bandit.

L'Urubus, bien moins vigoureux que le redoutable soldat, sentait ses forces à bout; tous ses efforts tendaient, faute de mieux, à se débarrasser de la veste de chasse que l'ex-spahi avait saisie d'abord et qu'il ne lâchait point; il réussit enfin à dégager ses bras du fatal vêtement, et, d'un effort suprême, il bondit sur ses pieds.

Le spahi fut aussi prompt à se remettre sur ses pieds et, sautant sur le misérable, il le prit par la ceinture, mais son effort fut si terrible que la ceinture se rompit et lui resta dans la main.

Soudain il y eut un choc irrésistible : les bandits et les Comanches se ruaient les uns contre les autres.

L'Urubus et Sidi-Muley furent séparés; le bandit se laissa tomber sans connaissance et fut emporté par les pirates, tandis que Sidi-Muley essayait vainement de rejoindre son ennemi qu'il avait presque complètement déshabillé dans sa lutte, et dont il emportait les dépouilles opimes.

Sidi-Muley était un vrai cœur de soldat, inconscient et philosophe. Quand il lui fut prouvé que tous ses efforts seraient vains pour rejoindre les prisonnières qui, depuis longtemps, avaient disparu dans les hautes herbes, il prit franchement son parti de cette déconvenue, et cela d'autant plus qu'il avait la conviction intime d'avoir vaillamment fait son devoir.

— Baste! murmura-t-il en étanchant quelques gouttes de sang provenant d'une éraflure sans importance causée par le coup de revolver tiré sur lui par l'Urubus. Baste! contre la force il n'y a pas de résistance; nous sommes manche à manche. Je lui gagnerai la belle en le tuant comme un chien qu'il est, et, ajouta-t-il en ricanant, à propos de manches, qui sait si nous ne trouverons pas des documents sérieux et utiles pour nous dans ces guenilles dont je me suis emparé.

Sidi-Muley avait la rage des monologues, quand il ne pouvait pas trouver d'interlocuteur il se causait à lui-même et ne s'en trouvait pas plus mal.

— Voici ton cheval, lui dit Cuchillo en lui tendant la bride.

— Merci, dit le soldat en se mettant en selle ; eh, compagnon, ajouta-t-il, qui diable t'a fait cette magnifique estafilade à travers le museau ?

— Un ancien ami, ex-lepero à Mexico.

— C'est toujours comme ça, dit le spahi avec bonhomie, les amis sont désagréables pour ça. Est-ce profond ?

— Moins que rien, dit Cuchillo en haussant les épaules, un simple abreuvoir à mouches, c'est un maladroit.

— A la bonne heure, et lui ?

— Ma foi ! tu sais je suis rageur en diable ! Je l'ai tué net, je l'ai regretté, c'était un bon garçon. Mais tu sais, quand on est en colère.

— Oui, on ne réfléchit pas.

— C'est vrai. Est-ce que tu fais collection de guenilles ?

— Non, mais je tiens à celles-là, peut-être nous seront-elles utiles.

— Pour aller au bal ?

— Qui sait ? dit Sidi-Muley avec un sourire d'une expression singulière, et puis c'est un souvenir que m'a laissé bien sans le vouloir le chef masqué.

— Qui peut-être ce gaillard-là, le sais-tu ?

— Et toi ?

— Ma foi non.

— Alors nous sommes juste au même point.

— Il paraît que c'est fini là-bas, tous les pirates sont en pleine retraite.

— Pardieu! c'est limpide, ils ne voulaient qu'une chose, s'emparer des dames; leur coup réussi, ils n'en demandaient pas davantage, et ils se sont aussitôt mis en retraite.

— Hum! tout cela finira mal, dit Cuchillo, don Estevan est furieux.

— Je comprends cela, ces rapts leur coûteront cher.

— C'est probable! Baste! cela nous amusera.

— Le fait est que notre existence est assez accidentée depuis quelque temps; cela change et évite la monotonie.

— Il est évident que l'on mourrait d'ennui si on ne se battait un peu de temps en temps.

En ce moment ils furent rejoints par le Nuage-Bleu.

Les Comanches avaient une trentaine de pirates attachés à la queue de leurs chevaux.

— Eh! eh! chef, dit Sidi-Muley, il paraît que vous n'avez pas fait buisson creux.

— Les pirates faces pâles sont des chiens, ils enlèvent les femmes parce qu'ils n'osent pas attaquer les guerriers.

— Ce sont de vieilles femmes bavardes, dit Cuchillo, il faudra faire un exemple.

— Le Nuage Bleu est un chef; les faces pâles seront attachés au poteau et brûlés vifs après avoir été torturés.

— Très bien; plus ils souffriront, plus ce sera bien fait pour eux.

— Ils mourront comme des chiens.

— Avez-vous pris quelque bandit célèbre?

— Que mon frère Sidi regarde l'homme attaché à la queue du cheval du Nuage-Bleu?

Sidi-Muley regarda.

— Eh! s'écria-t-il avec surprise, je n'ai pas la berlue, c'est bien le Coyotte que je vois là.

— Oah! mon père dit vrai, ce chien, fils d'une chienne yankee, est bien le Coyotte.

— Oh! oh! voilà une bonne prise. Comment avez-vous réussi à vous emparer de lui?

— Le chien se sauvait.

— Naturellement.

— Bon! il a bien combattu.

— Hum! cela m'étonne.

— Quand le Coyotte se sent acculé par les chiens, il se défend pour sauver sa vie.

— L'homme le plus lâche a du courage quand il sent la mort.

— Oah! il a tué plusieurs de mes jeunes hommes.

— Oh! oh! il s'est donc bien défendu.

— Et vous ne l'avez pas scalpé, chef, cela m'étonne.

— Les bandits faces pâles cachent leurs chevelures parce qu'ils sont lâches.

— Eh! que me dites-vous là, il a donc été scalpé déjà?

— Sa langue menteuse l'a dit au chef, mais il le torturera jusqu'à ce qu'il la retrouve, le chef la veut et il l'aura.

— Ce sera peut-être difficile, dit Sidi-Muley en riant, mais vous aurez raison d'exiger sa chevelure, elle vous appartient.

— Ce scélérat est capable de s'être fait scalper par un autre pour vous jouer un mauvais tour, dit Cuchillo en ricanant.

— Cela se pourrait bien, appuya Sidi-Muley sur le même ton.

Quelques minutes plus tard ils atteignirent le campement, où tout était encore en désordre.

Don José et le général de Villiers venaient, eux aussi, d'arriver.

Don Agostin avait repris ses sens.

Tous nos personnages étaient terrifiés, **ils étaient en proie à un véritable désespoir.**

La situation était terrible pour la famille de Sandoval - ce malheur si subitement tombé sur ces hommes si heu;

reux jusque-là dans tout ce qu'ils avaient tenté, leur enlevait presque leurs facultés intellectuelles, ils étaient littéralement accablés.

Don Agostin fut le premier qui reprit possession de lui-même, il redressa sa haute taille, et d'une voix dont les tremblements nerveux le faisaient balbutier malgré lui, il dit avec un accent d'une douceur étrange :

— Mes enfants, Dieu nous a frappés d'un malheur peut-être irréparable, notre sort est entre ses mains toutes puissantes, courbons-nous humblement devant sa volonté; Dieu nous éprouve, que son nom soit béni.

— Oui, père, répondirent les deux frères en s'inclinant que son nom soit béni.

— Nous n'avons aucun reproche à nous faire les uns aux autres, reprit le vieillard, nous sommes tous également coupables de négligence, ne nous abandonnons pas à notre douleur, soyons forts dans l'adversité, Dieu nous aidera; faisons une enquête provisoire avant de rentrer à notre résidence, dès que nous serons chez nous, nous tiendrons un *conseil médecine* où nous déciderons ce qu'il convient que nous fassions dans ces circonstances malheureuses; allez, mes fils, voyez, interrogez et rapportez-moi ce que vous aurez vu ou entendu.

— Permettez-moi, mon père, dit don José de vous instruire d'un fait qui s'est passé pendant que je me promenais dans la forêt en compagnie du général de Villiers, ignorant malheureusement les événements qui se passaient ici.

— Parlez, mon fils, dit le vieillard.

Don José raconta alors dans tous ses détails ce qui s'était passé dans la forêt.

Le vieillard réfléchit pendant quelques instants.

— C'est grave, dit-il en hochant la tête, c'est très grave, laisser passer de telles armes aux mains de pareils bandits serait un crime, nul ne pourrait leur résister; il faut acheter toutes ces armes et toutes les cartouches en enjoignant à ce trafiquant de ne plus revenir dans notre pays sous peine de mort.

— C'était ce que je pensais qu'il était important de faire, sauf toujours votre assentiment mon père.

— Voici ce que vous ferez : vous partirez à l'instant avec quarante vaqueros sûrs, vous conclurez le marché avec ce Wilson, vous prendrez livraison et vous ferez immédiatement transporter tout ce chargement, où vous savez; tout cela peut-être terminé en deux heures, vous nous rejoindrez ici ou nous vous attendrons.

— Oui mon père, mais ce Matatrès qu'en ferons-nous? c'est un bandit de la pire espèce, mon père.

— C'est vrai, mais à tout péché miséricorde! dans cette circonstance, en somme, il nous aura rendu service ; sans le vouloir, c'est vrai, mais le service n'en est pas moins réel; je répugne, vous le savez, à frapper de sang-froid; deux vaqueros le conduiront les yeux bandés à une quinzaine de lieues d'ici, et ils l'abandonneront alors sans lui faire le moindre mal ; seulement il faudra s'arranger de façon qu'il ne retrouve son chemin que très difficilement ; maintenant partez et hâtez-vous !

Le jeune homme salua et dix minutes plus tard il s'enfonçait dans la forêt, à la tête d'une troupe de cavaliers bien montés et surtout bien armés.

Le Nuage-Bleu s'approcha.

— Que désire mon fils le sagamore des Comanches ? demanda affectueusement don Agostin.

— Mes jeunes hommes se sont emparés de plusieurs chiens faces pâles, parmi lesquels se trouve un de leurs chefs.

— Un de leurs chefs ? lequel ? dit vivement don Agostin.

— Celui qui se fait nommer le Coyotte.

— Le Coyotte est en votre pouvoir.

— Mes jeunes hommes demandent que ces chiens soient attachés au poteau.

— Vos prisonniers vous appartiennent, chef, vous êtes maître d'en faire ce qu'il vous plaira ; mais je crois que vous ferez bien d'attendre que nous soyons dans notre *atepetl* de pierre pour que cette exécution soit plus solennelle et puis, peut-être aurai-je besoin d'interroger ces bandits.

— Mon père le grand sagamore est le seul maître de ses fils rouges, ce qu'il fait est toujours bien : le Nuage-Bleu et ses jeunes hommes attendront ce que le grand sagamore décidera.

— La prise du Coyotte est une bonne carte dans notre jeu, dit don Estevan.

— Peut-être, mon fils, je le crois comme vous, mais il vaut mieux ne pas se bercer d'espérances qui peut-être ne se réaliseront pas.

— Vous avez raison, mon père, vous êtes toute sagesse.

Le vieillard prit alors le Nuage-Bleu à part, et s'entretint avec lui pendant quelques minutes à voix basse, puis le chef comanche s'inclina respectueusement et souffla dans son sifflet de guerre.

Les Peaux-Rouges se rangèrent autour de leur chef et sur un nouveau signal ils s'éloignèrent rapidement emmenant avec eux leurs prisonniers toujours attachés à la queue des chevaux.

La plus grande partie de la journée s'était écoulée.

L'ombre des arbres s'allongeait démesurément sur la terre, le soleil presque au bas de l'horizon n'apparaissait plus que comme une boule rouge sans chaleur, la nuit n'allait pas tarder à s'abattre sur la savane.

Au fond des repaires ignorés de la forêt, on entendait les rauquements sourds des fauves et les glapissements des coyottes en chasse d'une proie encore invisible.

Les oiseaux accouraient à tire-d'aile de tous les points

de l'horizon et se blottissaient frileusement dans les épaisses frondaisons en piaillant à qui mieux mieux.

L'ombre descendait rapidement du sommet des montagnes et s'étendait peu à peu sur le désert, comme un immense linceul.

Le soleil disparut presque subitement au-dessous de l'horizon : alors une lueur d'opale, espèce de crépuscule qui ne tarda pas à se fondre dans l'ombre et les ténèbres envahirent la savane confondant en masses sombres les divers accidents du paysage.

La nuit était faite.

Le ciel, d'un bleu profond, se pailleta presque aussitôt d'un semis d'étoiles brillantes comme des pointes de diamants.

Les vaqueros et les peones allumaient les feux de veille.

Rien ne faisait supposer que don Agostin eût l'intention de partir bientôt du campement.

Le général Coulon de Villiers et le docteur Guérin, un peu négligés dans toute cette bagarre, se promenaient en causant à demi-voix.

Depuis plus de deux heures don Agostin et don Estevan s'étaient éloignés dans deux directions différentes, et ni l'un ni l'autre ne reparaissaient.

— Je ne comprends rien à ce qui se passe autour de nous, disait le général de Villiers, au docteur.

On nous a sans doute oubliés ici avec quelques peones, sans plus se soucier de nous ; je ne sais ce qui me retient de retourner à Paso del Norte.

— Vous auriez tort, mon cher général, et vous feriez une injure grave à don Agostin et à ses fils.

— Vous conviendrez du moins avec moi, mon cher docteur, que la conduite de ces messieurs est tout au moins singulière, pour ne pas dire plus.

— Nous sommes dans une situation exceptionnelle

vous vous trompez, don Agostin est incapable d'un mauvais procédé ; c'est un gentilhomme et, ainsi que l'on dit ici, c'est un *caballero fino,* c'est-à-dire homme du monde jusqu'au bout des doigts.

— Je ne dis pas le contraire, mais cependant...

— Mon cher général, vous êtes nouveau dans ce pays, vous ne connaissez rien du caractère, des habitudes et des façons d'agir de ses habitants ; cela se comprend. Plus tard, peut-être même avant un mois, vous reconnaîtrez que vous les avez mal jugés.

— C'est possible, je ne demande pas mieux ; mais vous admettrez bien avec moi que ces messieurs, au lieu de perdre leur temps ici à se lamenter, auraient mieux fait de se mettre sans hésiter sur la piste des ravisseurs.

— Pardonnez-moi de ne pas partager votre opinion, mon cher général, je trouve au contraire que nos amis ont agi comme ils le devaient faire.

— Ah ! pardieu ! voilà qui est fort.

— Eh non, c'est très simple au contraire.

— Si vous me prouvez cela par exemple ?

— En deux mots si vous voulez m'écouter.

— Certes, mon cher lecteur, je suis curieux de voir comment vous sortirez de ce paradoxe audacieux.

— Vous allez voir ; que reprochez vous à don Agostin et à ses fils ? d'avoir perdu leur temps ici, n'est-ce pas ? voilà votre erreur, la partie était perdue ; essayer de délivrer de force les trois dames ? les bandits se sentant serrés de près n'auraient pas hésité à égorger leurs prisonnières plutôt que de les rendre, tant est grand le prix qu'ils attachent à cette prise précieuse ; don Agostin sait très bien cela ; il n'a pas bougé, mais il a lancé sur leur piste des espions habiles, qui les suivront jusqu'à leur repaire sans qu'ils s'en doutent ; il n'y avait rien autre chose à faire en ce moment. Les bandits croient leurs ennemis démoralisés et incapables de prendre une résolution quelconque. Ils se croient donc à l'abri de toute attaque, ils triomphent de leur facile victoire : don Agostin ne laisse rien au hasard, cette fausse sécurité laissée aux bandits les perdra ; don Agostin prépare silencieusement sa revanche, qui, croyez-le bien, sera terrible.

— *Amen* de tout mon cœur ! mon cher docteur ; mais ce que vous me dites là est bien fort.

— Peut-être ; les Sandoval sont d'une race qui ne pardonne jamais : ils ont eu une *vendetta* véritablement corse qui a duré pendant deux siècles, et qui ne s'est terminée qu'il y a quelques années par la mort effroyable du dernier de leurs ennemis ; le sang que cette vendetta a fait couler est incalculable ; ayez patience, avant deux jours ils se mettront à l'œuvre, et alors vous me direz ce que vous en penserez.

— Soit, je le désire vivement, de mon côté je leur sui tout acquis.

— Aussi je compte sur vous, mon cher général, dit don Agostin en paraissant à l'improviste entre les deux promeneurs ; messieurs, on vous attend pour se mettre à table.

## XII

*Du singulier voyage que fit le général de Villiers et de son profond ébahissement.*

Les cinq hommes se mirent à table.

Don José et don Estevan étaient de retour.

Comme toujours la table était admirablement servie.

Don Agostin en faisait les honneurs avec sa courtoisie habituelle.

Le général de Villiers échangea un regard d'intelligence avec le docteur Guérin ; il était stupéfait du calme du vieillard et de ses fils.

Les trois hommes avaient, comme par enchantement, retrouvé leur imperturbable sang-froid et toute leur présence d'esprit: ils avaient le regard clair, le sourire sur les lèvres, et causaient avec leur entrain accoutumé.

Certes, toute personne arrivant à l'improviste prendre place à cette table n'aurait jamais soupçonné qu'un épouvantable malheur s'était, quelques heures auparavant, abattu sur cette famille et l'avait plongée dans le désespoir.

Cette force d'âme, cette volonté de fer dépassaient tout ce qu'on pouvait imaginer.

Les cinq convives mangeaient de bon appétit, causaient de choses indifférentes sans qu'aucune préoccupation parût sur leurs traits marmoréens; enfin ils causaient avec une liberté d'esprit admirable, souriant d'un mot plaisant sans paraître en rien se contraindre.

Il était dix heures du soir quand le repas fut terminé; on alluma les cigares et les cigarettes.

— Mon cher général, dit don Agostin, à mon grand regret nous allons nous séparer pendant quelques heures?

— Bon! pourquoi donc, señor don Agostin?

— Parce que d'abord vous êtes convalescent et que le docteur vous interdit les grandes fatigues; n'est-ce pas docteur?

— C'est selon, señor, répondit en souriant le médecin, il y a fatigues et fatigues comme il y a fagots et fagots...

— C'est juste, reprit le vieillard, la preuve que vous craignez la fatigue pour votre malade c'est que vous avez demandé une litière qui est là.

— Oui, reprit le médecin, mais bien des choses se sont passées depuis, qui peuvent avoir modifié la situation du général et la mienne.

— Merci docteur, dit le général, vous traduisez admirablement ma pensée, et...

— Pardon, mon cher général, avant d'aller plus loin permettez-moi un seul mot.

— Parlez, señor.

— Nous nous remettons en route à minuit, il faut que nous soyons arrivés à cinq heures du matin à notre résidence.

— Très bien; cinq heures de cheval ne sont rien pour un cavalier aguerri.

— C'est vrai, mais pendant ces cinq heures, il importe que nous ayons fait les trente-cinq lieues qui nous séparent du point qu'il nous faut attendre.

— Hein? trente-cinq lieues en cinq heures.

— Oui, mon cher général.

— Permettez-moi de vous dire tout d'abord qu'un tel trajet en si peu de temps est impossible.

— Pas pour nous, général.

— Hum! où trouverez-vous des chevaux qui..

— Dans une demi-heure au plus ils seront ici.

— Oh! oh! les meilleurs chevaux arabes ne feraient pas une telle course.

— C'est probable, mais ceux dont je vous parle et que vous allez voir la feront sans mouiller un poil de leur robe.

— Ah! dit le docteur, vous avez commandé vos coureurs.

— Oui docteur; vous les connaissez?

— Ce sont des coureurs admirables; vous ne dites rien de trop, ils feront ce trajet comme en se jouant.

— Trente-cinq lieues? fit le général ébahi.

— Facilement, je vous le répète, et ils peuvent soutenir cette allure pendant douze heures consécutives.

— Pardieu! je n'en aurai pas le démenti, s'écria le général en riant, la chose est trop extraordinaire pour que je laisse perdre cette occasion que peut-être je ne retrouverai jamais de monter de si merveilleux coureurs; d'où viennent donc ces précieux coursiers?

— Ils sont originaires du Nantukett, un comté des États-Unis fort éloignés du pays où nous sommes, ces chevaux sont fort appréciés; leur allure est très douce, ils marchent l'amble; aussi les dames les montent de préférence.

— Eh! cher docteur, vous entendez le señor don Agostin?

— Oui. Ces chevaux marchent l'amble, n'est-ce pas, général? dit le médecin en riant.

— Oui, eh bien ?

— Dame, il est évident que cela modifie singulièrement la situation.

— C'est-à-dire que je puis me risquer, n'est-ce pas, docteur?

— Ma foi oui, du reste je ne m'éloignerai pas de vous.

— Ainsi vous croyez que le général est en état de nous accompagner, sans danger pour sa santé, docteur? demanda don Agostin.

— Il le faut bien, señor, reprit le médecin de cet air moitié figue, moitié raisin qu'il affectait, si j'essayais de le retenir ici, il est évident qu'il ne m'obéirait pas. Je préfère lui laisser sa liberté; de cette façon mon amour-propre ne sera pas froissé.

Chacun se mit à rire.

— Parfaitement décidé! dit joyeusement le général.

— Alors nous ne nous quitterons pas, dit don José en riant; pour ma part j'en suis charmé.

— Et moi donc! fit le général de bonne humeur.

— Maintenant que tout est réglé, dit le docteur avec intention, je bois, messieurs, au succès de notre voyage.

On trinqua avec du champagne et les verres furent vidés d'un trait.

— Je vous remercie, docteur, dit le vieillard, j'espère qu'il en sera ainsi. Dieu est avec nous.

En ce moment Sans-Traces parut.

Chacun redevint sérieux aussitôt.

— Soyez le bienvenu, Sans-Traces, dit le vieillard en tendant la main au coureur des bois; quoi de nouveau? don José m'a dit la mission qu'il vous avait donnée quand il vous a rejoint, avez-vous découvert quelque chose?

— J'ai tout découvert, señor don Agostin; je les ai chassés comme une troupe de coyottes, sans jamais être mis en défaut, malgré le soin avec lequel ils ont essayé de me donner le change en embrouillant leur piste et surtout en se séparant en quatre troupes qui sont parties, ventre à terre, dans quatre directions différentes.

— Oh! oh! ils n'étaient pas faciles à suivre, dit le général.

— Bon; c'est un jeu pour un véritable coureur des bois.

— Hum! j'aurais été fort empêché, moi; il est vrai que je n'ai jamais été batteur d'estrade.

— Bah! ces coquins sont des maladroits, qui ne savent

même pas marcher dans le désert ; ils se sont avisés de mettre des sacs pleins de sable aux pieds des chevaux sur lesquels ils ont monté leurs prisonnières, cette sotte précaution m'a fait deviner tout.

— Le fait est que ce n'était pas adroit, dit don Estevan, ces sacs laissaient sur le sable une trace d'une largeur démesurée.

— Ils n'ont pas pensé à cela, dit le coureur des bois avec mépris, et quand ils traversaient un cours d'eau, c'était une mare qu'ils laissaient derrière eux.

— Ce sont des niais heureusement pour nous, dit don José. En somme, où se sont-ils arrêtés ?

— Dans la sierra de Pajarros, dans un immense souterrain admirablement situé, et dans lequel je suis entré après eux ; je ne me suis retiré que lorsque j'ai eu tout vu et tout étudié ; la position est très forte.

Don Agostin et don José échangèrent entre eux un sourire qui passa inaperçu de tous, sauf du docteur Guérin, qu'il était presque impossible de mettre en défaut.

Presque aussitôt parut le Nuage-Bleu.

— Eh bien ? dit don Agostin, mon fils, le sagamore des Comanches a fait diligence.

— Un désir de mon père est un ordre pour le Nuage-Bleu, les chevaux attendent.

— Je remercie, mon fils, reprit le vieillard.

Il prit alors l'Indien un peu à l'écart et s'entretint pendant quelques minutes avec lui ; puis, se tournant vers les assistants :

— Señores, dit-il, tout est prêt pour le départ.

Le Nuage-Bleu avait amené vingt chevaux.

Ces chevaux devaient être montés par les cinq maîtres, les autres étaient destinés à Sidi-Muley et aux serviteurs les plus dévoués à la famille de Sandoval.

— A cheval, caballeros, dit le vieillard, les amis que nous laissons ici nous rejoindront dans la journée.

Les voyageurs se mirent en selle.

Le général examinait avec une vive curiosité ces chevaux si vantés : ils étaient de taille moyenne, mais admirablement conformés pour la course ; ils avaient la tête petite, les yeux vifs, les naseaux bien ouverts et les jambes d'une finesse extrême.

Cette race particulière de coursiers rapides, ainsi qu'on les nomme, ne se rencontre encore à l'état sauvage que dans l'état de Nantuckett et dans l'Orégon ; ainsi que nous l'avons dit plus haut ; ils sont fort prisés par les amateurs, à cause de leur légèreté extraordinaire d'abord, et surtout parce qu'ils sont très sobres, très dociles et doués d'une intelligence singulière ; nous ne surprendrons personne en ajoutant qu'ils coûtent un prix fou.

Don Estevan et le docteur Guérin s'étaient placés à droite et à gauche du général pour mieux veiller sur lui.

— N'y mettez pas d'amour-propre, mon cher général, dit le docteur en riant, tenez-vous bien, la course que nous allons fournir laissera bien loin celle de Lénore de la fameuse ballade de Bürger.

— Ayez soin surtout, ajouta don Estevan, de tenir votre mouchoir sur la bouche.

— Ah çà, dit en riant le général, c'est donc une course au clocher !

— Ce ne serait rien ! reprit le docteur, c'est la course du chasseur noir à travers monts et vallées

— Une course enragée, alors ?

— C'est cela, vous avez dit le mot.

— Hum ! alors il faut bien se tenir.

— Je ne vous en dirai pas davantage, vous jugerez par vous-même.

Don Agostin tenait la tête de la petite troupe ; quand il se fut assuré que l'on n'attendait que son signal, il cria d'une voix vibrante en rendant la bride à son coursier :

— En avant !

Tous les chevaux partirent en même temps.

Jamais départ de Longchamps ou du Derby ne fut mieux exécuté.

Un seul manteau, s'il eût été assez grand, jeté sur les vingt cavaliers les eût cachés tous.

Rien ne saurait rendre l'allure véritablement vertigineuse de cette course extraordinaire par monts et par vaux, sans secours de cravaches, ni de fouets, ni d'éperons; un simple claquement de la langue suffisait pour rendre toute leur ardeur à ces admirables chevaux, et les faire repartir plus rapides, quand ils semblaient se ralentir.

Les cavaliers dévoraient littéralement l'espace.

Les arbres et les collines semblaient s'enfuir de chaque côté de la sente, comme un train éclair de chemin de fer lancé à toute vapeur.

Cet effroyable steeple-chase se prolongea ainsi avec la même vitesse pendant cinq longues heures; ne se modérant que pendant quelques minutes, pour traverser à gué les rivières, qui assez souvent barraient le passage aux cavaliers; ou lorsqu'il fallait gravir des pentes trop raides.

Le général, si bon cavalier qu'il fût, n'avait pas l'idée d'une telle course; aveuglé par la poussière qui tourbillonnait autour de lui et le prenait à la gorge, il ne voyait et n'entendait plus; il lui eût été impossible de se rendre compte de la direction qu'il suivait et de la distance parcourue; il galopait, galopait toujours, s'abandonnant à son cheval, dont l'allure était excessivement douce, suivant machinalement ses mouvements; il était passé à l'état de colis et n'avait d'autre souci que de ne pas se laisser gagner par le vertige.

Bien que la nuit fût presque à sa fin, cependant les ténèbres régnaient encore sur la savane, les étoiles s'éteignaient peu à peu dans le ciel; il devait être près de cinq heures du matin, le froid était vif et la brise nocturne glaciale.

Depuis plus d'une heure déjà, les cavaliers suivaient à

toute bride les méandres dédaliens d'une sente de bêtes fauves, à peine tracée à travers une épaisse forêt de mélèzes et de trembles.

Soudain, comme à un signal donné et sans transition, la forêt un instant auparavant si sombre que les cavaliers étaient contraints de se fier à l'infaillible instinct de leurs montures, sembla s'illuminer tout entière et resplendit de lumières.

— Au pas! cria don Agóstin d'une voix forte.

Cette parole était la première prononcée par le vieillard depuis le départ du campement.

Les chevaux ralentirent d'eux-mêmes leur allure.

Malgré la longue course qu'ils venaient de fournir, les coursiers n'avaient point un poil de leur robe mouillée; ils ne soufflaient pas, leurs naseaux fonctionnaient régulièrement, ils ne semblaient éprouver aucune fatigue.

Le général de Villiers était au comble de l'admiration; au lieu d'exagérer la valeur de ces étonnants animaux, le docteur et ses autres amis étaient restés au-dessous de la vérité; le cheval arabe n'était plus à ses yeux qu'une pauvre rosse comparée à ces chevaux, sans égaux dans la race chevaline; il se sentait heureux d'avoir pu les juger à l'œuvre.

La lumière augmentait de minute en minute et prenait les proportions d'un incendie, bien qu'il n'en fût rien; quoique la lumière s'étendît de tous les côtés sur un vaste espace, son foyer paraissait être au sommet d'une haute colline très escarpée, au pied de laquelle coulait une rivière assez large et très profonde qui semblait lui faire une espèce de ceinture.

Sur l'autre rive de ce cours d'eau, on apercevait des travaux en terre, surmontés de hautes et solides palissades.

Arrivés sur le bord de la rivière, les chevaux y entrèrent d'eux-mêmes et se mirent presque aussitôt à la nage.

Les cavaliers, formant une troupe serrée pour mieux résister au courant fort rapide, franchirent la rivière sans accident et grimpèrent avec une dextérité extrême la berge formant un talus escarpé.

On commença à gravir la colline par une espèce de sentier de chèvres, faisant de continuels méandres, ce qui contraignait les chevaux à marcher doucement, avec précaution et d'immenses difficultés.

Le général de Villiers regardait autour de lui avec un vif intérêt; il remarqua avec surprise que les flancs de la colline, depuis la base jusqu'au sommet, étaient hérissés de fortifications en terre admirablement construites, et avec une science approfondie de la balistique et de l'art des Vaubans et autres grands ingénieurs modernes.

Cette colline était un véritable Gibraltar; bien défendue, telle qu'elle était elle aurait été en état de résister même à des forces considérables et aguerries, ce qui n'était pas à redouter dans ce désert.

Don Agostin et ses deux fils ne disaient rien, mais ils surveillaient le général de Villiers à la dérobée, et suivaient avec un évident intérêt les divers sentiments éprouvés par l'officier à la vue de cette formidable forteresse; sentiments qui venaient tour à tour se refléter sur la physionomie si expressive du général, car celui-ci ne se sachant pas observé et n'ayant aucunes raisons pour se tenir sur ses gardes, ne se contraignait en rien.

Arrivés à une certaine hauteur, les cavaliers firent halte.

Un gouffre d'au moins vingt mètres de large et d'une profondeur insondable s'ouvrait devant eux.

Un pont de bois provisoire, maintenu par des étais, large de deux mètres et sans garde-fous, servait à franchir ce gouffre.

De l'autre côté du pont s'étendait une plate-forme de sept ou huit mètres au plus, avec des ouvrages en terre servant de têtes de pont, où l'on voyait s'ouvrir l'entrée d'une caverne, tout juste assez large pour laisser le passage libre pour cinq personnes à pied de front, mais qui, à l'intérieur, s'élargissait considérablement.

Cette caverne était suivie d'un souterrain montant en pente douce et débouchait finalement au centre même de l'immense plate-forme, faisant le sommet de la colline.

Tous ces incroyables travaux avaient été exécutés en terre au prix de fatigues inouïes ; on y avait travaillé pendant de longues années, les modifiant et les complétant peu à peu selon les circonstances.

Pendant la guerre du Mexique avec la France, alors que les Mexicains recevaient des États-Unis de grandes quantités d'armes de toutes sortes, des munitions et de nombreux convois avaient été surpris et enlevés par les Comanches : des couleuvrines, des fusils de remparts, des canons de montagne même et des fusils, sabres, baïonnettes, sans compter les balles, la poudre, etc., etc., transportés dans cette singulière forteresse, avaient servi à son armement.

Les Comanches, tout en restant neutres dans la lutte, ne perdaient pas de vue leur intérêt particulier ; ils profitaient des dissentiments de faces pâles entre eux, pour assurer leur indépendance ; déjà, pendant la guerre de la sécession, ils avaient fait de nombreuses prises fort utiles pour eux ; la dernière guerre avec la France leur avait permis de se fournir de ce qui leur manquait encore.

Cette singulière forteresse construite complètement en terre et dominant toute la contrée environnante à une grande distance dans toutes les directions, était aménagée de telle sorte que du dehors elle était absolument invisible ; la colline apparaissait sombre, désolée, creusée de ravins profonds, les flancs déchirés et tourmentés de la façon la plus bizarre, sans qu'il fût possible de se rendre compte de tous ces bouleversements d'apparence chaotique.

Il fallait être très rapproché, non pas pour apercevoir

ces étranges fortifications, mais seulement pour soupçonner leur existence.

Quant à attaquer cette montagne, ainsi que nous l'avons dit, il n'y avait pas à y songer, même avec des forces considérables impossibles à réunir dans ces contrées.

Les routes manquaient complètement, ce qui aurait rendu impossibles les ravitaillements de l'ennemi qui aurait assiégé cette formidable forteresse ; mais ce qui faisait surtout sa sécurité, c'était que la position exacte de cette colline était ignorée.

Sur le plateau de cette haute colline s'élevait, complètement invisible d'en bas, enfermée et garantie de toutes parts, au moyen de levées de terre et de solides palissades, s'élevait, disons-nous, la *ville*, ou pour mieux dire le *village de refuge* des Comanches, leur *cité sainte* par excellence.

Le plateau sur lequel la ville était construite avait près de trois lieues d'étendue.

Deux rivières jaillissaient de ce plateau au milieu d'un chaos de rochers, descendaient dans deux directions différentes en bondissant échevelées de rochers en rochers sur les flancs abrupts de la colline dans la plaine, et après un parcours pittoresquement accidenté de quelques centaines de kilomètres, allaient se perdre la première dans le *rio Grande del norte* et la seconde dans le *rio de Natchitoches*, vers le milieu du *llano del Estacado*.

La ville Comanche était construite comme tous les villages peaux-rouges de leur nation.

C'était une agglomération sans ordre apparent de huttes grossièrement faites, de forme ronde, avec chacune leur hangar y attenant et destiné à renfermer les provisions d'hiver.

Quelques-unes de ces huttes, celles des *grands braves* et des chefs étaient construites en *adoves*, espèces de briques grossières, faites de terre délayée avec de la paille hachée menue et séchée au soleil ; toutes les autres cabanes étaient misérables et d'un aspect sale et repoussant.

Au centre du village se trouvait une vaste place au centre de laquelle s'élevait le grand *Cali-médecine*, c'est-à-dire la grande hutte, où avaient lieu les réunions des chefs de la nation.

Cette hutte, construite en bois et couverte avec des plaques d'écorce de bouleau superposées les unes sur les autres comme des tuiles, affectait la forme ronde ; à l'intérieur elle était munie de gradins étagés tout autour de la muraille faite d'immenses troncs d'arbres couchés et entrelacés à peu près de la même façon que nos marchands de bois français établissent leurs immenses chantiers ; toutes ces bûches, d'une longueur égale d'un mètre, étaient solidement reliées entre elles par de fortes chevilles en bois dur ; les interstices étaient comblés par de la mousse revêtue d'un enduit de terre et de paille hachée, pour empêcher l'air de pénétrer.

Au centre de la hutte, au-dessous d'un grand trou rond pratiqué dans le toit pour livrer passage à la fumée, le sol était creusé en rond à une profondeur de soixante centimètres à peu près ; c'était autour de ce trou que s'asseyaient les chefs principaux accroupis sur des crânes de bison, recouverts de fourrures, devant le feu du conseil, en présence des chefs inférieurs et des guerriers qui, assis sur les gradins, assistaient aux délibérations des membres du conseil.

Le toit de cette immense hutte était soutenu par des troncs de mahoghanis d'une grosseur énorme plantés dans le sol, comme des colonnes frustes.

Devant l'entrée de la *hutte-médecine*, à quatre, cinq ou six mètres en avant, se trouvait l'*Arche du premier homme :* c'est-à-dire une espèce de tube ou de tonneau planté en terre et disparaissant presque sous les fleurs dont il était enveloppé, et qui grimpaient en s'accrochant à lui de toutes parts ; à droite de cette arche du premier homme était placé, étendu sur deux longs bâtons enfoncés dans le sol et se terminant en fourche, le *grand calumet sacré* garni de plumes de toutes couleurs et qui jamais ne doit toucher la terre.

A gauche de l'arche du premier homme était une longue perche terminée à son extrémité par un vautour empaillé, tenant un serpent dans son bec, et au-dessous desquels flottait une large bannière en peau d'antilope, sur laquelle était grossièrement peint en rouge, mais assez bien dessiné, un bison rampant ; du haut en bas, cette perche était garnie de plumes.

C'était le *Totem*, le palladium, l'étendard sacré de la nation.

Le vautour tenant un serpent signifiait que les Comanches avaient du sang incas dans leurs veines, ce double emblème était les *armes*, le *blason* comme on dirait aujourd'hui, des Incas.

Le bison signifiait que le premier ancêtre des Comanches était un bison.

Toutes les nations indiennes ont cette croyance que leur premier père fut un animal quelconque, de là le nom qu'ils se donnent.

Un peu éloigné du Totem de la nation, s'élevait le poteau de torture, dont le nom dit tout, sans qu'il soit nécessaire de l'expliquer davantage.

Et enfin un magnifique mahoghanis, dont le tronc avait plus de quatre mètres de tour à dix pieds du sol et dont la puissante et superbe ramure couvrait un espace énorme : cet arbre, dont toutes les branches étaient chargées d'*ex-voto* de toutes sortes, flèches, couteaux, peaux, morceaux d'étoffe, calumets mocksens, tabac, etc., etc., était sacré ; on le nommait l'*arbre du Wacondah*, Dieu, et il était en grande vénération.

De l'autre côté de la place, en face du grand *cati-medecine*, s'élevait une espèce de grande maison construite en pierre et bien cimentée, ayant deux ailes à angle droit égales en hauteur et en largeur au corps principal ; ces deux ailes étaient liées ensemble par un mur semi-circulaire renfermant une vaste cour ; cette singulière maison avait quatre étages peu élevés, ressemblant à l'intérieur à un escalier colossal de quatre marches, car chaque étage avait une terrasse qui servait de plain-pied à l'étage supérieur ; on communiquait avec tous les étages au moyen d'échelles que l'on retirait la nuit.

La façade extérieure représentait une longue muraille percée de distance en distance de petites fenêtres qui donnent l'air et le jour dans les chambres de ce singulier village, plusieurs milliers d'individus auraient pu habiter dans cette forteresse, car c'en était une, déserte en ce moment, les Comanches ne l'habitant qu'en temps de guerre.

Mais formant un contraste étrange avec les singulières constructions que nous venons de décrire, s'élevait, isolée complètement au milieu de cette bourgade, une immense maison construite à la mode espagnole, ou pour mieux dire mexicaine, avec *portillo* et véranda, élevée d'un étage avec terrasse garnie de caisses remplies de plantes rares, et formant ainsi un charmant jardin suspendu avec allées et bosquets.

Cette maison, blanchie au lait de chaux, avait douze fenêtres de façade à chaque étage et six sur les côtés ; les fenêtres étaient garnies de persiennes et de moustiquaires en mousseline de couleurs diverses ; de grandes glaces sans tain servaient de vitres, cette maison était entourée de hautes et solides murailles et possédait une *huerta* — jardin — ombreuse et admirablement dessinée.

Cette superbe habitation, ou plutôt ce palais, servait de demeure à la famille de Sandoval.

Elle remontait à une haute antiquité ; elle avait été construite quatre-vingt-dix ans avant l'époque où remonte notre histoire, ou plutôt réédifiée sur les ruines colossales et gigantesques d'un ancien temple mexicain, par des ouvriers espagnols appelés tout exprès ; elle avait coûté des sommes folles, mais aussi rien n'y manquait de ce qui peut rendre l'existence confortable.

Elle renfermait, disait-on, d'immenses souterrains et des cryptes énormes, restes du temple mexicain et contenant d'incalculables richesses.

Ces souterrains, prétendait-on, s'étendaient sous toute la colline et allaient par différentes galeries déboucher dans plusieurs directions à des distances considérables.

Nous avons parlé de ces villes de refuge dans plusieurs de nos ouvrages, mais cette fois nous avons cru devoir nous étendre sur la description de cette singulière et curieuse ville de refuge, presque complètement ignorée encore aujourd'hui et que nous avons habitée assez longtemps, persuadé que le lecteur nous saurait gré de la lui faire, cette fois, connaître dans tous ses détails.

## XIII

Comment l'Urubus fit visite à ses prisonnières et comment l'Oiseau-de-nuit ne fut pas de son avis et ce qui en advint.

Les pirates étaient enivrés de leur victoire, qu'ils n'avaient pas espérée aussi complète.

En effet, sauf l'escarmouche commandée par le Nuage-Bleu et Sidi-Muley, qui n'avait duré que quelques minutes, ils avaient regagné leur repaire sans être sérieusement inquiétés par les Comanches et les Vaqueros.

Ils attribuaient ce résultat à l'enlèvement des trois dames, enlèvement qui avait dû atterrer don Agostin de Sandoval et ses fils et les empêcher de prendre les mesures nécessaires pour poursuivre les ravisseurs.

Les bandits se félicitaient des précieuses prisonnières tombées si facilement entre leurs mains, et dont les rançons leur procureraient sans doute des monceaux d'or.

Mais si les pirates étaient joyeux et faisaient à perte de vue les plus beaux châteaux en Espagne, par contre leur chef était sombre, inquiet, et surtout fort peu satisfait du résultat final de son audacieuse expédition.

L'Urubus ne s'illusionnait pas sur les suites de son hardi coup de main.

Il connaissait de longue date la famille de Sandoval, sa richesse immense et sa puissance sans égale dans tout l'Arizona et même au Mexique et aux États-Unis; l'ex-capitaine n'avait pas enlevé les dames pour les mettre a rançon, mais pour en faire des otages précieux et se servir de ses prisonnières pour la réussite des plans mystérieux, que depuis longtemps il ourdissait dans l'ombre.

Mais la prise du Coyotte menaçait de faire avorter misérablement ses combinaisons.

Les deux chefs des pirates se jalousaient et se détestaient; ce qui n'était un secret pour personne, parmi les pirates et même les trappeurs et les coureurs des bois.

On savait que l'apparente entente des deux chefs cachait une haine d'autant plus féroce que l'Urubus, par des moyens que l'on ignorait, avait mis son associé sous sa complète dépendance, sans que celui-ci osât essayer de reprendre sa liberté d'action.

Malheureusement, pendant son duel improvisé avec Sidy-Muley, l'Urubus avait perdu sa veste de chasse et sa ceinture que lui avait enlevées le spahi, et dans cette veste de chasse et cette ceinture étaient renfermés des papiers précieux et très compromettants, que, par prudence, il portait toujours sur lui, pour les soustraire aux recherches de son associé, qui plusieurs fois déjà avait essayé de s'en emparer.

Il était possible que Sidi-Muley eût jeté au vent ces guenilles sans importance apparente, et alors il n'y avait rien à craindre, mais il était possible aussi que le soldat les eût conservées, ne fût-ce que par gloriole, ou qu'il eût eu la pensée de fouiller le vêtement et la ceinture, et alors la situation devenait grave pour l'Urubus; car d'un seul coup ses plans, si soigneusement caressés, seraient anéantis sans espoir de pouvoir les reprendre avec quelques chances de réussite.

D'autant plus que l'Urubus savait que le Coyotte, non seulement pour échapper à la mort qui le menaçait, mais surtout dans le désir de se venger de l'homme qui pendant si longtemps lui avait fait sentir son impuissance, serait le premier à le trahir.

L'Urubus ne savait comment conjurer le danger suspendu sur sa tête et qui, à chaque instant, pouvait fondre à l'improviste sur lui ; au cas probable où Sidi-Muley aurait découvert les papiers dont il s'était emparé sans le savoir, il était évident que sachant son ennemi désarmé le Coyotte n'hésiterait pas une seconde à assurer sa vengeance.

Telle était la situation perplexe dans laquelle se trouvait l'Urubus, lorsqu'il atteignit le souterrain dont il avait fait son repaire.

L'inquiétude du bandit aurait été bien plus grande encore s'il se fût douté que Sans-Traces, un des coureurs de bois les plus habiles du désert, était sur sa piste, et, bien qu'invisible, marchait pour ainsi dire dans ses pas.

Avant de quitter le souterrain pour tenter le coup de main qui avait si bien réussi, l'Urubus et le Coyotte avaient fait installer par les bandits, une espèce d'appartement assez vaste, construit avec des troncs d'arbres, muni de séparations en planches de façon à faire des chambres assez grandes au nombre de sept ou huit.

Les troncs d'arbres servant de murailles ainsi que les séparations en planches avaient été cachés sous des tapisseries d'une certaine valeur ; un ameublement de bon goût et très confortable avait été disposé avec soin, d'épais tapis avaient été étendus sur la terre ; des candélabres munis de bougies allumées faisaient de cet appartement improvisé une résidence fort acceptable et surtout très commode pour des dames accoutumées aux raffinements du luxe.

Chacune des dames avait chambre à coucher et cabinet de toilette, il y avait salon, boudoir, salle à manger, chambre pour les domestiques et cuisine ; tout avait été prévu, rien ne manquait.

Les dames étaient chez elles et pouvaient s'enfermer si cela leur convenait.

En enlevant les dames, les bandits avaient en même temps enlevé les servantes.

En arrivant dans le souterrain, les prisonnières furent aussitôt conduites à leur appartement avec une politesse respectueuse à laquelle elles étaient, certes, loin de s'attendre.

Ces procédés respectueux les rassurèrent, mais elles éprouvèrent une grande douleur en pénétrant dans l'appartement construit pour leur usage particulier, car elles comprirent que si les bandits avaient fait d'aussi grands frais pour les recevoir, c'était que, selon toutes probabilités, ils étaient résolus à les garder longtemps prisonnières dans ce souterrain dont la vue seule les avait fait frémir de crainte.

Du reste tout était prêt pour recevoir les trois dames; des rafraîchissements de toutes sortes étaient préparés avec profusion dans la salle à manger.

Le premier soin des prisonnières fut de visiter leur prison en détail et de s'assurer que les serrures étaient bonnes, fermaient bien, et que toutes les portes étaient munies à l'intérieur de solides verrous.

Doña Térésa constata avec une véritable satisfaction que ses filles et elle étaient à l'abri de toute invasion; qu'elles étaient, relativement du moins, chez elles et maîtresses d'agir à leur guise sans craindre des visites désagréables; l'épouse de don Agostin se sentit rassurée sur sa sûreté, surtout quand elle eut acquis la certitude qu'au dehors deux sentinelles armées veillaient sur leur repos.

La nature a des droits imprescriptibles; si tristes et inquiètes qu'elles fussent, les dames sentirent qu'elles avaient un besoin pressant de nourriture, d'autant plus que, depuis la veille, elles n'avaient rien pris; car elles avaient refusé de se mettre à table en arrivant au campement; elles allaient enfin manger quelques bouchées lorsqu'elles avaient été brutalement enlevées par les bandits.

Dès qu'elles eurent été conduites à leur appartement, on leur laissa liberté entière de s'installer comme il leur plairait, sans qu'on les dérangeât une seule fois.

Les dames prirent un peu de nourriture, puis vers neuf heures du soir, après avoir tout examiné avec soin, et fermé les serrures à double tour et poussé les verrous, elles se retirèrent enfin pour la nuit.

Doña Térésa avait fait placer les lits de ses deux filles, doña Luisa et doña Santa, dans sa chambre à coucher; non pas qu'elle redoutât quelque danger, mais pour rassurer les jeunes filles qui frissonnaient de terreur au bruit le plus léger.

Les servantes avaient suivi l'exemple de leurs maîtresses et s'étaient installées pour la nuit afin d'être à portée de voix de la vieille dame.

Sur l'ordre de doña Térésa toutes les lumières furent éteintes sauf deux fanaux de marine, l'un pendu au plafond de la salle à manger et le second suspendu dans le boudoir communiquant avec la chambre à coucher de doña Terésa.

La nuit fut calme, rien ne troubla le repos des prisonnières.

La fatigue, le chagrin et l'inquiétude avaient accablé les prisonnières de telle sorte qu'elles dormirent d'un sommeil pour ainsi dire léthargique, qui les fatigua beaucoup plus qu'il ne les reposa; si bien qu'elles s'éveillèrent assez tard.

On se leva vers dix heures du matin, rompu et les membres tout endoloris.

Toutes choses furent remises au plus vite dans leur ordre ordinaire; il était inutile de laisser connaître aux chefs des bandits, qui sans doute leur feraient une visite, les précautions qu'on avait cru devoir prendre.

Dans un moment où doña Térésa se trouvait à sa toilette, en ouvrant un meuble dans un des tiroirs duquel elle avait en se mettant au lit, placé ses bagues et ses boucles d'oreilles, elle aperçut, posé sur ses bijoux, un papier plié en forme de lettre, qui bien certainement n'était pas là le soir précédent.

Doña Térésa s'assura d'un regard qu'elle était seule, elle ferma sa porte, poussa le verrou afin de ne pas être surprise à l'improviste par une de ses filles ou une servante, et, en proie à un vif étonnement, elle prit la lettre avec un tremblement nerveux causé non par la curiosité, comme on pourrait le supposer, mais par l'espoir, qui jamais n'abandonne les caractères bien trempés.

Ce billet ne devait venir que d'un ami ; mais comment cet ami avait-il réussi à s'introduire dans cet appartement si bien fermé à l'intérieur et si bien surveillé à l'extérieur ?

Il y avait là un mystère que l'épouse de don Agostin ne s'expliquait pas.

Elle se décida enfin à lire cette étrange missive, qui ne contenait que cinq ou six lignes au plus ; il était impossible d'être plus laconique.

Aux premiers mots qu'elle lut, la vieille dame tressaillit, un sourire écarta ses lèvres, ses yeux lancèrent un éclair, et son visage, si morne un instant auparavant, rayonna de joie et de bonheur.

— Mon Dieu ! s'écria-t-elle avec ferveur, soyez béni pour la grâce que vous daignez nous faire, mes filles sont sauvées ! Gloire, à vous, Seigneur, qui avez eu pitié de notre douleur.

Doña Térésa baisa avec ardeur le billet à plusieurs reprises, puis elle le replia et le cacha dans son sein.

En ce moment deux coups furent frappés contre la paroi du rocher recouverte d'une tapisserie.

Ces deux coups avaient sans doute une signification pour la vieille dame, car elle s'approcha vivement de la tapisserie à l'endroit où les deux coups s'étaient fait entendre, et elle dit d'une voix contenue.

— J'ai trouvé, j'ai lu, merci.

Et elle alla repousser le verrou et ouvrit la porte.

Les deux jeunes filles sortaient de leurs chambres à coucher, elles furent frappées du rayonnement de joie qui illuminait le visage de leur mère.

— Qu'avez-vous donc, mère chérie? lui demanda doña Luisa.

— En effet, dit doña Santa, vous n'êtes pas la même, chère mère, vous paraissez joyeuse.

— Oui, répondit doña Térésa, j'ai fait un rêve délicieux, qui me rend heureuse et me donne bon espoir.

— Le Ciel vous entende, mère, reprit doña Luisa: mais cependant, en vous éveillant ce matin, vous étiez bien loin d'être gaie, car de grosses larmes roulaient dans vos yeux.

— Et je les ai séchées avec mes baisers, chère mère, ne vous le rappelez-vous pas ? dit doña Santa.

— Si, si, dit vivement doña Terésa, mais vous aurez mal vu, vous aurez pris ces larmes qui étaient causées par la joie et vous les supposiez causées par la douleur.

— Tant mieux chère mère, je suis heureuse de m'être trompée ainsi.

— Quant à moi, dit doña Luisa, je suis toute courbaturée.

— Et moi de même, ajouta doña Santa.

Doña Térésa souriait avec bonheur au babil de ses filles.

La vieille dame s'assit dans un fauteuil, ses filles l'imitèrent.

— Mes chères enfants, dit doña Térésa, convenons un peu de nos faits.

— Parlez, mère chérie, dit doña Santa, ce que vous nous direz nous le ferons.

— Quant à cela, vous pouvez être tranquille, chère mère, ajouta doña Luisa.

— Probablement, reprit la vieille dame, les chefs des bandits, qui nous ont fort bien traitées hier en nous laissant maîtresses dans notre prison, nous feront demander aujourd'hui une entrevue.

— Oui, c'est probable, appuya doña Luisa.

— Si ce que je prévois arrive, laissez-moi parler seule aux bandits, ne répondez pas un seul mot aux questions que peut-être ils vous adresseront, abandonnez-moi le soin de leur répondre, quoi qu'ils disent; me le promettez-vous?

— Oui, mère, s'écria vivement doña Santa, la seule pensée de causer avec ces misérables me fait frissonner; je serais incapable de dire un mot.

— Bien que je sois, je le crois, moins craintive que ma sœur, j'imiterai son silence; parce que, à mon avis, dit doña Luisa avec affection, partout où vous êtes avec nous, chère mère, seule vous avez le droit de parler et de répondre en notre nom.

— Très bien, mes enfants, je n'attendais rien moins de vous; mon âge me permet une discussion et une polémique qui n'est pas le fait de jeunes filles comme vous.

— Aussi, chère mère, nous nous abstiendrons; vous n'aviez même pas besoin de nous faire cette recommandation, dit doña Santa, n'étiez-vous pas assurée à l'avance de notre obéissance complète?

— Oui, mais cependant je devais m'entendre avec vous; encore un mot : J'ai une recommandation à vous faire, recommandation fort sérieuse, et dont vous comprendrez aussitôt la gravité.

— De quoi s'agit-il donc, mère? demanda doña Luisa.

— Vous savez combien notre famille est unie; tous ses membres sont liés les uns aux autres par une amitié profonde.

— Notre père et nos frères, nous aiment au-dessus de tout, dit doña Santa.

— Et nous le leur rendons du plus profond de notre cœur, dit doña Luisa avec ardeur ; c'est de nos frères que vous voulez parler, n'est-ce pas, mère chérie ?

— Oui, chère enfant, dit affectueusement doña Térésa, vous vous imaginez dans quel désespoir notre enlèvement les a plongés.

— Oui, et par tous les moyens ils essayeront de nous enlever à nos ravisseurs, dit doña Luisa, de cela je suis certaine ; je redoute même qu'ils se hasardent trop et s'exposent à être assassinés par les misérables qui nous tiennent en leur pouvoir.

— J'ai aussi la même crainte, mes enfants ; cette pensée me glace le sang dans les veines, vous savez combien José et Estevan sont téméraires, je crains qu'ils s'aventurent dans ce souterrain que maintenant ils doivent connaître.

— Moi je compte voir soit l'un, soit l'autre de mes frères.

— Moi je suis certaine qu'ils viendront ensemble.

— Folles que vous êtes ! c'est à une mort horrible qu'ils s'exposeraient s'ils étaient reconnus par les bandits.

— Mon frère José est bien fin.

— Estévan ne lui cède en rien, mère.

— Hélas ! je le sais, chères filles, rien ne leur coûtera pour nous délivrer ; ils feront des prodiges d'adresse et de courage pour réussir, mais s'ils échouent ?

— Ils n'échoueront pas, mère ! dit vivement doña Santa.

— C'est impossible, appuya doña Luisa.

— Donc ils viendront.

— Et nous les verrons aujourd'hui, s'écrièrent les jeunes filles en même temps.

— Soit, j'admets cette hypothèse, je dis comme vous, ils viendront.

— Oui et nous les embrasserons à plein cœur, n'est-ce pas, Santa ?

— Ces chers frères ! fit la jeune fille avec sentiment.

Doña Térésa frissonna intérieurement aux paroles de ses filles.

— Voilà ce que je craignais, dit-elle d'une voix éteinte.

— Comment, mère ?

— Pourquoi cela, mère chérie ?

— Parce que vous tuerez vos frères aussi sûrement que si vous leur plongiez un poignard dans le cœur.

— Oh ! mère ! pouvez-vous parler ainsi, s'écria doña Santa avec tristesse.

— Cela est cependant ainsi ?

— Mais pourquoi, mère ? dit doña Luisa.

— Parce que nous embrasserons nos frères ?

— Positivement.

— Alors soyez assez bonne pour vous expliquer, chère mère, dit doña Santa ; nous ne savons pas, nous, n'est-ce pas, Luisa ?

— Je crois comprendre notre mère, dit la jeune fille, et si ce que je suppose est vrai, notre mère a raison.

— Que supposez-vous, Luisa ?

— Chère mère, il est évident que nos frères nous cherchent de tous les côtés, pour mieux réussir dans leurs recherches, ils ont pris ou ils prendront ces déguisements qu'ils portent si bien, que jamais personne ne les a reconnus.

— C'est cela même ma fille, si l'un de vos frères, ou même tous deux s'introduisent ici, ce ne peut-être que déguisés.

— C'est juste, dirent les deux jeunes filles.

— Et si vous ne restez pas froides en leur présence, un clin d'œil, un geste, un mot, que sais-je ? suffirait pour les faire reconnaître et alors...

— La torture et une mort horrible, s'écria doña Luisa.

— Oui, vous avez raison, mère, et toi aussi, Luisa, dit la jeune fille avec résolution, je vous jure que, quoiqu'il arrive, malgré le chagrin de ne pouvoir pas embrasser mes frères, je ne les reconnaîtrai pas et je les traiterai comme des étrangers.

— Tu me le promets, Santa?

— Oui, mère ; vous avez ma parole, quoiqu'il advienne je la tiendrai ; j'aime trop mes frères pour que, par ma faute, je les expose à un danger aussi terrible.

Doña Térésa embrassa ses deux filles, toutes trois furent pendant quelques instants entrelacées et formant un groupe charmant, puis elles allèrent se mettre à table pour déjeuner.

Le repas fut bientôt terminé, les dames étaient trop tristes et sous le coup d'une trop grande douleur pour qu'elles eussent appétit ; après quelques minutes elles se levèrent, ayant à peine picoré comme des oiseaux, plutôt que de manger comme elles l'auraient fait dans toute autre circonstance.

Les trois dames s'installèrent dans le boudoir, et elles s'occupèrent de ces charmants travaux de femmes qui laissent l'esprit complètement libre et leur permet tout en travaillant de penser à tout autre chose que ce qu'elles font.

Vers trois heures, on frappa légèrement à la porte de l'appartement.

Doña Térésa ordonna d'ouvrir, la porte fut ouverte et une servante conduisit le visiteur au boudoir où les dames étaient réunies.

Ce visiteur était l'Urubus.

Pour cette circonstance le chef des bandits avait cru devoir endosser un uniforme militaire de fantaisie, tenant le milieu entre l'uniforme mexicain et l'uniforme français.

L'Urubus était de bonne race, ses manières étaient celles de la haute société française, qui passe avec raison pour la plus accomplie du monde entier.

Le chef des pirates était jeune encore, il était de haute taille, sa physionomie martiale était, en apparence, des plus sympathiques ; sa voix était mâle, ses manières aisées ; en somme comme on dit au Mexique, c'était un *caballero* dans toute l'expression du mot.

A son entrée dans le boudoir, il salua respectueusement les dames qui s'étaient levées pour le recevoir.

— Mesdames, dit l'Urubus avec une exquise politesse, veuillez m'excuser de venir ainsi vous troubler dans votre gynécée, sans y être autrement autorisé que par mon vif désir de vous être agréable en tout ce qui pourra dépendre de moi.

— Veuillez vous asseoir, monsieur, répondit doña Térésa en indiquant un siège.

L'Urubus salua et s'assit.

Cette conversation avait lieu en espagnol que le pirate parlait fort bien.

Les deux jeunes filles, penchées sur leur travail, semblaient complètement étrangères à cet entretien.

— Madame, reprit l'Urubus, permettez-moi avant tout de m'excuser auprès de vous et de vos charmantes filles, pour ce qui s'est passé et l'enlèvement dont elle et vous avez été victimes bien contre ma volonté.

Les jeunes filles semblèrent n'avoir pas entendu.

— Je ne vous comprends pas, monsieur, répondit doña Térésa, je ne suis pas encore bien remise de la douleur que j'ai éprouvée en me voyant brutalement ravie moi et mes filles, à notre famille, ce qui fait que je n'ai pas encore assez de liberté d'esprit pour m'expliquer les paroles que vous me faites l'honneur de m'adresser ; je serais heureuse de comprendre comment vous m'avez enlevée ainsi que mes filles, sans le vouloir.

— Cela est ainsi cependant, madame, répondit doucement le bandit et, si vous me le permettez, je...

— Pardon, monsieur, si, ainsi que vous me le dites, ce

triple enlèvement a été commis contre votre volonté, et sans que vous le sachiez dans le premier moment, il y aurait, à mon avis, un moyen très facile de réparer ce malentendu.

Ces quelques mots furent sifflés d'un bec trop effilé, ainsi que disait Tallemand des Réaux, pour que le pirate ne devinât pas aussitôt qu'il avait affaire à forte partie.

— Quel est ce moyen, madame? reprit-il en souriant; je serais heureux de le connaître.

— Rien de plus simple et de plus facile, monsieur; rendez-nous la liberté, et mon mari vous payera sans compter la rançon, quelle qu'elle soit, que vous exigerez.

— Eh quoi! madame, reprit le pirate avec une surprise très bien jouée, supposez-vous donc que vous êtes prisonnières?

La vieille dame regarda bien en face son interlocuteur.

— Vous plaisantez sans doute, monsieur, dit-elle.

— Oh! madame, vous me faites injure, dit-il avec tristesse, vous n'êtes pas prisonnières.

— Que sommes-nous donc, monsieur? dit Térésa avec ironie.

— Pardon, madame, je crois que nous ne nous entendons pas.

— Ou peut-être, nous entendons-nous trop bien, monsieur; vous ne réussirez pas à nous donner le change, malheureusement, les faits sont patents, rien ne pourra faire qu'ils ne soient pas.

— Je reconnais, madame, qu'en apparence les faits me condamnent.

— Ah! vous en convenez, monsieur.

— Oui, madame, et avec d'autant plus de liberté dans toute cette affaire, que tout s'est passé à mon insu; que j'ignorais quelles étaient les intentions de mon associé; si je les avais connues, je me serais opposé de toutes mes forces, je vous le jure, madame, à ce rapt odieux; mais

12.

quand j'ai été instruit de ce qui s'était passé, il était trop tard; mon associé était prisonnier de votre mari, madame; et ce n'est qu'en arrivant ici que l'on m'a révélé votre enlèvement; voilà, madame, les faits tels qu'ils se sont passés et de quelle façon j'ai été instruit; je n'ai pas dit un mot qui ne soit vrai.

— Alors pourquoi nous retenir ici contre votre volonté?

— Parce que, à mon grand regret, la situation est complètement changée.

— Comment changée, en quel sens?

— Mon associé est prisonnier de votre mari, madame.

— Eh bien, monsieur?

— Le Coyotte, mon associé, est menacé d'une mort horrible, j'en ai été averti; comme je tiens beaucoup à mon associé, je veux tenter les plus grands efforts pour le sauver.

— Que puis-je avoir dans cette affaire?

— Tout, madame.

— Cette fois encore, monsieur, je vous dirai que je ne vous comprends pas?

— Eh bien, madame, bien malgré moi, vous tenant entre mes mains, j'essayerai d'entamer des négociations avec votre mari.

— Dans quel but, monsieur?

— Dans le but de sauver mon associé, madame, en avertissant votre mari que si, dans les vingt-quatre heures, il ne m'est pas rendu, je vous considère comme mes otages, et ce qui sera fait à mon associé, mes otages le subiront.

Ceci fut dit d'une voix sèche avec un accent glacial.

— Vous ne commettrez pas un crime aussi horrible, monsieur, s'écria doña Téréra éperdue.

— Je le ferai, madame, dit-il froidement; que votre mari rende la liberté à mon associé, et aussitôt je vous ferai conduire près de vos amis avec la plus grande courtoisie, je vous en donne ma parole d'honneur.

Il y eut un silence effrayant.

Doña Santa avait perdu connaissance.

— Vous êtes un lâche et un misérable, dit doña Luisa avec un regard écrasant, sortez, monsieur, vil assassin de femmes ! sortez et sachez bien que moi, qui ne suis qu'une jeune fille, je vous défie et je vous méprise, vous me faites horreur ! mais sortez donc ! ajouta-t-elle en frappant du pied avec colère.

— Dieu nous protégera, monsieur, dit doña Térésa avec égarement, il ne permettra pas qu'un crime aussi odieux s'accomplisse.

La porte s'ouvrit, et Navaja annonça.

— L'Oiseau-de-nuit est arrivé.

— Qu'il vienne, dit le pirate.

Le Comanche parut presque aussitôt.

Le Peau-Rouge était froid et sombre comme toujours.

— Déjà arrivé? chef, dit le pirate avec joie, je ne vous attendais pas aussitôt.

— L'Oiseau-de-nuit venait au souterrain, où l'Urubus se terre comme un chien de Prairies, quand il a rencontré le face pâle que vous aviez envoyée à la recherche du chef comanche; que veut le chef face pâle? son ami attend.

— Merci, chef.

Doña Santa avait repris connaissance, elle n'avait pas voulu quitter le boudoir ; les trois dames s'étaient groupées au fond de la pièce ; elles ne perdaient pas un mot de ce qui se disait.

— Où sont les fusils que le Coyotte a promis à l'Oiseau-de-nuit.

— Le Coyotte est prisonnier, il faut attendre qu'il ait repris sa liberté.

— Ooah! fit le Comanche, et quand reviendra le Coyotte dans son terrier? dit le Comanche avec ironie.

— Dans vingt-quatre heures au plus.

L'Indien haussa les épaules avec ironie.

— La lune de demain sera la dernière que verra le Coyotte.

— Comment ?

— Les femmes comanches aiguisent les échardes qu'on lui entrera sous les ongles, les haches sont prêtes, le bûcher préparé, le Coyotte sera torturé demain au coucher du soleil, devant toute la nation comanche ; ce sera très beau.

— C'est bien, dit le pirate avec un geste terrible en désignant les trois dames, ces femmes mourront de la même mort que mon ami.

Le Peau-Rouge sourit.

— Les Peaux-Rouges ne torturent pas les femmes et ne les attachent pas au poteau.

— Je ne suis pas un Peau-Rouge, elles mourront.

— Le Wacondah le défend, les femmes sont sous la protection des guerriers, que l'Urubus prenne garde.

— Voulez-vous porter une lettre que je vous remettrai pour don Agostin de Sandoval.

— L'Oiseau-de-nuit est un chef, répondit l'Indien avec hauteur, il ne porte pas de *colliers* — lettres —.

— Vous refusez ?

— Le chef refuse.

— Alors vous répondrez de la mort de ces femmes, je voulais vous charger de proposer à notre ennemi de me rendre le Coyotte contre la liberté de ces femmes ; refusez-vous encore ?

— Le chef a dit non, répondit froidement le Comanche.

— Soit, elles mourront.

— Le chef pâle tient beaucoup à sauver son ami ?

— Oui, beaucoup.

— Ochk ! c'est bon ; tout est prêt, les guerriers du chef sont réunis, pourquoi l'Urubus ne sauverait-il pas son ami ? le moment est bon.

L'Urubus réfléchit un instant.

— Vous me guiderez? dit-il enfin.
— Le chef a promis.
— Tout est prêt?
— Tout.
— Vous croyez le moment propice.
— Une torture est une fête, la prudence s'oublie.
— Vous avez raison. Alors à demain.
— Est-ce convenu?
— Oui, sur ma parole.
— Oah! le chef viendra à l'*endit-ah*, — au lever du soleil.
— Sauverons-nous le Coyotte.
— Oui, si le chef pâle laisse faire les Peaux-Rouges.
— Vous commanderez l'expédition.
— Bah! l'Oiseau-de-nuit montrera au visage pâle ce qu'il ne s'attend pas à voir.
— Priez Dieu qu'il sauve le Coyotte, car votre vie dépend de la sienne, dit l'Urubus avec menace aux trois dames.
— Les squaws prieront le Wacondah des blancs, et elles seront sauvées! dit le Peau-Rouge avec intention.

Les deux hommes sortirent.

Les trois dames demeurèrent seules; chose étrange, au lieu du désespoir auquel elles avaient été en proie quelques instants auparavant, elles souriaient et étaient presque gaies.

D'où venait ce changement étrange dans leur humeur?

La journée s'écoula assez tristement, elle parut surtout très longue pour les prisonnières.

Elles semblaient attendre quelque chose, bien qu'elles ne se fissent aucune confidence.

Le repas du soir fut silencieux, évidemment les dames étaient préoccupées; elles semblaient en proie à une impatience fébrile, elles ne se communiquaient pas leurs pensées entre elles; plus l'heure avançait, plus les prisonnières semblaient devenir plus nerveuses et plus inquiètes.

Vers neuf heures du soir, doña Térésa voulut elle-même fermer les portes et pousser les verroux.

Cette précaution prise, doña Térésa fit silencieusement un geste aux servantes pour leur ordonner de la suivre.

Elles prirent place alors sur les sophas et les fauteuils, et la porte de la chambre à coucher fut soigneusement fermée et verrouillée en dedans.

Un silence de plomb pesait sur cette chambre, où six femmes étaient réunies, toutes étaient muettes, sombres et immobiles.

Sans doute, elles attendaient un événement terrible et surtout de la plus haute importance pour elles, mais qui, à leur gré, tardait beaucoup à se produire.

Il n'y a rien de plus énervant que l'attente.

Le système nerveux est surexcité, le cœur bat à coups précipités, on éprouve des étouffements et des douleurs d'entrailles ; on ne calculera jamais exactement de combien de siècles se compose une minute pour ceux qui souffrent de l'attente d'un événement qui doit être décisif, soit en bien ou en mal, et qui doit décider de l'existence ou de la fortune et du bonheur d'une famille.

Ces six femmes ainsi immobiles, dont les yeux semblaient seuls vivre, faisaient penser à ces malheureux des *Mille et une Nuits*, qu'un méchant enchanteur a touchés de sa baguette et a métamorphosés en statues de marbre, tout en leur laissant toutes les apparences de la vie.

Cependant la nuit s'avançait, il était près de minuit.

Soudain deux coups légers furent frappés contre le paroi de la chambre à coucher, du côté du rocher.

Doña Térésa posa un doigt sur ses lèvres pour recommander le silence.

Toutes, maîtresses et servantes, subitement se levèrent et se tinrent immobiles ; les cœurs battaient en proie à une vive anxiété.

Tout à coup la tapisserie fut soulevée.

Et l'Oiseau-de-nuit, le chef comanche, apparut.

Derrière lui, dans une large cavité, d'autres hommes armés apparaissaient, éclairés par des torches de bois d'ocote.

Le chef comanche démasqua la cavité et fit un geste.

Les dames passèrent silencieusement, suivies immédiatement par leurs servantes.

Pas un mot n'avait été prononcé.

Puis, quand il ne resta plus personne dans la chambre à coucher, la tapisserie retomba, et le bloc de rocher, qui servait à fermer la cavité par laquelle avaient passé les prisonnières, reprit sa place et toutes traces de cette audacieuse évasion disparurent.

La chambre à coucher resta solitaire, éclairée seulement par la lampe dont l'huile était presque épuisée et dont la lumière devenait à chaque instant plus faible.

Pas un mot n'avait été prononcé de part ni d'autre.

## XIV

Où don Agostin prouve au général de Villiers qu'on veut, à Washington, lui faire tirer les marrons du feu.

Après avoir galopé pendant cinq longues heures d'une course fantastique, les voyageurs avaient enfin atteint la cité mystérieuse, sainte par excellence et à laquelle les Peaux-Rouges ont donné le nom significatif de *Cliquipateptl-coustine*, c'est-à-dire la ville du Grand-Esprit.

Soudain les cavaliers débouchèrent du souterrain avec un bruit d'ouragan, et les chevaux s'arrêtèrent sur la plus grande place de la cité, celle où s'élevait le grand *Calli medecine*.

Cette place était envahie par une foule pressée, réunie là pour souhaiter à leur arrivée la bienvenue aux chefs, et les protecteurs de la ville, les membres de la famille de Sandoval, pour laquelle les Peaux-Rouges avaient une respectueuse déférence et un dévouement à toute épreuve.

Aussitôt que les cavaliers apparurent, les cris, les chants, le bruit des chichikoués, des panderos, des flûtes de Pan, les *ikochota*, c'est-à-dire les sifflets faits d'un tibia humain, éclatèrent tous à la fois, mêlés aux aboiements des incalculables chiens que toujours on rencontre dans les villages indiens : tous ces bruits réunis formaient une cacophonie, une tempête, un ouragan, un vacarme indescriptibles, tels

, que les roulements majestueux du tonnerre n'auraient pu se faire entendre.

Le soleil se levait à l'horizon et lançait ses gerbes d'or dans toutes les directions.

La joie des guerriers Peaux-Rouges était profonde; toute la foule entoura les arrivants en leur souhaitant la bienvenue et les accompagna jusqu'au palais, où elle s'arrêta respectueusement, et se retira après avoir poussé une dernière et enthousiaste clameur, qui, sans doute, épouvanta les fauves blottis dans leurs antres ignorés.

Cinq minutes plus tard la place était déserte.

Tous les Peaux-Rouges, satisfaits d'avoir assisté au retour de leurs chefs bien aimés, étaient paisiblement dans leur Calli.

Les guerriers s'étaient dispersés d'autant plus promptement qu'ils savaient le malheur arrivé à leurs chefs avec cette délicatesse innée chez ces hommes primitifs, ils comprenaient que don Agostin et ses fils avaient besoin de silence et de calme, afin d'user plus facilement leur douleur ainsi qu'ils le disaient énergiquement entre eux.

Don Agostin voulut accompagner, en personne, le général de Villiers jusqu'à l'appartement qu'il lui avait destiné. Puis il le quitta en lui souhaitant un bon repos; il lui annonça que chacun allait se retirer et qu'à midi on se réunirait pour déjeuner.

Le général avait tenu bon quand même pendant cette course endiablée ; son amour-propre était en jeu; pour rien au monde, il n'aurait failli une seconde, il serait plutôt mort sur sa selle.

Mais maintenant que tout était fini, il commençait à sentir la fatigue, il était littéralement rompu; il avait fallu l'enlever de selle, ses articulations ne fonctionnaient plus; sans le double secours du docteur Guérin et de Sidi-Muley, il n'aurait pu faire un pas, il était raide, comme pétrifié, il n'avançait que soutenu par les deux hommes, ou plutôt ceux-ci lui laissaient croire qu'il marchait, quand au contraire ils le portaient.

On le déshabilla ; le docteur lui fit prendre un calmant qu'il avait préparé en toute hâte, il le lui présenta ; on l'étendit sur un lit, et aussitôt il tomba dans un sommeil profond : si profond même que Sidi-Muley en était effrayé.

En réalité, il avait fallu que le général de Villiers, à peine convalescent, fût doué d'une organisation de fer pour résister à de telles fatigues.

Le docteur fit mettre le général dans un bain très chaud, sans que celui-ci parût s'en apercevoir : il était comme mort.

Après avoir laissé le général dans le bain pendant huit à dix minutes, on l'enleva et on l'étendit sur un matelas ; puis le docteur et Sidi-Muley, s'armant de bandes de flanelle imbibées d'esprit de vin camphré, commencèrent à frotter le patient à tour de bras, sur toutes les parties du corps et surtout aux articulations : ces frictions se prolongèrent pendant près d'une demi-heure.

On replaça le général dans son lit, bien enveloppé, sans que son sommeil eût été interrompu pendant une seconde ; son abattement était toujours aussi profond ; mais le docteur fit observer à Sidi-Muley que la peau avait perdu sa rigidité marmoréenne, que la pâleur du visage avait disparu, que les pommettes étaient légèrement rosées et surtout que le sommeil, tout en étant aussi profond, était cependant plus calme et que la respiration était plus douce et plus régulière.

Les deux hommes s'étendirent alors chacun sur un matelas et presque aussitôt ils s'endormirent.

Un peu avant midi le docteur s'éveilla, et d'un coup de pied il fit ouvrir les yeux à Sidi-Muley.

— Eh ! major, dit le soldat en riant, ne me caressez pas si fort, s'il vous plaît.

— Allons, paresseux, dit le docteur en riant, au lieu de

te dorloter comme une petite maîtresse, tu devrais être debout depuis plus d'une heure.

— Hum! vous, vous n'avez pas le réveil caressant, major, c'est absolument comme le général.

— Eh! à propos du général, voyons donc un peu ce qu'il fait, dit le docteur.

— Pardi, c'est pas malin, il dort à poings fermés, il s'en offre une tranche! bigre! je le savais dormeur, mais pas tant que cela, vrai; dites donc, major, sans vous commander, je voudrais vous demander un conseil.

— A moi?

— Dame, à moins que ce soit à Diamant le toutou de don Estevan.

Le toutou en question était un magnifique chien du mont Saint-Bernard, haut comme un âne, doué d'une force terrible, d'une douceur remarquable, d'une intelligence hors ligne, et qui joua un rôle honorable dans plus d'une circonstance mémorable.

— Pourquoi ne demandes-tu pas ce conseil à ton général?

— D'abord parce que pendant le voyage, le général avait autre chose à faire qu'à écouter mes histoires.

— Bon, et maintenant?

— Dame, il dort, voyez vous-même, major.

— C'est juste; parle et sois bref.

— Ce sera pas long; faut dire, major, que hier je me suis rudement battu contre les pirates.

— Je le sais, après.

— Pour lors, j'apercevais les dames qu'on enlevait, je me hâtais pour les atteindre, je les touchais presque, voilà que tout à coup un grand diable que je ne voyais pas, me tombe dessus à bras raccourcis; dame! je ne suis pas plus endurant qu'il faut, je tombe dessus, moi aussi; pour lors je le prends par sa veste et je le jette à terre, et je tombe avec lui; nous nous roulons sans nous lâcher; l'autre réussit à me laisser sa veste dans la main; il se lève et veut se sauver; je l'agrafe par sa ceinture, il me la laisse aussi dans la main; je le déshabillais en détail, je ne sais pas comment tout ça aurait fini; j'étais furieux, quand voilà les pirates qui reviennent sur nous : l'autre ne fait ni une ni deux, il m'abandonne ses guenilles et se paye une course, je ne vous dis que cela; pas moyen de le repincer au demi-cercle, il en avait assez.

— As-tu bientôt fini de me raconter un tas de sottises, animal?

— Attendez, major, vous allez voir; pour lors j'arrive au campement et je m'aperçois que la ceinture était lourde; je l'ouvre, elle était remplie d'or et de papiers; naturellement je confisque les monacos; j'étais dans mon droit, pas vrai, major?

— Oui, après? dit le docteur tout à coup intéressé.

— Dame, major, la ceinture m'avait mis en goût, je visitai la veste.

— Eh bien?

— Elle contenait dans une poche secrète, un portefeuille rempli de papiers et encore une bourse pleine d'onces d'or : était-il assez riche, ce brigand-là, hein, major?

— Hum! qu'as-tu fait des papiers?

— Rien du tout, major; excepté quelques billets de la Banque de France, que j'ai reconnus et que j'ai serrés précieusement, je n'ai rien fait des papiers, je n'ai pas pu les lire, ils sont écrits dans des langues impossibles, j'avais envie d'allumer ma pipe avec; mais Cuchillo, mon camarade, m'a dit qu'ils pouvaient être utiles, et que je ferais bien de les montrer au señor don Agostin.

— Cuchillo t'a donné un excellent conseil, l'as-tu suivi?

— J'ai pas eu le temps encore.

— C'est juste, qu'en as-tu fait?

— Je les ai là dans mon uniforme.

— Montre-les moi.

— Vous les croyez intéressants, major ?

— Beaucoup.

— Alors, gardez-les, les voici.

Et il fouilla dans ses poches.

Le docteur l'arrêta.

— Non conserve-les, quant à présent, dit-il, j'en parlerai à don Agostin et à ses fils ; surtout ne t'en dessaisis sous aucun prétexte, sauf le cas où le général te demanderait à les voir.

— Bien entendu, major, je ne puis avoir aucun secret pour mon général.

Le docteur alluma un cigare et se rapprocha du lit sur lequel le général de Villiers dormait à poings fermés.

— Hum ! murmura-t-il entre ses dents, et consultant sa montre, il est midi moins le quart, il est temps d'éveiller cet éternel dormeur ; si on le laissait faire, il serait capable de dormir ainsi pendant vingt-quatre heures consécutives sans s'arrêter, mais je vais mettre ordre à cela.

Il prit alors dans une poche de côté de son habit un mignon flacon de cristal fermé avec soin et rempli d'une liqueur d'un rouge de sang et, se penchant sur le général toujours endormi, il déboucha le flacon et l'approcha des narines du dormeur.

Le flacon fit immédiatement l'effet attendu, le général ouvrit aussitôt les yeux et se mit sur son séant en bâillant à trois ou quatre reprises, à se décrocher la mâchoire.

— Ah ! dit-il en se frottant les yeux, j'ai bien dormi ; quelle heure est-il, docteur ?

— Midi moins dix minutes, répondit le docteur, comment vous trouvez-vous ?

— Très bien, docteur, merci, je ne me sens plus aucune fatigue, c'est extraordinaire comme quelques heures de sommeil remettent un homme.

— Oui, dit le médecin en riant, ainsi vous vous sentez en état de vous lever ?

— Pardieu !

— Vous sentez-vous appétit ?

— Une faim féroce.

— C'est bon signe, alors habillez-vous au plus vite ; on nous attend pour déjeuner.

— Oh ! je ne serai pas long, vous allez voir, Sidi, mes vêtements.

— Voilà, mon général.

Quelques minutes suffirent au général pour s'habiller.

Quand, dix minutes plus tard, don José entra dans la chambre à coucher, il vit le général vêtu, frais reposé et complètement remis des fatigues de son terrible voyage.

On passa dans la salle à manger.

Le déjeuner était servi, on se mit à table.

Les cinq hommes avaient véritablement des appétits de chasseurs.

Mais le général avait, lui, une faim de convalescent, et il les laissait bien loin de lui ; il dévorait littéralement à la façon des héros d'Homère.

Le docteur en fit l'observation, ce qui fit bien rire les convives.

Le repas fut très gai, don Agostin et ses fils semblaient avoir oublié toutes leurs préoccupations de famille.

Il ne fut fait aucune allusion aux événements qui se passaient ; on semblait, par un accord tacite, avoir laissé de parti pris les affaires dans l'ombre.

Lorsque le dessert eut été remplacé par le café et les liqueurs, don Agostin Perez de Sandoval renvoya les domestiques, fit fermer les portes, et s'adressant à ses convives :

— Allumez vos cigares, caballeros, dit-il ; docteur, et vous, général, je vous recommande ces *puros* authentiques.

Chacun se servit, et bientôt une fumée parfumée remplit la salle à manger.

— Mon cher général, reprit le vieillard en redressant sa haute taille, vous vous rappelez sans doute ce que je vous ai dit à Paso del Norte que je ne pouvais vous donner les renseignements promis que lorsque vous seriez chez moi.

— C'est exact, señor, dit le général en s'inclinant avec courtoisie.

— En effet, mon cher général, cette visite que vous nous faites, et que, je l'espère, vous prolongerez le plus longtemps possible...

— Je le voudrais, señor, mais vous le savez...

— Pardonnez-moi de vous interrompre, nous reviendrons sur ce sujet ; si vous me le permettez, je continuerai.

— Je vous écoute avec le plus vif intérêt, señor, répondit le général.

— Je vous disais donc, reprit le vieillard, que cette visite était indispensable, il y a telles choses que l'on n'explique jamais bien et qu'il faut voir de ses yeux pour bien s'en rendre compte; ainsi vous ne vous seriez jamais douté qu'en pleine Apacheria, dans ce désert rebelle à toute civilisation, vous trouveriez non seulement une, mais cinq villes comme celle-ci.

— Cinq villes?

— Oui, général, non pas aussi riches et aussi peuplées, mais elles sont tout au moins aussi anciennes que la nôtre; les Américains ont entendu parler de leur existence, mais ils n'ont jamais réussi à les découvrir, parce que le secret de ces cités est sous la sauvegarde des Peaux-Rouges et que leur haine instinctive et mortelle pour les blancs les empêchera toujours de révéler ce secret.

Pour bien me faire comprendre, mon cher général, il me faut remonter à une assez grande antiquité ; mais je tâcherai d'être bref et j'abrégerai le plus possible; goûtez donc ce rhum, je vous assure qu'il est excellent.

Les convives se servirent du rhum en souriant.

Don Agostin reprit :

— Vous savez comme moi, mon cher général, que le Pérou et surtout le Mexique, avant la conquête, possédaient une civilisation beaucoup plus avancée que celle des Espagnols qui n'étaient que des barbares et le prouvèrent d'une façon horrible ; seulement la civilisation mexicaine était l'opposé le plus complet de la civilisation des Européens : ils ne connaissaient pas les armes à feu, les effets terribles de la poudre, ils n'avaient jamais vu de chevaux, etc., etc. Le gouvernement mexicain était doux et paternel, la population était laborieuse bien que très brave, et ressemblait beaucoup à celle de la Chine ; les travaux de la terre étaient en honneur ; ils auraient pu vivre heureux s'ils n'avaient pas été aussi riches en mines d'or, d'argent, etc. ; leur richesse les perdit.

Les Incas, ainsi qu'on les nomme, étaient de race blanche, c'étaient eux qui gouvernaient le pays avec le titre d'empereur. D'où venaient-ils? on ne le sut jamais cela resta un mystère ; mais il est constant que l'Amérique était connue et visitée depuis la plus haute antiquité ; il est probable que, par le détroit de Behring, les blancs passèrent souvent en Amérique ; les grandes migrations des Chichimèques, des Toltèques, des Aztèques et d'autres peuples, venaient des hauts plateaux de l'Asie ; mais je n'insisterai pas davantage sur ce point.

A l'époque de l'empire du Mexique, le pays où nous sommes se nommait non pas l'Arizona, mais Cibola, c'est-à-dire la terre des Bisons, *cibolo* en indien signifie bison, cet animal étrange effrayait les habitants qui le supposaient de race divine, ils avaient pour lui une vénération superstitieuse.

Déjà à cette époque ce pays était une contrée sauvage, mystérieuse et presque ignorée ; les peuples, dans leurs longues migrations y avaient fondé un grand nombre de villes dont vous avez vu sans doute les ruines jonchant le sol pendant des lieues entières : cinq de ces villes continuèrent à exister et à prospérer ; une prophétie était attachée à ces villes, prophétie qui, à un moment donné, se réalisa : elle disait que l'empire des Incas disparaîtrait quand des hommes blancs, montés sur des barques ailées débarqueraient sur le sol mexicain ; mais, ajoutait la prophétie, la liberté mexicaine se réfugierait dans les villes chichimèques et un jour en sortirait pour rétablir l'empire des Incas.

L'empereur *Moctekusoma*, et non Montezuma comme on le nomme, ce qui est une faute grave, tous les noms mexicains ont une signification, celui de *Moctekuzoma* signifie l'homme sévère ; l'empereur, dis-je, était un homme faible et sans caractère ; s'il avait eu plus d'énergie, il aurait facilement écrasé cette poignée d'aventuriers qui lui faisaient la loi. Au lieu de se conduire en roi, il louvoya, se fit l'ami des Espagnols, et dès lors tout fut perdu.

Un de mes ancêtres originaire de Tolède, avait été compagnon et ami de Christophe Colomb et plus tard de Fernand Cortez qu'il accompagna dans son expédition contre le Mexique.

L'empereur Moctekuzoma avait plusieurs filles; la plus jeune, la plus belle et la plus aimée de l'empereur, fut mariée à mon ancêtre par les ordres de Fernand Cortez; cette alliance avec les Incas ne fut pas la seule qu'il y eut dans notre famille, mais ce qui nous fit surtout considérer comme Incas par les Mexicains, ce fut que, lorsque avant de mourir, l'empereur ne voulant pas que le feu sacré, allumé disait-on par un rayon de soleil, tombât entre les mains des Espagnols, il partagea ce feu entre les mains de ses amis les plus fidèles, pour le tenir toujours allumé, il en confia une parcelle à chacune de ses filles, mon ancêtre jura à sa femme qu'il respecterait le feu que lui avait confié son père ; mon ancêtre partit de Mexico avec sa femme et des serviteurs dévoués et se retira dans cette ville où nous sommes, il embrassa définitivement le parti des indigènes contre les étrangers ; le feu de Moctekuzoma brûle toujours dans les souterrains de mon palais, on ne l'expose à la vue des Peaux-Rouges que quatre fois par an, au changement de saisons.

L'empereur, en mourant, s'accusa et pleura d'avoir perdu le peuple que Dieu lui avait confié, il dit qu'il reviendrait un jour sur la terre, et que si le feu allumé d'un rayon de soleil brûlait encore, l'empire mexicain serait rétabli ; les Peaux-Rouges ont une foi entière en cette prophétie ; les Comanches prétendent descendre des Aztèques et être Mexicains.

Vous savez maintenant qui nous sommes et pourquoi les Peaux-Rouges nous tiennent en une aussi haute vénération ; vous devez sans doute entrevoir ce qui me reste encore à vous dire.

— Je le crois, señor, mais je ne vois pas pourquoi nous serions ennemis ; cette terre vous appartient de toute antiquité, croyez-vous donc que je suis un Fernand Cortez et que j'essayerai de vous voler votre héritage. Rassurez-vous, ajouta-t-il en riant, jamais, je vous le jure, un projet aussi fou ne hantera ma cervelle.

— Je le crois, mon cher général, voilà pourquoi je m'entretiens si franchement avec vous.

— Franchise dont je vous remercie cordialement, señor.

— Du reste, je n'ai plus que quelques mots à vous dire ; mais vous ne fumez pas, il me semble ?

— Pardonnez-moi, je fume beaucoup au contraire, et la preuve, c'est que je vais allumer ce cigare.

— A la bonne heure.

— Je reprends.

— Je vous écoute.

— Vous m'avez dit que vous aviez été admirablement reçu à la Maison-Blanche.

— C'est vrai, monsieur, je n'ai eu qu'à me louer de la

façon dont j'ai été accueilli par le président de la république des États-Unis.

— Parce que vous ne saviez pas le dessous des cartes, dit don Estevan en riant.

— Le dessous des cartes?

— Mon Dieu, oui, dit don José, vous le verrez bientôt.

— Hum! je ne suis pas un de ces hommes auxquels on peut faire jouer un rôle ridicule.

— C'est cependant ce que l'on prétend.

— Si vous me prouvez que telle est l'intention du gouvernement de Washington...

— Cette preuve sera facile à vous donner.

— Mais des preuves positives.

— Écrites, dit don Agostin en souriant.

— Oh! ce serait peut-être trop exiger, señor.

— Connaissez-vous la langue anglaise, mon cher général?

— Oui, caballero, je parle couramment l'anglais et je l'écris de même.

Don Agostin ouvrit une cassette placée sur la table près de lui, il en retira plusieurs papiers et les présentant à M. de Villiers :

— Lisez, mon cher général, dit-il.

M. de Villiers lut les lettres.

Don Agostin l'examinait à la dérobée.

Malgré sa puissance sur lui-même, le général, tout en conservant en apparence un sang-froid glacial, pâlissait, fronçait les sourcils, et contractait ses lèvres par des sourires méprisants.

Un silence de plomb planait sur cette réunion, amicale au commencement et qui, en apparence, menaçait de se terminer par une rupture.

Seul, le vieillard était calme et laissait errer un sourire sur ses lèvres,

Le général rejeta les lettres avec un mouvement nerveux dont il ne fut pas maître.

— Eh bien? demanda don Agostin à l'officier en voyant qu'il avait repoussé les papiers avec un sourire plein d'amertume.

— Eh bien, señor, dit le général, d'une voix sourde où grondaient les derniers efforts de la tempête intérieure qui avait failli le terrasser, ces gens sont des misérables, et je vous remercie de m'avoir édifié sur leur compte.

— Ainsi, vous êtes enfin convaincu?

— Comment ne le serais-je pas après ce que j'ai lu!

— Le plan était admirablement conçu, reprit le général avec amertume; les Américains, reconnaissant leur impuissance à coloniser l'Arizona, faisaient de cette colonisation impossible pour eux une affaire en dehors de toute ingérance gouvernementale; vous appeliez à vous les émigrants, vous fondiez des villes et des villages, vous donniez de la terre et vous luttiez seul, à vos risques et périls, contre les pirates, les Peaux-Rouges et contre nous, les maîtres et propriétaires de cette terre, que les Américains savent que nous défendrons jusqu'à la mort contre tous ceux qui tenteront de nous déposséder; ils ont compris à leurs dépens qu'ils ne peuvent rien contre nous, aussi voulaient-ils faire de vous une patte de chat.

— C'est-à-dire qu'ils prétendaient me faire tirer les marrons du feu pour eux, ainsi que nous disons en France.

— C'est cela même, mon cher général.

— Ce que je ne comprends pas, reprit M. de Villiers, c'est le rôle que joue le Mexique dans cette affaire.

— C'est cependant bien facile à comprendre, général, le Mexique sait très bien que la sécession tentée une fois déjà est fatale dans un avenir prochain; les Américains du Nord, tant qu'ils n'ont eu affaire qu'à la race anglo-saxonne, étaient puissants, mais dès que la race latine se mêle avec eux, l'antagonisme est trop grand, ils s'affai blissent en la mêlant avec eux ; avant vingt ans la république des États-Unis se séparera en trois ou quatre États ennemis ; la Californie, la Louisiane, le Texas et le Nouveau-Mexique reprendront leur liberté. Le Mexique le sait aussi bien que les Yankees eux-mêmes ; dans la tourmente, ils se flattent, ce qui est une erreur, que les provinces que les États-Unis leur ont enlevées leur reviendront, et cela d'autant plus que l'Arizona sera restée sentinelle vigilante de leurs intérêts en s'opposant à toute colonisation de cette magnifique contrée, grâce à nous qui y sommes tout-puissants. Voilà pourquoi, mon cher général, d'un côté le Mexique vous offre deux millions de francs pour rester neutre, tandis que le gouvernement de Washington est prêt à vous donner la même somme si vous consentez à lui servir de patte de chat.

— Vive Dieu ! señor don Agostin, vous m'avez ouvert les yeux un peu brutalement peut-être, mais votre intention était bonne, et je vous en remercie. Je suis un soldat, moi, je marche droit, sans m'occuper de la politique, dont j'ai horreur, parce que je ne la comprends pas et que je ne veux pas la comprendre.

— M'est-il permis de vous demander, mon cher général, ce que vous comptez faire ?

— Parfaitement, señor : cela est bien simple, je vous assure ; j'exigerai des États-Unis ce qu'ils me doivent et qu'ils m'ont offert : je possède les moyens de les contraindre à me payer sans délai ; quant au Mexique, je n'ai rien à lui réclamer puisque je ne pourrais et je ne voudrais lui rendre aucun service. Vous voyez, tout cela est très facile à régler ; avec deux millions je reconstituerai la fortune de ma mère et de ma sœur et j'en aurai encore bien assez pour moi.

— Soit, général, je vous approuve, votre résolution est celle d'un honnête homme et d'un brave soldat, quand vous arriverez à la Maison-Blanche, mes lettres vous auront précédé ; je puis à l'avance vous assurer que vous ne rencontrerez aucune difficulté pour le payement de la somme qui vous est due ; quand comptez-vous partir ?

— Aussitôt que l'affaire des pirates sera terminée, j'ai là un cousin que vous connaissez et dont je ne serai pas fâché d'être débarrassé.

— Alors vous n'attendrez pas longtemps, mon cher général, dit don José avec un sourire énigmatique.

— Vous préparez donc une expédition ?
— Oui, mon cher général.
— J'espère que vous me mettrez de la partie ?
— Impossible, mon cher général, ne m'en veuillez pas ; vous reconnaîtrez bientôt que je ne pouvais vous prendre avec moi.

— Soit, je n'insiste pas, croyez-vous réussir ?
— J'en ai la certitude.
— Et les dames ?
— Seront ici dès demain matin.

— Vous parlez avec une grande assurance, dit le général en souriant.

— C'est vrai, mais c'est que je sais que rien ne peut m'empêcher de réussir.

— Tant mieux, mais cependant, permettez-moi de vous souhaiter bonne chance.

— Je vous en remercie, dit le jeune homme en lui tendant la main.

On se leva de table.

— Et vos prisonniers, demanda le général en allumant un cigare, qu'en faites-vous ?

— Nous attendons que les autres pirates soient pris pour les juger tous ensemble, dit le vieillard avec bonhomie.

— Hein ! que dites-vous donc là, señor ?
— La vérité, mon cher général.

— Hum! quand comptez-vous donc vous emparer d'eux?

— Demain au plus tard, mon cher général, mais vous vous trompez en ce sens que nous ne nous emparerons pas d'eux.

— Eh! comment ferez-vous alors?

— Nous les laisserons venir d'eux-mêmes se jeter dans le traquenard.

— Oh! oh! voilà qui me semble bien aventuré, señor.

— Vous verrez, général, dit le vieillard avec ce sourire de bonhomie qui éclairait son visage d'une façon si aimable.

— Il faut en prendre votre parti, mon cher général, dit le docteur Guérin avec son sourire moitié figue et moitié raisin; cela sera comme vous l'a dit don Agostin.

— Pardieu, je ne demande pas mieux.

— Eh bien, vous verrez.

— Enfin, dit le général peu convaincu, nous verrons.

— C'est cela, dit le docteur.

Et prenant don Agostin à part, il lui raconta ce que Sidi-Muley lui avait confié, le conseil que le soldat lui avait demandé et celui qu'il lui avait donné.

— Vous avez vu les papiers? demanda le vieillard.

— Je les ai tenus dans la main.

— Oh! oh! cela peut nous être utile, si ces papiers sont véritablement sérieux.

— Ils m'ont paru tels. Ils sont écrits, autant que j'ai pu m'en assurer, en anglais, en allemand et en français.

— Si cela est ainsi, il n'y a pas un instant à perdre.

— C'est ce que je pense.

— Je vous remercie, docteur.

— Pardieu! cela n'en vaut pas la peine, c'était mon devoir de vous avertir, à propos, j'ai promis une bonne récompense à Sidi-Muley.

— Soyez tranquille, je connais ce brave garçon de longue date, la récompense ne lui manquera pas.

Don Agostin ordonna à Cuchillo de chercher Sidi-Muley et de l'amener au plus vite, et il engagea ses fils, le général et le docteur à assister à ce qui allait se passer.

Chacun reprit place.

## XV

Où l'Oiseau-de-nuit tint à l'Urubus plus qu'il lui avait promis, et ce qui en advint pour les pirates.

La hulotte bleue chantait pour la dernière fois, comme pour saluer le réveil de la nature.

Les étoiles s'éteignaient les unes après les autres dans les profondeurs du ciel.

D'épaisses vapeurs s'élevaient du rio Gila et se condensaient en un brouillard épais au-dessus de la rivière.

Une large bande d'opale s'étendait aux dernières limites de l'horizon.

Les fauves regagnaient leurs repaires ignorés, passant comme des ombres dans les ténèbres, qui semblaient devenir plus intenses à l'approche du jour.

La brise nocturne tout imprégnée d'humidité courait à travers les branches des arbres, et faisait frissonner les feuilles.

Le froid était glacial.

Il était un peu plus de cinq heures du matin, les masses d'ombres s'éclaircissaient peu à peu et laissaient presque distinctement apercevoir les pittoresques accidents d'un paysage sévère et grandiose, qui ne devait rien à l'art, et était resté tel qu'il était sorti des mains du Tout-Puissant.

Soudain, sans que le plus léger bruit se fît entendre, une nombreuse troupe de guerriers Peaux-Rouges émergea de l'obscurité, marchant en file indienne d'un pas rapide et cadencé.

Ces Peaux-Rouges, au nombre de plus de quatre cents guerriers, étaient tous peints et armés en guerre.

Ils firent halte au centre d'un brûlis assez étendu à quelque cinquante mètres d'un immense chaos de rochers.

Presque aussitôt, d'un autre côté, apparut une troupe aussi nombreuse que la première, mais composée de cavaliers.

Ces cavaliers, peints comme les premiers étaient tous des guerriers renommés, ce qui était facile à reconnaître aux nombreuses queues de loup attachées à leurs talons.

A leurs peintures, à leurs vêtements, à leurs armes, et à la façon dont les chefs portaient la plume de commandement plantée dans la touffe de guerre, il était facile de les reconnaître pour des Indiens Corbeaux et des Cheyennes.

Les chefs se détachèrent des deux troupes et se réunirent un peu à l'écart au centre du brûlis, s'accroupirent sur leurs talons, allumèrent leurs calumets et commencèrent à fumer silencieusement.

Le sagamore ou chef suprême échangea quelques mots à voix basse avec les chefs, et il s'éloigna dans la direction du chaos de rocher.

Ce grand chef était vêtu et armé à peu près de la même façon que ses guerriers, mais il portait sa plume d'aigle de commandement, non pas dans sa touffe de guerre, mais au-dessus de l'oreille droite, ce qui le faisait reconnaître pour un guerrier comanche.

En effet, ce chef était l'Oiseau-de-nuit.

Après avoir passé derrière les rochers et être arrivé devant l'ouverture béante du souterrain, l'Oiseau-de-nuit fit un signal.

Un autre signal répondit dans les profondeurs du souterrain.

Presque aussitôt Navaja parut, accompagné de quatre autres bandits.

— Venez, dit Navaja, l'Urubus vous attend avec impatience.

L'Oiseau-de-nuit, sans prononcer un mot, suivit les bandits.

Dans le souterrain, les bandits étaient réunis et armés prêts à partir.

L'Urubus fit quelques pas en avant du chef comanche.

— Soyez le bienvenu chef, dit-il.

L'Indien s'inclina silencieusement.

— Avez-vous amené vos guerriers? reprit le pirate.

— L'Oiseau-de-nuit est un chef renommé, répondit sentencieusement le chef. Sa langue n'est pas fourchue, ce qu'il promet il le tient.

— J'ai confiance en vous, chef, je compte que vous jouerez franc jeu avec moi.

— L'Oiseau-de-nuit ne comprend pas les paroles de l'Urubus. Les visages pâles emploient des paroles que les Peaux-Rouges n'entendent pas ; que mon frère répète! le chef n'a pas de peau sur son cœur, sa parole n'est pas fausse.

— Je n'ai pas voulu vous dire rien de blessant chef, je voulais seulement vous faire comprendre que je me fie à votre parole.

— Bon! le chef comprend ; il a promis à l'Urubus de le conduire avec ses jeunes hommes dans le village en pierre, habité par le face pâle que ses amis nomment don Agostin. Est-ce bien cela que le chef a promis à l'Urubus?

— Oui c'est cela répondit le pirate.

— Bon, l'Urubus à promis des armes à l'Oiseau-de-nuit pour armer ses guerriers; où sont les armes?

— Les armes sont prêtes, reprit le pirate; que le chef suive son ami, il verra.

— Eaah! le chef ira.

— Venez donc.

Le pirate s'enfonça dans le souterrain suivi pas à pas par le Comanche ; après avoir fait plusieurs détours et traversé plusieurs galeries, l'Urubus s'arrêta devant une épaisse porte fermée avec soin.

— C'est ici, dit-il.

L'Urubus ouvrit cette porte.

Dans une cavité assez profonde se trouvaient, d'un côté, une centaine de caisses d'armes contenant des fusils, des sabres, des revolvers, des haches, des couteaux à scalper; de l'autre il y avait cent à cent cinquante barils de poudre engerbés les uns sur les autres.

— Vous voyez, chef, dit le pirate.

— Le chef voit, dit le Comanche.

— Si vous voulez prendre livraison de ces caisses d'armes et des barils de poudre, mes guerriers les transporteront immédiatement hors du souterrain et les remettront à vos jeunes hommes

L'Oiseau-de-nuit sembla réfléchir pendant quelques instants.

L'Urubus l'examinait à la dérobée, mais le visage du Comanche était de marbre; il était impossible de rien lire sur ses traits peints.

— Le soleil va se lever à l'horizon, dit le Comanche, le temps est précieux : il faudrait plusieurs heures pour transporter ces armes et ces barils de poudre.

— C'est vrai, dit l'Urubus, dont l'œil lança un éclair de satisfaction.

— La journée serait très avancée quand le transport serait terminé, reprit le chef. L'Urubus serait contraint de remettre l'expédition à demain, et peut-être demain Sandoval serait sur ses gardes.

— Oh ! oh ! dit l'Urubus, notre secret est bien gardé.

— Peut-être, un secret est toujours trahi si l'on attend, dit l'Oiseau-de-nuit en hochant la tête.

— Il y a du vrai dans ce que vous dites, chef, mais comment faire?

— Mon frère l'Urubus est un guerrier brave, c'est un chef, il a donné sa parole à l'Oiseau-de-nuit; il la tiendra.

— Certes, chef, je vous le jure, dit le pirate avec un mouvement de joie qu'il ne put retenir et que le Comanche ne parut pas avoir remarqué..

— Mon frère l'Urubus me donnera la clef de cette grotte, et demain mes jeunes hommes viendront prendre les armes et la poudre qui leur appartiennent, demain à la même heure qu'aujourd'hui; l'Urubus y consent-il ?

— Avec le plus grand plaisir, chef.

— Le chef comanche a la parole de l'Urubus, il se fie à lui.

— Je tiendrai ma parole, je vous le jure sur l'honneur.

— Oaoh! dit l'Indien, un guerrier n'est pas une vieille femme bavarde, le chef attendra à demain.

— C'est entendu, reprit le pirate.

Il referma alors la porte de la grotte, en retira la clef, et il la présenta à l'Indien qui la prit et la passa dans sa ceinture.

— L'Urubus est-il prêt à partir? demanda l'Indien.

— Oui, répondit le pirate, mais avant de m'éloigner, je voudrais faire une visite à mes prisonnières.

— Comme il plaira à l'Urubus, dit le Comanche, mais pourquoi les éveiller à cette heure pour leur dire des paroles qui n'auraient aucune importance.

Tout en causant ainsi, les deux hommes étaient revenus à leur point de départ, à quelques pas seulement de l'endroit où se trouvait le bâtiment construit pour les dames.

— Je ne veux pas avoir d'arrière-pensée pour vous, chef, dit l'Urubus en se décidant enfin à dévoiler le fond de sa pensée; mon intention est d'emmener avec moi les prisonnières.

— Bon! pourquoi emmener ces femmes?

— Parce que, chef, il peut se présenter telles circonstances quand nous aurons pénétré dans la ville que la vue des prisonnières pourra nous donner un grand avantage sur nos ennemis, et les contraindre à négocier avec nous.

— Ooah! dit le Comanche avec ironie, l'Urubus ne connaît pas les Sandoval, l'Urubus aura devant lui des guerriers nombreux et très braves, l'expédition de l'Urubus contre ses ennemis ne doit être qu'une surprise, si le chef pâle laisse aux Sandoval un instant pour se reconnaître, il sera perdu; les Sandoval sont très fins, ils savent employer les ruses les plus habiles pour abattre leurs ennemis; le village en pierre que l'Urubus veut prendre est très grand et contient beaucoup de guerriers bien plus nombreux que ceux de l'Urubus, s'il emmène avec lui les trois femmes pâles, elles seront pour lui un grand embarras; il faudra les garder avec soin pour empêcher qu'on ne les délivre; dès que les Sandoval verront que l'Urubus a amené les trois femmes avec lui, ils feront des efforts extraordinaires et peut-être les enlèveront-ils; alors que fera l'Urubus? au lieu que, même s'il a le dessous et se voit contraint à reculer et à se mettre en retraite, les femmes pâles laissées ici seront toujours en son pouvoir, et lui serviront d'otages, ainsi qu'il le pensait hier; mais l'Oiseau-de-nuit est un chef comanche, il oublie que l'Urubus est un guerrier très fin et très brave, et qu'il n'a pas besoin des conseils d'un pauvre Indien; l'Urubus fera donc ce qui lui conviendra, et cela sera toujours bien fait de la part d'un si grand chef.

L'Urubus avait écouté les paroles du chef comanche avec la plus sérieuse attention; malgré lui, il avait été frappé des observations pleines de sens du Peau-Rouge; il était contraint dans son intérieur de reconnaître que le conseil qu'on lui donnait avec une aussi grande déférence était très juste et qu'il aurait grand tort de ne pas le suivre ; d'autant que, ainsi que le lui avait dit le chef comanche, en laissant les dames dans le souterrain, il était toujours le maître si les circonstances l'exigeaient de les traiter en otages et de cette façon, en cas d'insuccès, il se laissait une porte ouverte pour entamer des négociations avec ses ennemis.

Toutes ces considérations se présentèrent en un instant à son esprit, et il abandonna franchement le projet qu'il avait formé et dont il reconnaissait les défauts.

— Ma foi, chef, dit-il en souriant, je vous remercie de m'avoir ouvert les yeux : sans vous j'aurais fait une énorme sottise, je renonce à emmener mes prisonnières.

— Eaah ! le chef pâle a peut-être raison, dit froidement le chef.

— Votre éloquence m'a converti, chef, je laisserai une dizaine d'hommes pour veiller sur les prisonnières, cela vaudra beaucoup mieux.

— Bon ! l'Urubus sait ce qu'il doit faire, c'est un grand chef, il s'emparera des Sandoval.

L'Urubus lui lança un regard d'une expression singulière, mais le chef comanche était froid et impassible.

Il avait semblé trouver une ironie cachée dans l'accent du Comanche.

L'Urubus appela Navaja, lui ordonna de choisir une douzaine d'hommes résolus dont il serait le chef et qui resteraient dans le souterrain pour garder les prisonnières.

Il donna ses ordres dans les plus grands détails à Navaja et termina ainsi ses instructions :

— Si vous étiez attaqués, tuez plutôt les prisonnières que de vous les laisser enlever.

Navaja s'inclina respectueusement, et tout fut dit ; l'Urubus savait que le vieux pirate n'hésiterait pas à obéir.

— Maintenant, dit l'Urubus, nous partirons quand vous voudrez.

— Bon ! partir tout de suite, beaucoup temps perdu.

— Vous savez, l'Oiseau-de-nuit, que nous marchons à l'aveuglette et que nous ignorons où nous allons.

— Oui, dit le Comanche, mon frère pâle est comme le petit de l'opossum qui vient de naître : ses yeux sont fermés.

— C'est cela même, chef, dit l'Urubus en riant, vous êtes donc à la fois notre guide et notre chef, car sans vous nous ne pouvons rien faire.

— Bon ! le chef comanche aura des yeux pour son frère, mais l'Urubus tiendra honnêtement toutes ses promesses.

— Je vous le jure encore, chef.

— Ooah ! un chef a parlé.

— Mais vous m'introduirez dans la ville des Sandoval.

— L'Oiseau-de-nuit a promis de conduire l'Urubus sur la grande place du grand village en pierre de son ennemi, le Wacondah des Peaux-Rouges qui est le même que celui des blancs, est témoin pour le chef comanche.

— C'est bien, allons.

Sur l'ordre de leur chef, les pirates se mirent en selle et se formèrent en ordre de marche.

Ils suivirent tous les détours du souterrain, et finalement, après un quart d'heure de marche à peu près, ils débouchèrent sur le brulis où les Peaux-Rouges les attendaient.

Les pirates étaient tout au plus trois cent cinquante, mais c'étaient tous de vieux rôdeurs de frontières, rompus à toutes les péripéties du désert et d'une bravoure froide et à toute épreuve, capables de tout pour de l'or.

Les chefs indiens furent réunis en conseil, et l'on arrêta les dernières mesures qu'il convenait de prendre.

L'Urubus, sans en laisser rien témoigner au dehors, était au comble de la joie, les Indiens et les pirates réunis formaient un effectif de onze cents hommes aguerris ; jamais, de mémoire de pirate, troupe aussi belle et aussi nombreuse n'avait été réunie sous les ordres d'un seul chef.

L'Urubus se croyait sûr du succès, et, en effet, tout le faisait supposer.

Il fut convenu par le conseil des chefs, que les pirates marcheraient au centre de la colonne, les cavaliers corbeaux formeraient l'avant-garde, les pirates le centre et les Indiens cheyennes, l'arrière-garde.

Les Peaux-Rouges qui étaient à pied, marcheraient en batteurs d'estrade en avant et sur les flancs de la colonne.

L'Oiseau-de-nuit, ainsi que cela avait été convenu avec l'Urubus, cumulait le commandement de l'expédition et la charge de guide.

Il était bien entendu entre les confédérés que, aussitôt arrivés dans la ville de refuge de la famille Sandoval, l'Urubus deviendrait le chef suprême et l'Oiseau-de-nuit n'aurait plus que le commandement des Peaux-Rouges.

Tout cela bien convenu et bien arrêté, l'Oiseau de nuit donna enfin le signal du départ.

L'Oiseau-de-nuit tenait la tête de la colonne; l'Urubus venait près de lui, mais à quelques pas en arrière.

La longue colonne allongea ses nombreux anneaux comme un immense *cascavel* en suivant les nombreux méandres d'une sente de bêtes fauves.

Cette marche se prolongea pendant environ trois heures; il était près de neuf heures du matin, lorsque l'Oiseau-de-nuit ordonna une halte, pour laisser souffler les chevaux et les Indiens qui étaient à pied.

— Eh bien, demanda l'Urubus, approchons-nous, chef?

— Une heure encore, dit l'Indien d'un ton sententieux, et mon frère l'Urubus sera dans le village en pierre des visages pâles.

— Oh! oh! fit l'Urubus en se frottant les mains, voilà une triomphante nouvelle.

L'Oiseau-de-nuit interrogeait les batteurs d'estrade, sans doute pour s'instruire et savoir ce que faisait l'ennemi.

Mais rien ne bougeait, les batteurs d'estrade n'avaient

rien vu ni entendu, un silence complet planait sur le désert.

La halte dura environ une demi-heure, puis on reprit la marche.

Cette fois on avait quitté la plaine, on gravissait une montagne aux flancs abrupts où les chevaux glissaient souvent sur un terrain mouvant où ils ne pouvaient que très difficilement prendre pied.

Cette marche difficile se prolongea assez longtemps; enfin la colonne atteignit un plateau assez large, où le sol était solide.

— Maintenant, dit l'Oiseau-de-nuit à l'Urubus, il nous faut abandonner les chevaux, ils nous deviennent inutiles.

— Hum! cela est bien gênant.

— Peut-être peut-on l'éviter.

— Ah! comment?

— Cela dépend des chevaux.

— Que voulez-vous dire, chef?

— Les chevaux des guerriers rouges sont instruits à passer partout comme les mules ; les chevaux de mon frère sont-ils ainsi?

— Pardieu! s'écria l'Urubus, tous mes guerriers sont habiles, et leurs chevaux sont admirablement dressés; ils passeront partout où passeront les vôtres.

— Ooah! tant mieux, préférable avoir des chevaux pour fuir.

— Et pour charger l'ennemi, ajouta le pirate en souriant.

— Bon! mon frère l'Urubus a raison, les faces pâles conserveront leurs chevaux.

— A la bonne heure, je vous avoue, chef, que s'il m'avait fallu abandonner mon cheval, cela m'aurait fort chagriné.

— Bon! mon frère ne sera pas chagriné, il conservera son cheval et ses guerriers pâles aussi; marchons puisque rien n'arrête plus le chef pâle.

On continua à gravir la montagne.

L'Oiseau-de-nuit suivait le chemin que, vingt-quatre heures auparavant, don Agostin avait pris avec ses amis pour arriver à la ville de refuge.

Après maints et maints détours enchevêtrés comme à plaisir les uns dans les autres, les pirates, toujours guidés par le chef comanche, arrivèrent enfin en face du pont étroit jeté sur un précipice dont nous avons parlé plus haut.

L'Oiseau noir passa le premier, les autres suivirent.

Chose singulière, plus les pirates approchaient de la ville, plus l'Urubus se sentait inquiet, bien que tout semblât marcher à merveille.

C'était ce calme profond, cette sécurité complète que semblaient éprouver les habitants de la ville, qui étonnait et effrayait secrètement le chef des pirates.

L'Urubus aurait volontiers dit comme un général fameux pendant une reconnaissance de nuit autour d'une ville qu'il assiégeait :

— Tout est trop calme, j'entends le silence!

C'était un pressentiment, car quelques minutes plus tard il était assailli par des forces considérables et contraint de se retirer en désordre.

L'Urubus se trouvait en ce moment dans la même situation que ce général, malheureusement il s'était trop avancé pour pouvoir reculer ; il lui fallait marcher en avant quand même, car toute retraite lui était coupée.

En effet, sans que l'on sût comment, le pont jeté sur le précipice s'était écroulé sous les pieds du dernier cavalier, qui avait failli être précipité dans le gouffre.

La plate-forme sur laquelle s'ouvrait l'entrée du souterrain qu'il fallait traverser pour atteindre la ville était très étroite ainsi que nous l'avons dit, si bien que les cavaliers

au fur et à mesure qu'ils avaient franchi le précipice, s'é-
taient engagés dans le souterrain, de sorte que seuls
ceux qui avaient passé les derniers avaient eu connaissance
de la rupture du pont; mais comme ces cavaliers étaient
des guerriers peaux-rouges, ils avaient gardé le silence ;
sans doute dans la crainte de démoraliser leurs compagnons, en leur révélant que désormais toute retraite était
coupée.

Le Chef des pirates fit halte pendant quelques instants
pour reformer les rangs et prendre la tête de la colonne,
ainsi que cela avait été convenu avec l'Oiseau-de-nuit.

L'endroit où l'Urubus et ses bandits s'étaient arrêtés
était une immense caverne sur laquelle s'ouvraient de
larges galeries se dirigeant dans différentes directions.

— Laquelle de ces galeries devons-nous suivre? demanda l'Urubus à l'Oiseau-de-nuit.

— La galerie qui aboutit au village en pierre des visages pâles est celle au bout de laquelle l'Urubus voit briller
le soleil, répondit le chef comanche.

— Eh! fit joyeusement le pirate, nous n'avons que
quelques pas à faire!

— Pas davantage.

— Alors nous sommes dans la ville.

— Oui, dit laconiquement le chef.

— Pardieu! dit l'Urubus en dégainant son sabre, je...

L'Oiseau-de-nuit posa sa main sur l'épaule du pirate.

— Que me voulez-vous, chef? dit l'Urubus.

— L'Oiseau-de-nuit veut savoir si l'Urubus reconnaît
que le chef a tenu sa parole.

— Je le reconnais et je vous remercie, chef, vous avez
agi loyalement.

— Bon! l'Urubus se souvient de la parole qu'il a donnée
au chef.

— Laquelle, chef, je vous ai donné plusieurs paroles,
de laquelle me demandez-vous de me souvenir ?

— L'Urubus a promis à son ami rouge de ne tuer ni torturer les femmes, les enfants et les vieillards. Le chef pâle se souvient-il ?

— Il est possible que je vous aie fait cette promesse, chef, dit-il avec ironie, mais je l'ai oubliée, et en ce moment j'ai à m'occuper d'autre chose.

— Ainsi mon frère ne se souvient pas ?

— Non, dit-il avec impatience, et je ne me souviendrai pas, tenez-le pour dit.

Et il fit sentir l'éperon à son cheval.

— En avant ! cria-t-il.

— Alors que mon frère prenne garde, dit le Comanche.

Et saisissant son sifflet de guerre, il en tira un son éclatant qui se prolongea pendant plus de cinq minutes.

— Maudit Indien ! s'écria l'Urubus, nous sommes trahis ! en avant, compagnons, en avant ! il déchargea son revolver dans la direction où il supposait l'Indien, et il partit à fond de train, suivi par les pirates qui poussaient des cris furieux.

La grande place de la ville était entièrement déserte.

— A sac ! à sac ! crièrent les bandits.

Au même instant, les portes de la hutte-médecine s'ouvrirent, et, de tous les côtés à la fois, une fusillade terrible fut dirigée sur les pirates.

La plupart des bandits étaient encore dans le souterrain.

Bientôt on les vit apparaître en désordre, couverts de sang et suivis de près par les Peaux-Rouges qui les attaquaient par derrière et les chargaient avec fureur.

L'Urubus se sentit perdu.

Toute retraite lui était coupée ; les Peaux-Rouges et les vaqueros de don Agostin se ruaient contre les pirates qu'ils avaient entourés d'un cercle de fer.

Les bandits se défendaient avec rage, ils n'avaient plus d'autre espoir que de tomber pendant le combat afin d'éviter la torture, qu'ils savaient que les Peaux-Rouges leur infligeraient ; tout pirate qui tombait était aussitôt scalpé.

Ce n'était plus une bataille, c'était un massacre, une boucherie, comme on en voit seulement dans ces contrées sauvages.

C'était une épouvantable hétacombe, les bandits tombaient les uns sur les autres, formant d'horribles monceaux de cadavres; les Peaux-Rouges tuaient, ils tuaient toujours sans pitié, sans merci.

Les bandits, affolés de terreur, qui demandaient grâce, étaient aussitôt massacrés.

Quelques pirates restaient encore debout, une vingtaine au plus, le reste de trois cents.

Chose extraordinaire, l'Urubus, qui toujours s'était tenu au premier rang, n'avait pas reçu une blessure.

— Pardonnez à ce misérable, dit le général de Villiers.

— Voulez-vous donc qu'il soit attaché au poteau de torture, reprit don José, vêtu en Comanche, mais débarrassé de ses peintures.

— Ah ! lâche maudit, s'écria l'Urubus qui le reconnut, meurs comme un chien, traître !

Et il bondit sur don José, le sabre haut.

Mais son sabre s'échappa de sa main ; il roula sur le sol, et malgré des efforts gigantesques et des rugissements féroces, il fut solidement garrotté et mis dans l'impossibilité de faire le moindre mouvement.

Sidi-Muley avait lancé sa *reata-laso* au cou de l'Urubus au moment où le pirate bondissait sur don José.

— Là, dit le spahi en riant, je savais bien que je prendrais ma revanche.

Le bandit, malgré tous ses efforts, fut emporté et jeté dans une hutte servant de prison.

Il restait encore quelques bandits, couverts de blessures.

Le général demanda leur grâce.

— Non, répondit froidement don José, que ferions-nous de ces misérables? Un jour ou l'autre, ils s'échapperaient, et le secret de notre ville serait divulgué ; ils ont voulu entrer dans notre refuge, ils n'en sortiront plus ; la sûreté de la population qui nous entoure et dont nous sommes responsables exige leur mort.

Le général baissa la tête et s'éloigna, le cœur navré, épouvanté, lui, le vieux et brave soldat, de cette bataille horrible.

Un cri de triomphe poussé par les Peaux-Rouges lui annonça que le dernier pirate avait succombé, après une lutte homérique.

Cependant le général de Villiers, n'avait pas renoncé à sauver son indigne parent du poteau de torture.

Il insista de telle sorte auprès de don Agostin et de ses fils que, bien qu'à contre-cœur, ils consentirent à lui donner carte blanche, non pas pour le sauver, c'était impossible, mais pour le soustraire à la mort horrible qui l'attendait.

Vers onze heures du soir, le général de Villiers, accompagné de don José, se rendit à la hutte où l'Urubus avait été enfermé.

Sidi-Muley gardait la porte ; le rancunier spahi s'était, de son autorité privée, improvisé le geôlier de son ennemi.

— Eh bien, demanda le général au soldat, comment est le prisonnier?

— Il paraît plus calme, répondit le spahi, il a mangé et m'a offert une somme fabuleuse si je voulais l'aider à s'échapper, aussi je ne le perds pas de vue.

— A-t-il encore ses liens?

— Je lui ai rendu la liberté de ses membres, c'est un ancien officier ; après tout j'ai servi sous ses ordres, dit Sidi-Muley, et tout scélérat qu'il soit, je n'ai pas voulu l'humilier.

— Tu as bien fait, Sidi, reprit le général, je te remercie.

— Baste! cela n'en vaut pas la peine; c'est égal, méfiez-vous de lui.

— Que peut-il me faire?

— Vous assassiner, pardi, mon général; croyez-moi, ne faites pas de la générosité à rebours, vous vous en trouveriez mal.

— Ouvre toujours, Sidi, cet homme est mon parent.

— C'est juste.

Et il ouvrit la porte.

L'Urubus était assis sur une botte de paille et le dos appuyé au mur; en apercevant son cousin, il tressaillit, mais il ne fit pas un mouvement.

— Venez-vous me railler et jouir de l'abjection dans laquelle je suis tombé?

— Non, monsieur, répondit le général avec noblesse, vous êtes mon parent, je ne veux pas l'oublier.

— Il y a longtemps, dit le pirate, que vous et moi nous avons oublié cette parenté de hasard.

— Vous vous trompez, monsieur; quant à moi, je ne l'ai jamais oubliée, ma visite en ce moment vous le prouve.

— Oui, nous nous haïssons, et vous venez pour...

— Vous vous trompez, monsieur, je ne vous ai jamais haï, et j'ai toujours essayé de vous faire du bien, je ne comprends pas que vous me haïssiez ainsi.

— Pourquoi je vous hais, je vais vous le dire : je vous hais parce que, dès mon enfance, je vous ai toujours trouvé sur mon chemin pour m'arrêter et m'empêcher de parvenir : à Saint-Cyr, au régiment, en Afrique, au Mexique, partout vous m'avez arrêté; j'étais aussi instruit et aussi capable que vous, et toujours vous m'avez passé sur le corps; je suis arrivé avec difficulté au grade de capitaine, vous êtes général; on m'a accordé avec peine la croix de la Légion d'honneur, vous êtes grand-officier, et, ironie cruelle du sort, c'est moi que l'on a chargé de vous porter votre brevet de colonel; j'avais une concession de terre qui m'appartenait, vous me l'avez volée ; j'adorais une femme, un ange, que sa famille consentait à me donner, quelques mots dits par vous aux parents de cette jeune fille ont suffi pour rompre mon mariage ; vous m'avez contraint à déserter, moi, un officier de l'armée française ; en un mot, en tout et partout, je vous ai trouvé sur mon chemin pour m'arrêter et inutiliser mes efforts ; j'étais né pour être la joie et l'honneur de ma famille ; à cause de vous, j'en suis devenu la honte et l'opprobre ! Soyez maudit à cette heure où je vais mourir, sachez que je vous hais, et que, si je vivais quelque temps encore, j'essayerais par tous les moyens de me venger du mal que vous m'avez fait ; oh ! s'écria-t-il avec un accent terrible, je vous hais, misérable !

Et poussant un cri de fauve aux abois, il bondit sur le général et, le saisissant avec une force décuplée par la rage, il essaya de l'étrangler.

— Allons ! allons ! s'écria Sidi-Muley, il faut en finir avec cette hyène : et, tirant son poignard de sa ceinture, il le plongea tout entier dans la nuque du bandit.

Celui-ci poussa un cri horrible et tomba tout d'une pièce.

Don José reçut dans ses bras le général presque évanoui et l'emporta hors de la hutte.

— Merci, Sidy-Muley, dit le bandit d'une voix sourde, dis-lui bien que je le hais et que je le haïrai... jusqu'à... mon dernier... soupir... ah ! veng...

Il ne put en dire davantage ; il était mort.

— Bon débarras ! dit Sidi-Muley ; quel scélérat !...

Et sans même fermer la porte, il se mit à la recherche du général.

Don José donnait des secours à M. de Villiers ; celui-ci était désespéré, d'autant plus qu'il ne comprenait rien aux injustes reproches de son parent.

Don José et le spahi portèrent le général dans sa

chambre à coucher et le mirent au lit, en proie à une fièvre terrible.

Lorsque une heure après, il revint à la hutte pour reprendre son poignard, auquel il tenait beaucoup, Sidi-Muley s'aperçut que l'Urubus avait été scalpé.

— Tant pis pour lui, dit en riant le soldat ; c'est égal, c'est un bon débarras, le général dira ce qu'il voudra : c'est mon opinion, et je la partage, comme on dit là-bas à Pantin.

Telle fut l'oraison funèbre du bandit.

## XVI

**Comment, après bien des péripéties douloureuses, cette histoire finit enfin comme un conte de fées.**

Près d'un mois s'était écoulé depuis les événements rapportés dans notre précédent chapitre.

Après la scène affreuse qui s'était passée entre lui et son cousin, le général de Villiers avait eu une rechute qui, pendant quelques jours, avait mis sa vie en danger; mais grâce aux soins affectueux du docteur Guérin, et surtout au dévouement admirable de doña Téresa, et de ses deux filles, le malade était enfin en pleine convalescence.

Le docteur Guérin, avec cet air narquois, moitié figue et moitié raisin qui lui était particulier, avait déclaré que la convalescence du général serait longue, et qu'il fallait à tout prix éviter une seconde rechute qui, cette fois, serait mortelle.

Les dames s'étaient alors installées dans la chambre à coucher du malade, qu'elles ne quittaient plus de jour ni de nuit.

Doña Luisa avait sa place attitrée au côté droit de la chaise longue, sur laquelle le général s'étendait, elle faisait la lecture au convalescent, lui préparait ses potions et les lui faisait boire avec un irrésistible sourire, auquel, du reste, le convalescent se gardait bien de résister.

Doña Santa aidait sa sœur dans tous ces petits soins

dont les dames et surtout les jeunes filles semblent posséder la spécialité.

Doña Téresa surveillait tout avec un tact admirable et une bonté inépuisable.

Le général de Villiers se laissait aller avec un bonheur intime à ces soins qui l'enchantaient ; jamais il n'avait été aussi heureux ; peut-être, dans son for intérieur, le malade ne désirait-il pas guérir.

C'était, du reste, ce que lui reprochait en riant le docteur Guérin.

Quand le docteur entamait ce chapitre scabreux, les dames se mettaient toutes trois contre lui, de sorte que le docteur n'avait qu'une ressource pour faire cesser cette levée de boucliers, c'était de se sauver en riant comme un fou, en protestant qu'on gâtait trop son malade.

Sidi-Muley était jaloux de ces charmantes infirmières, comme il les nommait ; mais il lui fallait, bon gré mal gré, en prendre son parti, d'autant plus qu'on se moquait de ses plaintes, ce qui le mettait d'une colère de dogue.

Le général n'avait jamais su comment les dames, enlevées par les pirates, avaient été délivrées. Sur la prière du malade, don José se chargea de satisfaire sa curiosité.

Nous avons oublié de mentionner un fait d'une importance relativement assez grande. Don Estevan et son frère don José, quand ils habitaient leur résidence de l'Arizona, avaient contracté l'habitude de porter le costume et les peintures des Peaux-Rouges.

Cette mesure, essentiellement politique, flattait beaucoup les Indiens et donnait une grande influence aux fils de don Agostin sur les Comanches, en leur prouvant que les descendants des Incas, dont quelques gouttes de sang coulaient dans leurs veines, ne dédaignaient pas les coutumes de leurs pères.

Les deux hommes en étaient arrivés à s'identifier si bien avec ce costume qu'il était impossible de soupçonner un déguisement, ce qui augmentait leur prestige et rendait les Indiens fiers de leurs chefs, que du reste ils adoraient.

Depuis la première attaque tentée par les pirates contre don Agostin sur son campement de la colline, don José avait été chargé par son père de surveiller les pirates et, s'il était possible, de découvrir quelles étaient les intentions des bandits, et s'ils avaient réellement conçu le projet de découvrir la ville de refuge, dont les richesses incalculables devaient naturellement exciter leurs convoitises.

Ainsi qu'on l'a vu, don José, sous le nom de l'Oiseau-de-nuit, avait réussi à établir des relations avec les pirates, sous le prétexte de leur faciliter les moyens de s'introduire dans la ville habitée par don Agostin et sa famille, et que depuis longtemps ils cherchaient avec ardeur, sans réussir à la découvrir.

L'offre faite par l'Oiseau-de-nuit était précieuse pour les bandits, elle devait être acceptée par eux, et en effet elle le fut avec une vive satisfaction.

On se rappelle sans doute que, la première fois que l'Oiseau-de-nuit avait été introduit dans le souterrain qui servait de repaire aux pirates, le feint Comanche avait éprouvé une vive crainte, en reconnaissant ce souterrain qu'il connaissait depuis longtemps.

Il avait, dans le premier moment de surprise, prononcé entre ses dents quelques mots, qui, s'ils avaient été entendus par les pirates, l'auraient aussitôt placé dans une situation très fâcheuse, et dont il lui aurait été fort difficile de se sortir à son honneur.

Ces quelques mots étaient ceux-ci.

— Oh! oh! pourvu qu'ils n'aient rien découvert.

En effet, ce souterrain n'était pas aussi éloigné de la ville qu'il le paraissait : par des galeries, ignorées des bandits, il communiquait avec les immenses cryptes cyclopéennes qui régnaient sous la ville et s'étendaient à des distances considérables dans toutes les directions.

On comprend maintenant comment, lorsque la mère et les deux sœurs du jeune homme avaient été enlevées par les pirates, enfermées dans l'espèce de maison construite tout exprès pour les tenir prisonnières, rien n'avait été plus facile à l'Oiseau-de-nuit que de se mettre en communication avec sa mère, et de faire évader les trois dames sans coup férir, d'autant plus que, par un hasard providentiel dans lequel apparaissait visiblement le doigt de Dieu, le passage secret ignoré des pirates, se trouvait dans la chambre à coucher de doña Téresa.

Le passage refermé, il était presque impossible de le découvrir, à moins de connaître son existence et sa position exacte, ce qui, même alors, eût exigé des recherches minutieuses auxquelles les bandits n'auraient pas eu le temps de se livrer.

Le sauvetage s'exécuta admirablement et dans des conditions de sécurité exceptionnelles.

Deux heures plus tard, les prisonnières étaient dans les bras de ceux qu'elles aimaient, et tout était dit.

Les moyens employés par don José pour surprendre les secrets des pirates, et les faire tomber dans un guet-apens terrible, en toute autre circonstance auraient été blâmables, mais ici ce n'était pas le cas ; don Agostin avait deux fois été attaqué par les bandits, qui ne cachaient nullement leurs intentions ; les blancs étaient en guerre contre des bandits sans foi ni loi, qui ne respectaient rien.

Et dans une guerre sans merci, tous les moyens sont bons, quels qu'ils soient, pour se sauvegarder et détruire ses ennemis.

C'était d'après ces principes, un peu élastiques peut-être, mais logiques et autorisés, que les pirates de l'Urubus et l'Urubus lui-même étaient tombés dans le piège où ils devaient tous trouver la mort.

Le moment arriva enfin où le général de Villiers fut complètement guéri ; mais, pendant sa longue convalescence, des rapports presque intimes et surtout amicaux s'étaient tout naturellement établis entre le général et la famille de Sandoval, qui le faisaient non pas seulement considérer comme un ami, mais en réalité comme un de leurs membres, d'autant plus que don Agostin et ses enfants n'avaient pas oublié les grandes obligations qu'ils avaient contractées envers l'officier français.

C'était un matin vers midi, on achevait de déjeuner, on en était au café.

Pendant tout le repas, le général avait été préoccupé, presque sombre, tous les convives s'étaient aperçu de cette disposition si peu ordinaire de M. de Villiers, dont l'humeur était toujours affable et gaie.

Ses amis l'examinaient à la dérobée, attendant avec impatience qu'il se décidât à s'expliquer.

Le général avait jeté sa serviette sur la table ; il avait ôté son cigare de ses lèvres, il allait parler, lorsque Sidi-Muley entra dans la salle à manger et présenta, sur un plateau de vermeil, un papier plié en quatre à l'officier.

— Qu'est-ce cela? demanda M. de Villiers à son soldat.
— Lisez, mon général, répondit le soldat.

L'officier hésita un instant, mais, sur une prière muette de Sidi-Muley, il se décida enfin à prendre le papier en faisant un geste de congé.

Le spahi salua et sortit.

M. de Villiers demanda d'un regard la permission de lire cette singulière missive, autorisation que les assistants lui donnèrent d'un regard.

Il déplia alors le papier et le parcourut des yeux, son visage offrit alors l'expression d'une véritable stupéfaction.

Il relut cet étrange papier avec lenteur, semblant en calculer tous les mots et en chercher la véritable explication ; il resta un moment pensif, puis tendant le papier a don Agostin :

— Lisez, señor, dit-il, cette lettre est écrite en français.

Don Agostin prit le papier, il le lut et le donna à don Estevan.

Ce papier passa ainsi de main en main avant de revenir au général.

Les dames avaient quitté la table quand le café avait été apporté ; il n'y avait donc que des hommes autour de la table.

Il y eut un assez long silence.

— Eh bien, général, demanda enfin don Agostin, que décidez-vous?

— Señor, répondit l'officier, je suis chez vous et non chez moi, je ne puis rien décider sans votre autorisation.

— Vous êtes chez vous, mon cher général, je vous aime comme un fils, vous le savez, agissez donc, je vous prie, comme il vous plaira, tout ce que vous croirez devoir faire, personne ici ne songera à le blâmer, ou même à vous faire une simple observation.

— Je vous remercie, señor, j'accorderai donc à ce malheureux l'entrevue qu'il me demande.

— Vous aurez raison, à mon avis, général, donnez donc l'ordre qu'il soit introduit ici ou en tout autre endroit qui vous plaira le mieux.

Et don Agostin fit un mouvement pour se lever, les trois autres personnages, le docteur, don José et don Estevan imitèrent le vieillard.

— Pardon, caballeros, dit le général avec un sourire courtois, veuillez reprendre vos places je vous prie, j'entendrai cet homme ici, dans cette pièce, mais en votre présence.

— Mais... voulut dire don Agostin.

— Je vous en prie, caballeros.

Chacun reprit sa place.

Le général appuya le doigt sur un timbre.

Sidi-Muley parut.

— Introduisez, dit le général.

Le soldat sortit et rentra presque aussitôt.

Un homme le suivait.

Cet homme était le Coyotte.

Mais le Coyote vieilli, maigri, ridé, n'étant plus que l'ombre de lui-même.

Derrière lui entrèrent une dizaine de Peaux-Rouges parmi lesquels se trouvait le Nuage-Bleu.

Le général fronça le sourcil.

Don Agostin comprit ce mouvement de mauvaise humeur de l'officier.

— Je réponds des prisonniers, dit le vieillard, mes fils peuvent se retirer, je les ferai prévenir quand ils devront reconduire le prisonnier à sa hutte.

Les Comanches s'inclinèrent et quittèrent la salle à manger, mais ils restèrent à la porte du palais, ils ne voulaient pas qu'on leur enlevât leur prisonnier.

Sidi-Muley se tenait près de la porte, l'épaule appuyée sur la muraille et les bras croisés sur la poitrine.

— Dans ce papier que vous m'avez fait remettre, dit le général au Coyotte, dans ce papier, vous me dites que, étant votre ennemi, vous me demandez un service et une grâce qui ne me coûteront rien et vous rendront plus douce la mort horrible à laquelle vous êtes condamné. Cet homme est-il donc condamné? demanda-t-il au vieillard.

— Oui, demain il sera attaché au poteau de torture.

— On ne pourrait le sauver?

— Ce serait impossible ; les Comanches sont furieux, ils ne me pardonneraient même pas une tentative d'évasion.

— Mais ne pourrait-on pas lui éviter la torture?

— Non, il faut qu'il soit torturé.

— Don Agostin Perez de Sandoval a raison, je dois

mourir dans des tourments affreux, cette mort, que j'ai tant de fois méritée, ne m'effraye pas, je la vois s'approcher comme une délivrance, dit le Coyotte d'une voix ferme, ainsi que je vous l'ai écrit, il dépend de vous, général, que cette mort me soit douce et que je ne m'aperçoive même pas des plus cruelles tortures.

— Parlez.

— Monsieur, dit le Coyote en excellent français, je ne veux pas prononcer un plaidoyer en ma faveur, ni essayer de diminuer la portée et la quantité de mes crimes, je n'essayerai pas de surprendre votre bonne foi en vous confessant que je suis venu à récipiscence et que je maudis la vie de meurtres et de vols que j'ai pendant si longtemps menée en Europe et en Amérique, je vous tromperais ; la vérité la voici : je ne me repens de rien ; si dans une heure j'étais libre, je reprendrais ma vie de rapines, c'est la seule qui me convienne et que je puisse faire ; je suis un misérable dans la plus terrible acception du mot. Que voulez-vous, je suis né mauvais, et aujourd'hui il me serait impossible de feindre un repentir que je n'éprouverai jamais.

— Est-ce donc pour dérouler devant nous ces cyniques théories que vous avez demandé à me voir? dit sévèrement le général.

— Eh quoi! dit don Agostin avec douleur, ne reste-t-il rien dans votre cœur qui vous rattache, ne serait-ce que par un fil menu comme un cheveu, à l'humanité.

Le bandit éclata d'un rire de damné ressemblant à un sanglot.

— Eh bien non, je ne suis pas complet! je suis un monstre, s'écria-t-il avec agitation. Son visage avait pris une expression effrayante. Je me suis vanté!... Sa voix était rauque... L'orgueil m'a perdu. J'aime à l'adoration ma fille, une enfant de dix-huit ans à peine! je ne tiens qu'à elle au monde! J'étais pauvre, ruiné, issu d'une vieille noblesse germanique, je voulais ma fille heureuse et riche!

C'est pour elle que j'ai commis tous mes crimes! ma fille! oh! ma fille, mon sang! mon amour! L'Urubus avait surpris mon secret, comment? je l'ignore; il me tenait par l'amour de ma fille! Ayez pitié de moi!... et se laissant tomber à deux genoux... Ayez pitié de moi! que ma fille soit heureuse, mon Dieu! La torture ne m'effraye pas; mais penser que ma fille, après ma mort, sera malheureuse!... oh! cette seule pensée me rend fou, voyez, je m'humilie, je demande pardon à Dieu! ayez pitié de ma fille! de ma pauvre enfant innocente!...

Il se traînait sur les genoux.

Cette scène était épouvantable.

— Oh! reprit-il, infligez-moi les plus terribles tortures, mais ma fille! sauvez ma fille!

— Vous êtes donc contraint de reconnaître enfin qu'il est un Dieu? dit sévèrement don Agostin.

— Oui, je souffre, oh! je souffre tous les supplices de l'enfer, pitié! pitié! non pour moi misérable, mais pour ma fille.

— Que voulez-vous enfin? demanda le général de Villiers d'une voix brève.

— Vous, mon ennemi, car Français et Prussiens sont irréconciliables, je vous lègue ma fille! Général, promettez-moi d'en faire votre enfant et de ne jamais lui dire comment son père a vécu et comment il est mort.

Il y eut un silence sombre interrompu seulement par les sanglots déchirants du misérable.

— Je vous le jure! dit le général avec noblesse; votre fille sera la mienne, jamais elle ne saura rien de son père.

Le visage du bandit se transfigura.

— Vous me le promettez? dit-il avec anxiété.

— Je vous répète que je vous le jure.

— Oh! merci, merci, je savais que vous étiez un en-

15.

nemi génereux; mais ne craignez rien, je suis riche, très riche.

— Vos richesses meurent avec vous, dit sévèrement le général, voulez-vous donc que cette enfant innocente profite de cet or dont chaque parcelle est souillée de sang?

— C'est vrai; pardonnez-moi, dit-il humblement.

— Fournissez-moi les renseignements nécessaires pour retrouver votre fille et donnez-moi une lettre qui m'accrédite auprès d'elle.

— Les renseignements je vous les donnerai, dit don Agostin : les papiers pris sur l'Urubus par Sidi-Muley vous donneront toutes les facilités nécessaires.

Le général fit un geste à Sidi-Muley.

Le soldat apporta tout ce qu'il fallait pour écrire, papier, plume, encre et cire à cacheter.

Le bandit écrivit, la lettre était courte.

— J'écris en allemand, je lui écris toujours dans notre langue, je lui dis que je suis sur mon lit de mort, je ne mens pas, dit-il avec une ironie navrante. Je fais mes adieux à mon enfant, et je la lègue au général de Villiers, qui pour elle sera un père, et qu'elle doit le considérer comme tel; j'ajoute que je meurs ruiné; qu'elle ne doit plus avoir d'autre pensée que d'aimer et respecter son second père.

— C'est bien, dit le général, mais je parle l'allemand; ce sera une consolation pour votre fille.

Le Coyotte remit la lettre au général.

— Soyez béni, général, dit-il avec une profonde émotion; d'un désespéré, vous avez fait un homme repentant; je reconnais, maintenant, que l'homme n'est rien en face de Dieu, je subirai la torture avec joie, je sais que ma fille sera heureuse; merci, à vous, général, et à vous tous, messieurs. Ah! si j'avais... mais il est trop tard : merci encore!

Et il sortit d'un pas ferme et le visage rayonnant de bonheur.

Il y eut un court silence après le départ du bandit, cette scène navrante avait très impressionné ces hommes de cœur.

— Caballeros, dit le général, tout est prêt, vous le savez sans doute, pour mon voyage; Sans-Traces m'attend, je désire ne pas assister au supplice de ce malheureux.

— Je le savais; où allez-vous?

— Je vais d'abord à Washington pour refuser les conditions qu'on avait voulu m'imposer, puis, avec les papiers que vous me donnerez, je me mettrai à la recherche de la pauvre enfant que j'ai adoptée.

— Très bien, général; la jeune fille de ce bandit est dans un couvent français de la Nouvelle-Orléans; en quittant Washington venez tout droit à la Nouvelle-Orléans, vous trouverez votre besogne en bon chemin.

— C'est bien vrai, vous ne me trompez pas? s'écria le général avec joie.

— La preuve, dit en riant don José, c'est que je pars avec vous, si vous voulez bien m'accepter comme compagnon, général : j'ai certaines affaires à régler à Washington.

— Pardieu! ce sera pour moi un grand plaisir.

— Alors c'est convenu.

— Ne nous dites pas adieu, reprit don Agostin, avant un mois nous serons de nouveau réunis.

— C'est vrai, cependant je vous demande de me permettre de prendre congé des dames.

— Certes; avec le plus grand plaisir.

Le général en disant au revoir aux dames, balbutia et se sentit rougir quand il prit congé de doña Luisa; il est vrai que la même chose arriva à la jeune fille.

Don Agostin sourit et se frotta les mains.

Une heure plus tard, le général de Villiers, don José,

Sans-Traces et Sidi-Muley avaient quitté la ville de refuge et galopaient en plein désert.

Un mois jour pour jour après son départ de l'Arizona, le général et son ami don José entraient à la Nouvelle-Orléans.

Le général avait pris congé de son dévoué Sans-Traces, en lui donnant cinq cents louis, une fortune pour le chasseur, et que le général avait eu toutes les peines du monde à lui faire accepter; l'argent n'était rien pour ce brave cœur.

Sidi-Muley se prélassait à quelques pas en arrière des deux amis.

— Ah! dit le général en soupirant, que je serais heureux si…

— Pardicu! interrompit le jeune homme en souriant, je vous trouve charmant, général, vous avez deux millions en bonnes traites en poche et votre placer de l'Arizona vous reste, plaignez-vous donc?

— Que voulez-vous que je fasse de ce placer, mon ami?

— On ne sait pas, dit don José en riant.

— Vous êtes insupportable, dit le général avec un dépit amical.

— Merci, mon général.

— C'est vrai, vous prenez un malin plaisir à me désespérer, vous savez…

— Que vous aimez ma sœur, vous me l'avez assez souvent dit pour que je le sache; que voulez-vous que je fasse à cela; adressez-vous à Luisa, ma sœur est obéissante, et je crois…

— Vous croyez…

— Rien du tout, vous voulez en trop savoir.

— Au diable! s'écria le général mis hors des gonds par cette sortie du jeune homme.

Celui-ci ne fit que rire.

Les voyageurs atteignirent enfin la maison habitée par don Agostin de Sandoval et toute sa famille.

Le général n'avait plus de recherches à faire, don Agostin présenta à M. de Villiers une charmante jeune fille que déjà les dames aimaient à la folie.

Quelques jours s'écoulèrent à visiter la ville.

Le général était sur des charbons ardents, le moment de la séparation approchait, et M. de Villiers, timide et gauche comme tous les soldats, n'osait pas se hasarder à faire sa demande, tant il redoutait un refus.

— A propos, dit don Agostin un matin en déjeunant, que pensez-vous faire de votre placer de l'Arizona?

— Ma foi, je vous en fais cadeau s'il peut vous être agréable, cher don Agostin; que voulez-vous que j'en fasse, moi qui pars pour la France et ne reviendrai jamais dans ce pays?

— Baste! qui sait? dit don José en riant.

— Oui, c'est vrai, murmura le général dont les traits devinrent sombres, mais il faudrait pour que je revinsse en Amérique...

— Que vous épousiez ma sœur Luisa, n'est-ce pas, général? dit don José en riant.

Le général fut tout décontenancé d'une telle algarade, il ne savait plus sur quel pied danser.

— Comment, dit don Agostin en riant, vous aimez ma fille Luisa?

— De toute mon âme, murmura le général avec passion.

— Bon! et pourquoi ne me le disiez-vous pas, mon cher général, je crois que ma fille ne vous voit pas avec indifférence.

— Je le crois bien, reprit don José toujours riant, la petite masque ne parle que de son sauveur à qui veut l'entendre.

— Eh bien, mon cher général, reprit don Agostin, je vous autorise à faire votre demande, et si, comme je le crois, ma fille vous aime, je serai heureux de vous la donner.

— Oh! monsieur, comment ai-je mérité tant de bienveillance de votre part ?

— Ne parlons pas de cela, mon cher général, mais si vous y consentez, nous parlerons un peu affaires.

— Je suis à vos ordres, señor, mais je vous avoue que je ne sais pas de quelles affaires vous voulez parler.

— Il s'agit de votre placer, qui est fort riche et que je voudrais vous acheter.

— Oh! cher don Agostin!

— Pardon! mon cher général, je n'accepte pas plus de cadeaux que vous-même n'en accepteriez, n'est-ce pas vrai?

Le général s'inclina sans répondre.

— Donc, vous reconnaissez que j'ai raison, reprit le vieillard, si j'acceptais le cadeau que vous voulez me faire, je vous volerais indignement, et ce qui le prouve, c'est que je vous offre six millions de votre placer.

— Hein! s'écria le général en pâlissant.

— J'ai dit six millions de francs, mon ami, acceptez-vous?

— Vous plaisantez, señor, c'est mal.

— Je plaisante si peu, mon cher général, dit le vieillard en étalant des papiers sur la table, que voici des traites à vue sur les premiers banquiers de Paris, préparées à l'avance par moi pour la somme que je vous ai offerte.

— Mais c'est un rêve! s'écria le général au comble de la joie et de la surprise, laissez-moi aller faire ma demande à votre charmante fille.

— Pourquoi donc ainsi? dit don Agostin en souriant.

— Parce que si votre charmante fille me refuse sa main, cette somme me deviendra inutile, et rien ne pourra me décider à l'accepter.

Et il quitta la salle à manger presque en courant, laissant don Agostin et ses deux fils, stupéfaits de cette singulière sortie.

Dix minutes plus tard le général rentra, les dames le suivaient, doña Luisa se jeta dans les bras de son père et se cacha le visage sur sa poitrine pour cacher sa rougeur.

Quinze jours plus tard le mariage eut lieu au consulat de France, puis à l'église catholique.

L'assistance était nombreuse ; toutes les grandes familles de la Nouvelle-Orléans avaient tenu à honneur d'assister au mariage du général comte de Villiers, dont le nom était bien connu à la Louisiane.

Les nouveaux mariés passèrent encore un mois à la Nouvelle Orléans.

Le jour du départ arriva, comme toute chose arrive dans ce monde sublunaire.

La séparation fut cruelle, surtout pour don Agostin qui, à son âge, n'espérait plus revoir sa fille, malgré les promesses du général et de sa charmante femme.

Enfin on se sépara.

Le bateau à vapeur chauffait, il fallait se hâter ; on s'embrassa une dernière fois, et l'on se sépara enfin.

Don José, au dernier moment, s'était décidé à accompagner les nouveaux mariés, ce qui les combla de joie.

La traversée fut très agréable, rien ne vint assombrir le bonheur des voyageurs.

Le général n'avait pas voulu se séparer de Sidi-Muley qui lui avait donné tant de preuves de dévouement.

La situation de l'ancien spahis était assez irrégulière ; mais le général s'était engagé à le sauvegarder, ce qu'il fit en effet.

La mère et la sœur du général ne pouvaient pas s'habituer à leur nouvelle fortune après tant de douleurs et de traverses imméritées.

Jamais le général ne prononçait le nom de son indigne parent ; sa mère et sa sœur, sachant que ce souvenir lui était pénible, ne parlaient jamais de lui.

Six mois après son retour en France, le général maria

la jeune fille qu'il avait si singulièrement adoptée à un colonel de ses amis, en lui donnant cent mille francs de dot.

Sa fille adoptive était heureuse ; le général avait généreusement tenu la parole qu'il avait donnée.

Quelques mois plus tard, don José Perez de Sandoval demanda la main de la charmante Laure, la sœur du général, à sa mère qui la lui accorda avec joie.

C'était un nouveau lien qui attachait les deux familles l'une à l'autre.

Quinze jours après leur mariage, les nouveaux mariés s'embarquèrent pour Galveston, port du Texas, où ils arrivèrent sans encombre.

FIN

# TABLE DES MATIÈRES

Chapitre I. Comment un démon tomba du ciel et comment il fut accueilli sur la terre............ 1
— II. Où le Coyotte tombe de fièvre en chaud mal... 15
— III. Comment la grande Panthère délivra le Coyotte, et de quelle façon excentrique celui-ci lui prouva sa reconnaissance............ 29
— IV. Comment on soupe parfois, mais rarement en Apacheria.................. 47
— V. Où les pirates, en cherchant un pois, trouvèrent une fève de dure digestion........... 65
— VI. Dans lequel l'Urubus et le Coyotte, deux fauves sinistres, causent de leurs petites affaires... 81
— VII. Où se préparent de graves événements..... 97
— VIII. Où don José de Sandoval et le colonel de Villiers sont mis d'accord par le docteur Guérin par un coup de boutoir.............. 115
— IX. Où le général Coulon de Villiers raconte son histoire.................... 133
— X. De la rencontre que firent le général de Villiers et don José de leur ami Sans-Traces, et ce qui en advint pour Matatrès............. 149
— XI. Comment le campement fut attaqué par les pirates et ce qui s'ensuivit............. 165
— XII. Du singulier voyage que fit le général de Villiers et de son profond ébahissement........ 181
— XIII. Comment l'Urubus fit visite à ses prisonnières, et comment l'Oiseau-de-nuit ne fut pas de son avis et ce qui en advint............ 197

CHAPITRE XIV. Où don Agostin prouve au général de Villiers qu'on veut à Washington lui faire tirer les marrons du feu.................. 217
— XV. Comment l'Oiseau-de-nuit tint à l'Urubus plus qu'il ne lui avait promis, et ce qui en advint pour les pirates.................. 235
— XVI. Comment, après bien des péripéties douloureuses, cette histoire finit comme un conte de fées.................. 253

FIN DE LA TABLE DES MATIÈRES.

# BIBLIOTHÈQUE
## DE
## VOYAGES, CHASSES ET AVENTURES
### A L'USAGE
#### DE LA JEUNESSE ET DES GENS DU MONDE
PUBLIÉE SOUS LA DIRECTION
#### DE M. VICTOR TISSOT

### COOPER (Fenimore)
Le Tueur de daims. 1 vol............................. 2 »

### GARNERAY (Louis)
Voyages, aventures et combats :
   1re partie. 1 vol........................................ 2 »
   2e partie. 1 vol......................................... 2 »
Mes pontons. 1 vol...................................... 2 »

### MEYNE-REID
Les Chasseurs de la baie d'Hudson. 1 vol......... 2 »
Les Chasseurs de chevelures. 1 vol................ 2 »
Le chef blanc. 1 vol.................................... 2 »
Les Enfants des bois. 1 vol.......................... 2 »

### ROWCROFT (Ch.)
Aventures d'un émigrant :
   Tome I. A la recherche d'une colonie. 1 vol...... 2 »
   Tome II. Prisonniers des noirs. 1 vol............. 2 »

### TISSOT (Victor)
De Paris à Berlin. 1 vol............................... 2 »

# EXTRAIT
DU
# CATALOGUE GÉNÉRAL
DE LA
## LIBRAIRIE BLÉRIOT
### Henri GAUTIER, Successeur
55, QUAI DES GRANDS-AUGUSTINS, 55
**PARIS**

## A
### AIMARD (Gustave)
Les Bandits de l'Arizona. 1 vol. in-12.............. 3 »

## B
### BALLEYDIER (Alphonse)
Veillées de famille. 1 vol. in-12...................... 2 »
Veillées de vacances. 1 vol. in-12..................... 2 »
Veillées du peuple. 1 vol. in-12....................... 2 »
Veillées du presbytère. 1 vol. in-12................... 2 »
Veillées maritimes. 1 vol. in-12....................... 2 »
Veillées militaires. 1 vol. in-12...................... 2 »

### BARTHÉLEMY (Charles)
Voltaire et Rousseau jugés l'un par l'autre. 1 vol. in-12................................................ 2 »
Erreurs et Mensonges historiques. 16 vol. in-12..... 32 »
   Chaque volume se vend séparément................. 2 »
La Guerre de 1870-1871. 1 vol. in-12................. 3 »
Le Consulat et l'Empire. 1 vol. in-12................. 3 »
La Restauration. 1 vol. in-12......................... 3 »
Histoire de la Monarchie de Juillet. 1 vol. in-12.... 3 »
Les quarante fauteuils de l'Académie. 1 vol. in-12.. 2 50

## BUET (Charles)

| | | |
|---|---|---|
| Le Crime de Maltaverne. 1 vol. in-12 | 3 | » |
| Les Rois du pays d'or. 1 vol. in-12 | 3 | » |
| Les Chevaliers de la Croix-Blanche. 1 vol. in-12 | 3 | » |
| L'Honneur du nom. 1 vol. in-12 | 3 | » |
| Philippe Monsieur. 1 vol. in-12 | 3 | » |
| Le Maréchal de Montmayeur. 1 vol. in-12 | 3 | » |
| Hauteluce et Blanchelaine. 1 vol. in-12 | 3 | » |
| François le Balafré. 1 vol. in-12 | 3 | » |
| La Dame noire de Myans. 1 vol. in-12 | 3 | » |
| Aubanon Cinq Liards. 1 vol. in-12 | 3 | » |
| Christophe Colomb. 1 vol. in-12 | 3 | » |

## C

## CHANDENEUX (Claire de)

| | | |
|---|---|---|
| Les Ronces du chemin. 1 vol. in-12 | 2 | » |
| Les Terreurs de lady Suzanne. 1 vol. in-12 | 3 | » |
| Val-Régis la Grande. 1 vol. in-12 | 3 | » |
| Vaisseaux brûlés. 1 vol. in-12 | 3 | » |
| Cléricale. 1 vol. in-12 | 3 | » |
| La Vengeance de Geneviève (*suite de* Cléricale). 1 vol. in-12 | 3 | » |
| Sans cœur. 1 vol. in-12 | 3 | » |

## CHATEAUBRIAND

| | | |
|---|---|---|
| Études historiques, suivies du **Voyage en Amérique**. 1 vol. in-12 | 2 | » |
| Le Génie du Christianisme, édition revue. 1 vol. in-12 | 2 | » |
| Itinéraire de Paris à Jérusalem, édition revue. 1 vol. in-12 | 2 | » |
| Les Martyrs, édition revue. 1 vol. in-12 | 2 | » |

## COMBES (Abel)

| | | |
|---|---|---|
| Le Secret du Boomerang. 1 vol. in-12 | 2 | » |
| Les Colons de la Fresh. 1 vol. in-12 | 2 | » |

## COOPER (Fenimore)

#### ÉDITION CORRIGÉE

| | | |
|---|---|---|
| Le Cratère ou le Robinson américain. 1 vol. in-12 | 2 | » |
| Le Corsaire rouge. 1 vol. in-12 | 2 | » |

Le Dernier des Mohicans. 1 vol. in-12............ 2 »
L'Ecumeur de mer. 1 vol. in-12................... 2 »
Le Lac Ontario. 1 vol. in-12..................... 2 »
Les Pionniers. 1 vol. in-12...................... 2 »
La Prairie. 1 vol. in-12......................... 2 »
Le Tueur de daims. 1 vol. in-12.................. 2 »

## CORDIER (Alphonse)

A travers la France, l'Italie, la Suisse et l'Espagne.
1 vol. in-12.................................... 2 »
Aventures d'une mouche. 1 vol. in-12............. 2 »
Madame Elisabeth de France, ses vertus, son martyre,
1 vol. in-12.................................... 2 »

## D

## DU CAMPFRANC (M.)

Yves Trévirec. 1 vol. in-12...................... 2 »
La Mission de Marguerite. 1 vol. in-12........... 2 »
Rêve et Réveil. 1 vol. in-12..................... 2 »
Edith. 1 vol. in-12.............................. 2 »
Les Walbret. 1 vol. in-12........................ 3 »
Exil. 1 vol. in-12............................... 3 »
La Comtesse Madeleine. 1 vol. in-12.............. 2 »
Perle fine. 1 vol. in-12......................... 3 »

## F

## FLEURIOT (Mlle Zenaide)

Aigle et Colombe. 1 vol. in-12................... 3 »
Histoires pour tous. 1 vol. in-12................ 2 »
Les Mauvais jours. 1 vol. in-12.................. 2 »
Sous le joug. 1 vol. in-12....................... 3 »
Désertion. 1 vol. in-12.......................... 3 »

## FLEURIOT-KÉRINOU (F.)

Fleurs et Rochers. 1 vol. in-12.................. 2 »

## FOE (Daniel de)

Aventures de Robinson Crusoë. 1 vol. in-12....... 2 »

## G

### GIRON (Aimé)

| | | |
|---|---|---|
| La Béate. 1 vol. in-12 | 3 | » |
| Les Lurons de la Ganse. 1 vol. in-12 | 3 | » |
| Le Manoir de Meyral. 1 vol. in-12 | 3 | » |
| Un Mariage difficile. 1 vol. in-12 | 3 | » |
| Chez l'Oncle Aristide. 1 vol. in-12 | 3 | » |
| Cœur malade. 1 vol. in-12 | 3 | » |

## L

### LAMOTHE (A. de)

| | | |
|---|---|---|
| Les Camisards, suivis des Cadets de la Croix. 3 vol. in-12 illustrés | 6 | » |
| Les Faucheurs de la mort. 2 vol. in-12 | 4 | » |
| Idem 1 vol. gr. in-8, illustré | 4 | 50 |
| Les Martyrs de la Sibérie. 4 vol. in-12, illustrés | 8 | » |
| Histoire d'une pipe. 2 vol. in-12, illustrés | 4 | » |
| Marpha. 2 vol. in-12 | 4 | » |
| Les Soirées de Constantinople. 1 vol. in-12 | 2 | 50 |
| Histoire populaire de la Prusse. 1 vol. in-12 | 1 | 50 |
| Les Mystères de Machecoul. 1 vol. in-12 | 2 | » |
| Le Gaillard d'arrière de la Galathée. 1 vol. in-12 | 2 | » |
| Légendes de tous pays. 1 vol. in-12, illustré de 100 gravures | 3 | » |
| Mémoires d'un déporté à la Guyane française. 1 vol. in-18 | » | 60 |
| L'Orpheline de Jaumont. 1 vol. in-12 | 3 | » |
| Le Taureau des Vosges. 1 vol. in-12 | 2 | 50 |
| Aventures d'un Alsacien prisonnier en Allemagne. 1 vol. in-12 | 2 | » |
| Journal de l'Orpheline de Jaumont. 1 vol. in-12 | 1 | 50 |
| L'Auberge de la mort. 1 vol. in-12 | 2 | 50 |
| La Reine des brumes et l'Emeraude des mers. 1 vol. in-12 | 3 | » |
| Les Métiers infâmes. 1 vol. in-12 | 3 | » |
| Le Roi de la Nuit. 2 vol in-12 | 5 | » |
| Les Compagnons du désespoir. 3 vol. in-12 | 6 | » |
| Pia la San-Pietrina. 2 vol. in-12 | 5 | » |
| Les Fils du martyr. 1 vol. in-12 | 2 | 50 |
| Les Deux Homes. 1 vol. in-12 | 3 | » |
| Le Proscrit de Camargue. 1 vol. in-12 | 3 | » |
| La Fille du bandit. 1 vol. gr. in-8 de 800 pages, illustré de 500 gravures | 10 | » |
| Le Secret du pôle. 1 vol. in-12 | 3 | » |

Le Cap aux ours. 1 vol. in-12..................... 3 »
Le Fou du Vésuve. 1 vol. in-12........... ......... 3 »
Les Secrets de l'Océan :
  1re partie : Le Capitaine Ferragus. 1 vol. in-12..... 3 »
  2e partie : Fleur des eaux. 1 vol. in-12............. 3 »
Les Secrets de l'équateur. 1 vol. in-12............ 3 »
Flora chez les nains (suite des Secrets de l'équateur).
  1 vol. in-12..................................... 3 »
A travers l'Orient : de Marseille à Jérusalem.
  1 vol. in-12..................................... 3 »
Fœdora la nihiliste. 1 vol. in-12.................. 3 »
Nadiège (suite de Fœdora la nihiliste). 1 vol. in-12. 3 »
Le Puits sanglant (épisode de la Michelade à Nîmes).
  1 vol. in-12..................................... 3 »
Patrick O'Byrn. 1 vol. in-12 ..................... 2 »
Quinze mois dans la Lune. 1 vol. in-12........... 3 »
Les Métamorphoses du citoyen préfet Tartarin
  Gribouille. 1 vol. in-12.......................... 2 »
Histoire d'un denier d'or. 1 vol. in-12............. 3 »
Gabrielle. 1 vol. in-12............................ 3 »
La Fiancée du Vautour-Blanc. 1 vol. in-12........ 3 »
Esprit Cabassu, exploits d'un mousse au Tonkin. 1 vol.
  in-12, nombreuses illustrations de Kauffmann...... 2 »
Jack Famine et Betsy Millions. 1 vol. in-12...... 3 »
La Filleule du baron des Adrets. 1 vol. in-12..... 

## M

### MARCEL (ÉTIENNE)

L'Argent et l'Honneur. 1 vol. in-12.................. 2 »
Le Vol de Colombes. 1 vol. in-12................... 2 »
Un Monarque au violon. 1 vol. in-12................ 2 »
Triomphes de femmes (Les Anges du foyer). 1 vol. in-12. 3 »
Jeanne d'Aurelles. 1 vol. in-12..................... 2 »
Les Jours sanglants. 1 vol. in-12................... 2 »
L'Héritage de Madame Hervette. 1 vol. in-12....... 2 »
Un Chercheur d'or. 1 vol. in-12..................... 2 »
Le Saint de neige. 1 vol. in-12..................... 2 »
Un Isolé. 1 vol. in-12............................... 3 »
Le Roman d'un crime. 1 vol. in-12.................. 2 »

### MARÉCHAL (Mlle MARIE)

Béatrix. 1 vol. in-12............................... 3 »
Une Institutrice à Berlin. 1 vol. in-12............. 3 »
La Fin d'un roman (suite de Une Institutrice à
  Berlin). 1 vol. in-12............................ 3 »

Le Journal d'une âme en peine. 1 vol. in-12....... 3 »
Le Mariage de Nancy. 1 vol. in-12.................. 2 50
La Famille Tolozan. 1 vol. in-12................... 3 »
Les Aventures de Jean-Paul Riquet. 1 vol. in-12.. 3 »
Le Parrain d'Antoinette. 1 vol. in-12.............. 3 »
La Pupille d'Hilarion. 1 vol. in-12................ 3 »

## MARICOURT (C<sup>te</sup> DE)

Le Combat des Treize. 1 vol. in-12................. 3 »
Le Couteau du bandit. 1 vol. in-12................. 3 »

## MARTIN (VICTOR ET HENRI)

Le Chemin de la Vera-Cruz. 1 vol. in-12........... 2 »

## MARYAN (M.)

La Maison de famille. 1 vol. in-12................. 3 ».
Une Dette d'honneur. 1 vol. in-12.................. 3 »

## MEYNE-REID

### ÉDITION CORRIGÉE

Aventures d'un officier américain. 1 vol. in-12.... 2 »
Océola, le roi des Séminoles. 1 vol. in-12, illustré.. 2 »
Trois Jeunes naturalistes. 1 vol. in-12, illustré.... 2 »

## MORIN

(D'après Buffon, Lacépède, Cuvier, Réaumur.)

Histoire des Animaux domestiques. 1 vol. in-12,
  illustré............................................ 2 »
Histoire des Carnassiers et Rongeurs. 1 vol. in-12,
  illustré............................................ 2 »
Histoire des Insectes, Reptiles et Poissons. 1 vol.
  in-12, illustré..................................... 2 »
Histoire des Oiseaux. 1 vol. in-12, illustré....... 2 »

## N

## NAVERY (RAOUL DE)

L'Aboyeuse. 1 vol. in-12............................ 2 1
L'Accusé. 1 vol. in-12.............................. 3 »

| | |
|---|---|
| La Boîte de plomb. 1 vol. in-12............... | 3 » |
| La Capitaine aux mains rouges. 1 vol. in-12..... | 2 » |
| Le Cendrillon du village. 1 vol. in-12.......... | 2 » |
| La Chambre nº 7. 1 vol. in-12. ............... | 3 » |
| Le Château des abîmes. 1 vol. in-12........... | 3 » |
| Les Chevaliers de l'écritoire. 1 vol. in-12...... | 3 » |
| Le Cloître rouge. 1 vol. in-12................ | 3 » |
| Comédies, drames et proverbes. Musique de M. HENRI COHEN. 1 vol. in-12................ | 2 » |

*La Musique se vend séparément.*

| | |
|---|---|
| Marthe et Marie-Madeleine (*partition*). — A brebis tondue Dieu mesure le vent (*partition*). — La Fille du roi d'Yvetot (*partition*). — *Chaque partition*...... | 1 50 |
| La Conscience. 1 vol. in-12................... | 2 » |
| Le Contumax. 1 vol. in-12.................... | 3 » |
| Les Crimes de la plume. 1 vol. in-12.......... | 3 » |
| La Demoiselle du paveur. 1 vol. in-12......... | 2 » |
| Divorcés. 1 vol. in-12........................ | 2 » |
| Les Drames de l'argent. 1 vol. in-12.......... | 3 » |
| Les Drames de la misère. 2 vol. in-12........ | 6 » |
| L'Elixir de longue vie. 1 vol. in-12........... | 3 » |
| L'Enfant maudit. 1 vol. in-12................ | 2 » |
| Une Erreur fatale. 1 vol. in-12............... | 3 » |
| L'Evadé. 1 vol. in-12........................ | 2 » |
| La Femme d'après saint Jérôme. 1 vol. in-12... | 2 » |
| La Fille au coupeur de paille. 1 vol. in-12..... | 2 » |
| La Fille sauvage. 1 vol. in-12................ | 3 » |
| La Foi jurée. 1 vol. in-12.................... | 3 » |
| Le Gouffre. 1 vol. in-12...................... | 3 » |
| Les Héritiers de Judas. 1 vol. in-12........... | 3 » |
| Les Idoles. 1 vol. in-12...................... | 3 » |
| Le Juif Ephraïm. 1 vol. in-12................ | 3 » |
| Lory. 1 vol. in-12........................... | 2 » |
| Madame de Robur. 1 vol. in-12............... | 2 » |
| Le Magistrat. 1 vol. in-12.................... | 3 » |
| La Main malheureuse. 1 vol. in-12............ | 2 » |
| La Maison du sabbat. 1 vol. in-12............ | 2 » |
| Le Marquis de Pontcallec. 1 vol. in-12........ | 3 » |
| Le Martyre d'un père. 1 vol. in-12............ | 3 » |
| Les Mirages d'or. 1 vol. in-12................ | 3 » |
| Le Moulin des trépassés. 1 vol. in-12......... | 2 » |
| Le Naufrage de Lianor. 1 vol. in-12........... | 3 » |
| L'Odyssée d'Antoine. 1 vol. in-12............. | 2 » |
| Parasol et Compagnie. 1 vol. in-12............ | 3 » |
| Le Pardon du moine. 1 vol. in-12............. | 3 » |
| Les Parias de Paris. 2 vol. in-12.............. | 6 » |
| Patira. 1 vol. in-12........................... | 3 » |
| Le Trésor de l'abbaye (suite de Patira). 1 vol. in-12. | 3 » |
| Jean Canada (suite du Trésor de l'abbaye). 1 vol. in-12. | 3 » |

La Péruvienne. 1 vol. in-12............................ 3 »
Les Petits. 1 vol. in-12.............................. 2 »
Poèmes populaires. 1 vol. in-12...................... 2 »
Le Procès de la reine. 1 vol. in-12.................. 2 »
La Route de l'abîme. 1 vol. in-12.................... 2 »
Les Robinsons de Paris. 1 vol. in-12................. 3 »
Le Serment du corsaire. 1 vol. in-12................. 3 »
Le Trésor de l'abbaye. 1 vol. in-12.................. 3 »
Le Val-Perdu. 1 vol. in-12, illustré................. 2 »
Les Victimes. 1 vol. in-12........................... 3 »
Zacharie le maître d'école. 1 vol. in-12............. 3 »

## P

### POLI (Vicomte Oscar de)

Les Régicides. 2 vol. in-12.......................... 6 »
Le Capitaine Phébus. 2 vol. in-12.................... 6 »
Mariola. 1 vol. in-12................................ 2 »
Petit Capet. 1 vol. in-12............................ 3 »
Fleur-de-Lis. 1 vol. in-12........................... 3 »

### J. PROTCHE DE VIVILLE

(Mathieu-Witche)

L'École des espions. 1 vol. in-12.................... 3 »
Une Conspiration nihiliste. 1 vol. in-12............. 3 »
Les Prisonniers de guerre. 1 vol. in-12.............. 3 »
La Soupe noire. 1 vol. in-12......................... 3 »
Jean Courtebarbe. 1 vol. in-12....................... 3 »
La Colporteuse. 1 vol. in-12......................... 2 »

## R

### REVOIL (B.-H.)

La Cour d'un roi d'Orient. 1 vol. in-12.............. 2 »
Excursions d'un chasseur en Amérique. 1 vol. in-12... 2 »
Le Pays des chimères. 1 vol. in-12................... 2 »

## S

### SCHMIDT

**Contes du chanoine Schmidt.** 4 vol. in-12............ 8 »

1er VOLUME. La Montre. — Les Larmes d'une mère. — L'Aveugle. — L'Adroite servante. — Le Voleur de porcs. — Les Trois brigands. — Le Revenant — Le Rossignol. — Le Rouge-Gorge. — Le Melon. — Claire. — Etc., etc. 1 vol. in-12............................................. 2 »

2e VOLUME. Les Ecrevisses. — La Veille de Noël. — La Guirlande de houblon. — Les OEufs de Pâques. — L'Incendie. 1 vol. in-12....................................... 2 »

3e VOLUME. La Chapelle de Wolfsbiehl. — Les Carolins et les Kreutzers. — La Petite muette. — La Chartreuse. — Une Parabole. 1 vol. in-12............................. 2 »

4e VOLUME. Fridolin le bon sujet et le méchant Thierry. — L'Héritage le meilleur. — Ne m'oubliez pas ou le Myosotis. — L'Inondation du Rhin. — La Petite ermite. — Deux paraboles. 1 vol.................................... 2 »

## W

### WALTER SCOTT
#### ÉDITION CORRIGÉE

**Quentin Durward.** 1 vol. in-12........................ 2 »
**Waverley** 1 vol. in-12............................... 2 »
**Ivanhoë.** 1 vol. in-12............................... 2 »
**Le Monastère.** 1 vol. in-12.......................... 2 »
**L'Abbé.** 1 vol. in-12................................ 2 »
**Kenilworth.** 1 vol. in-12............................ 2 »
**Charles le Téméraire.** 1 vol. in-12.................. 2 »
**Le Pirate.** 1 vol. in-12............................. 2 »
**Richard en Palestine.** 1 vol. in-12.................. 2 »

### WISS

**Le Robinson suisse.** 1 vol. in-12.................... 2 »

---

Paris. — Imp. F. Levé, rue Cassette, 17.

www.ingramcontent.com/pod-product-compliance
Lightning Source LLC
Chambersburg PA
CBHW050642170426
43200CB00008B/1127